प्रोफ़ेसर अम्बिकादत्त शर्मा काशी की पाण्डित्य परम्परा और आचार्य कुल में दीक्षित दर्शनशास्त्री हैं। भारतीय तत्त्वविद्या, प्रमाणशास्त्र, भाषा-दर्शन एवं साभ्यतिक-सांस्कृतिक अध्ययन के परिपृच्छाधर्मी अध्येता के तौर पर उन्होंने **बौद्ध प्रमाण दर्शन, बौद्ध प्रमाण मीमांसा, भारतीयता के सामासिक अर्थ-सन्दर्भ, भारतीय मानस का विऔपनिवेशीकरण** और **दार्शनिक समीक्षा का सत्याग्रह** जैसी बहुमान्य रचनाएँ की हैं। उनके वैदुष्य को विश्वविद्यालय अनुदान आयोग द्वारा 'रिसर्च एवार्ड', राष्ट्रभाषा प्रचार समिति, मध्यप्रदेश द्वारा 'नरेश मेहता स्मृति वाङ्मय सम्मान', अखिल भारतीय दर्शन परिषद् द्वारा 'प्रणवानन्द दर्शन पुरस्कार' एवं आचार्य शंकर सांस्कृतिक एकता न्यास, मध्यप्रदेश शासन द्वारा 'एकात्म पर्व सम्मान' प्रदान कर सम्मानित किया गया है। प्रोफ़ेसर शर्मा डॉ. हरीसिंह गौर विश्वविद्यालय, सागर के दर्शनशास्त्र विभाग से सेवानिवृत्त होकर सम्प्रति अखिल भारतीय दर्शन परिषद् के अध्यक्ष हैं।

डॉ. विश्वनाथ मिश्र, सम्प्रति, आर्य महिला पी.जी. कालेज (काशी हिन्दू विश्वविद्यालय) में राजनीति शास्त्र के प्रोफ़ेसर हैं। **भारतीय राजनीति में क्षेत्रवाद एवं नृजातीयता, राजविद्या एवं राजनीति शास्त्र, पश्चिमी ज्ञानोदय के वैचारिक संकट, भारतीय राष्ट्रवाद : राष्ट्रवाद का अवधारणात्मक विऔपनिवेशीकरण** और **भारतीय संघ : समायोजन एवं प्रतिरोध की राजनीति** उनकी बहुचर्चित कृतियाँ हैं। डॉ. मिश्र ने हाल में ही आचार्य शंकर फ़ेलोशिप के अन्तर्गत अद्वैत सभ्यता-दर्शन पर एक उल्लेखनीय अनुसन्धान किया है।

आधुनिक सभ्यता के प्रति ज्ञान-निष्ठा और उसके सम्पोषण में तीन सौ वर्षों से चल रहे राज्य प्रायोजित संगठित प्रयासों ने मानवता को कैच-22 के भंवर में फँसा दिया है। इस पुस्तक में आधुनिकता को ही एक मात्र वरेण्य जीवन-दृष्टि समझने के भ्रम का उन्मोचन करने वाली साभ्यतिक ज्ञानमीमांसा के उपस्थापक के रूप में गांधी को खड़ा किया गया है।

गांधी के समय में आधुनिकता 'एज ऑफ़ ओवर किल' में नहीं पहुँची थी। लेकिन, आज हम अतिरेकों और अतिमारकता के युग में जी रहे हैं। अब गांधी के स्वर में आज की आधुनिकता को सम्बोधित करना ही होगा। इसीलिए इस पुस्तक में समकालीन वैश्विक विमर्शों के साथ **हिन्द स्वराज** का पुनः पाठ भी किया गया है।

यह कृति आधुनिकता द्वारा परोसी जा रही हिंसा के विरुद्ध गांधी को सनातन परम्परा के मूल्यों से पोषित होती आ रही अद्वैत सभ्यता के विमर्शकार के रूप में प्रस्तुत करती है। इस पुस्तक के पृष्ठों पर गांधी अपनी इस भूमिका में सस्यूर, मार्क्स, मैक्स वेबर, हैबरमास, फ़ूको और हरारी जैसे विचारकों के साथ संवाद करते हुए दिखते हैं। आधुनिक से अति-आधुनिक होती जा रही सभ्यता की मौलिक ख़ामियों को उजागर करते हुए आधुनिकता की हिन्द स्वराजी आलोचना को मार्टिन हाइडेगर और हन्ना आरेंट तक विस्तारित किया जाना इस कृति की विशिष्टता है।

अनागत गांधी

बापू से वैश्विक संवाद

अम्बिकादत्त शर्मा
विश्वनाथ मिश्र

ग्रंथमाला

वाणी प्रकाशन
प्रकाशन के उत्कृष्टतम 63 वर्ष

vaniprakashan.com

पेपरबैक प्रथम संस्करण : 2026

उन्मोचन ग्रन्थमाला
सम्पादक : अभय कुमार दुबे

वाणी प्रकाशन
4695, 21-ए, दरियागंज, नयी दिल्ली-110 002
फ़ोन : + 91 11 23273167, 23275710
शाखाएँ
अशोक राजपथ, पटना-800 004, बिहार
कॉफ़ी हाउस कैम्पस, महात्मा गांधी मार्ग, प्रयागराज-211 001, उत्तर प्रदेश
महात्मा गांधी अन्तरराष्ट्रीय हिन्दी विश्वविद्यालय, वर्धा-442 001, महाराष्ट्र
sales@vaniprakashan.in
vaniprakashan@gmail.com

Anagat Gandhi : Baapoo Se Vaishvik Samvad
by Ambikadatta Sharma & Vishwanath Mishra

ISBN : 978-93-7348-462-4
Social Studies

मूल्य : ₹ 395

आर. टेक ऑफ़सेट, दिल्ली-110 032 में मुद्रित

वाणी प्रकाशन का लोगो मक़बूल फ़िदा हुसैन की कूची से

हिंसा के विरुद्ध दुनिया की
सबसे महानतम क्रांति
गांधी के अहिंसक सत्याग्रह को ...

अनुक्रम

आमुख

भारत में इस समय ज्ञान की स्थिति कई तरह की विडम्बनाओं से घिरी हुई है। सामाजिक-राजनीतिक व्यवस्था में ज्ञान की लगातार अवमानना और अज्ञान का नित्यप्रति महिमा-मण्डन हो रहा है। संकीर्ण और विभाजक राष्ट्रवाद की धुन में भारत की ज्ञान-परम्परा को उद्‌बुद्ध करने की चेष्टा किसी गहरी समझ और अध्यवसाय से नहीं, एक तरह के सतही वैचारिक अनुष्ठान के रूप में की जा रही है। हमारा पारम्परिक ज्ञान, जैसी कि हमारी व्यापक परम्परा भी, एकरूप नहीं रहा है— उसकी बहुलता और जटिलता, उसमें सहमति-असहमति का द्वन्द्व, उसकी अथक प्रश्नाकुलता, उसकी जिज्ञासा का अपरिमित वितान, उसे व्यवस्थित और विन्यस्त करने की अनेक विधियाँ हमारे समय में जिस तरह की बौद्धिक संरचना की माँग करती हैं— वह प्राय: अनुपस्थित है। औपनिवेशिक ज़हनियत, विउपनिवेशीकरण और स्व-उपनिवेशन की अवधारणाएँ प्रचलित तो हैं, पर इन वृत्तियों से सम्भव विश्लेषण को समग्र और समावेशी करने की कोशिश कम नज़र आती है। ज्ञान किसी शून्य में नहीं उपजता, उसकी ऐतिहासिक, सामाजिक और सांस्कृतिक आधार-भूमि होती है जिसे अलक्षित कर ज्ञान को किसी कल्पित या वांछनीय सार्वभौमिकता में नहीं घटाया जा सकता। साहित्य और कलाओं में ही नहीं, ज्ञान में भी देश-काल के आयाम होते हैं।

'उन्मोचन' के माध्यम से रज़ा फाउण्डेशन हिन्दी में ऐसी वैचारिक और उत्तेजक सामग्री एकत्र करने की चेष्टा कर रहा है जो हमारे समय में, लगभग ज्ञान-विरोधी समय में, ज्ञान के गंभीर अवगाहन, उसके पुनराविष्कार, उसके वस्तुनिष्ठ आकलन और विश्लेषण को व्यापक वैचारिक आधार उपलब्ध करा सके। यह भी कोशिश है कि ज्ञान को पूजा, अनुष्ठान, प्रशंसा, निन्दा में घटाने के समकालीन माहौल में ज्ञान की मीमांसा गहन हो सके, उसमें अपने नियोजन और दुरुपयोग के प्रति सजगता हो, और उसे निर्भयता और मुनासिब वस्तुनिष्ठता के साथ किया जा सके।

यह भी याद रखना चाहिए कि कहीं भी ज्ञान सिर्फ़ विद्वानों या ज्ञानियों द्वारा ही नहीं रचा जाता। सर्जनात्मक अभिव्यक्ति के अनेक प्रकार, जैसे साहित्य और कलाएँ भी ज्ञान रचने में, उसे संग्रथित करने में और किसी हद तक उसे, एन्द्रिय काया में प्रगट होने में अपना योगदान करते हैं।

'उन्मोचन' के रूप में हमारी उम्मीद है कि इस प्रयत्न को हिन्दी जगत् का समर्थन मिलेगा ।

—अशोक वाजपेयी

रज़ा फाउण्डेशन
नयी दिल्ली

प्ररोचना

उन्मोचन की कामना

'स्व-उपनिवेशन' और 'अधीनस्थता की वांछनीयता' के प्रश्न

रज़ा फ़ाउंडेशन द्वारा प्रायोजित उन्मोचन ग्रन्थमाला के मर्म में दो उद्‌देश्यगत मान्यताएँ हैं। इनमें पहली विमर्शी, और दूसरी संरचनागत है। दोनों परस्पर पूरक हैं। इन पर निगाह डालने से स्पष्ट होगा कि इनके अल्पकालीन और दीर्घकालीन लक्ष्य और परिप्रेक्ष्य क्या हैं। **विमर्शी मान्यता** का आग्रह है कि औपनिवेशिक शासन के ख़त्म हो जाने के बाद भी भाषा, ज्ञान और संस्कृति के सतत उपनिवेशन की मुख्य प्रवृत्ति दरअसल 'स्व-उपनिवेशन' है। हमारा उपनिवेशन हमारे ही हाथ से तभी हो सकता था जब बुद्धिजीवियों के बीच 'अधीनस्थता की वांछनीयता' के प्रति एक मौन सहमति होती। राजनीतिक दायरे में भले ही 'अधीनस्थता की वांछनीयता' का यह आग्रह प्रभावी न रहा गया हो, लेकिन भाषा, ज्ञान और संस्कृति के दायरे में अधिक प्रभावी और टिकाऊ साबित हुआ है। **संरचनागत मान्यता** ज़ोर देती है कि अगर धर्म, भाषा, इतिहास, संस्कृति, दर्शन, सौन्दर्यशास्त्र के क्षेत्र में बड़े पैमाने पर किसी बौद्धिक रूपान्तरण को अंजाम देना है तो उसके लिए विद्वानों, चिन्तकों, विमर्शकारों, शोधकर्ताओं, वक्ताओं, प्रकाशकों, प्रसारणकर्ताओं और अभिलेखागारों के विस्तृत व टिकाऊ नेटवर्क बनाने पड़ेंगे। इनके लिए अनुकूल, प्रतिबद्ध और दीर्घकालीन संस्थागत समर्थन एक ज़रूरी शर्त है। उन्मोचन ग्रन्थमाला एक इसी तरह के उभरते हुए नेटवर्क की प्रमुख अभिव्यक्ति है।

विमर्शी मान्यता

हाल ही में आचार्य वागीश शुक्ल ने भारतीय पेगन परम्परा के सन्दर्भ में हमारा ध्यान 'स्व-उपनिवेशन' की ओर दिलाया है। सबाल्टर्न इतिहास-लेखन का उद्‌घाटन करने वाले रणजीत गुहा ने अंग्रेज़ी शिक्षा के सन्दर्भ में जो कहा था, उसका तात्पर्य भी यही था। सुदीप्त कविराज ने संस्कृत का पारम्परिक ज्ञान चलन से बाहर कर दिये जाने के जिन परिणामों की तरफ़ इशारा किया है उनके तहत केवल पश्चिम-प्रदत्त ज्ञान पर निर्भरता इसी तरह के हालात पैदा करती चली जाती है। एस.एन. बालगंगाधर 'औपनिवेशिक चेतना' की संरचना उजागर करते हुए इसी निष्कर्ष तक पहुँचे हैं। आशिस नंदी ने भी उपनिवेशक और उपनिवेशित के बीच पनपी साझा संस्कृति पर उँगली रख कर स्व-उपनिवेशन की सतत प्रक्रिया को ही रेखांकित किया है। पाँच अलग-अलग तरह के विद्वानों द्वारा भिन्न सन्दर्भों और परिप्रेक्ष्यों से निकलने वाले एक ही नतीजे के पीछे कोई न कोई सच्चाई तो ज़रूर ही होगी।

स्व-उपनिवेशकरण का पहला सूत्रीकरण मेरी सीमित निगाह में उस समय आया जब मैं जापानी विमर्शकार हिरोशी योशियोका का लेख 'समुराई ऐंड सेल्फ़-कोलोनाइज़ेशन ऑफ़ जापान' पढ़ रहा था। ज़ाहिर है कि जापान के हालात भारत से काफ़ी अलग हैं। जापानी समाज में ऐसे कई संस्थागत और मनोगत प्रावधान हैं जिनके असर में वहाँ के लोग स्वयं को विदेशियों से कमोबेश असंपृक्त रखते रहे हैं। ऐतिहासिक रूप से जापान कभी पश्चिमी उपनिवेशवाद की जकड़ में भी नहीं रहा। लेकिन, युरोकेन्द्रीयता पर आधारित औपनिवेशिक राज्य की अनुपस्थिति के बावजूद जापान ने आधुनिकीकरण के ज़रिये अपने पारम्परिक समाज का रूपान्तरण इतनी तेज़ी से किया कि वह उपनिवेशक बन कर अपने ही हाथों अपना उपनिवेशन करता चला गया। योशियोका की नज़र में हर जापानी उपनिवेशक है और उपनिवेशित भी। जापान की मिसाल बताती है कि युरोकेन्द्रीयता उपनिवेशित समाजों तक ही सीमित नहीं रह गयी है। लेकिन, क्या यह धारणा भारत पर लागू करना उचित होगा? आख़िरकार भारत 190 वर्ष तक ब्रिटिश उपनिवेशवाद के अधीन रह चुका है, और इस दौरान अंग्रेज़ भारत को युरोप की अनुकृति बनाने की सतत परियोजना चलाते रहे। इस प्रश्न का उत्तर तभी मिल सकता है जब हम विचार करें कि वागीश शुक्ल, गुहा, कविराज, नंदी और बालगंगाधर के विमर्श हमारी 'पोस्टकोलोनियलिटी' को स्व-उपनिवेशन की दिशा में परिभाषित करने की दिशा में क्यों और कैसे ले जा रहे हैं ?

गणित के उस्ताद होने के नाते वागीशजी बताते हैं कि यह स्व-उपनिवेशीकरण हमेशा ख़ुद को संख्यात्मकता पर टिकाता है। वह एक को मूल की तरह स्थापित करते हुए उसमें से दो, तीन, चार और फिर अन्य संख्याओं को प्राप्त करता चला जाता है। वह शून्य को संख्यात्मकता का बुनियादी स्रोत मानने की जानबूझ कर उपेक्षा करता है। शून्य उसके लिए एक गणितीय दृष्टि से उपयोगी है, पर दार्शनिक दृष्टि से नहीं। एक को मूल बना कर ही पश्चिम एक भाषा, एक राष्ट्र, एक संस्कृति, एक नस्ल, एक ईश्वर, एक मज़हब को परिकल्पित करता रहा है। कुल मिला कर वागीशजी की दलील यह है कि बहुपूज्यवाद की जगह एकपूज्यवाद की स्थापना का आग्रह स्व-उपनिवेशीकरण के मूल में है। वे पण्डित देवेन्द्रनाथ ठाकुर और राममोहन राय से लेकर महर्षि दयानन्द, स्वामी विवेकानन्द और महर्षि अरविन्द द्वारा व्याख्यायित वैदिक और औपनिषदिक विमर्श में निहित एकपूज्यवाद को इसका ज़िम्मेदार मानते हैं। रणजीत गुहा अपने विमर्श को भारत में अंग्रेज़ी शिक्षा की संकल्पना पर केंद्रित करते हैं। उनके विचार से इस शिक्षा की डिज़ाइन नौकर को दी जाने वाली तालीम के तौर पर तैयार की गई थी, ताकि नौकर इसके प्रभाव में अपने इतिहास को हमेशा मालिक की निगाह से ही देख सकें। गुहा के अनुसार भारतीयों को उनके इतिहास से काट दिया गया है, और अंग्रेज़ी शिक्षा के नश्तर से उनके मानस की शल्यक्रिया कर दी गई। इसे गुहा ने अपनी भाषा में 'अ स्पिरिचुअल ऑपरेशन ऑन द नेटिव माइंड' कहा है। गुहा ने शल्यक्रिया के जिस रूपक का प्रयोग किया है वह कोलोनियल स्टडीज़ के उस उद्‌घाटन-क्षण की याद दिला देता है जब जार्ज बेलैंडियर और ई. चैंसेले जैसे फ्रांसीसी विद्वानों ने उपनिवेशीकरण को 'सोशल सर्जरी' करार दिया था।

कविराज ने 'सडन डेथ ऑफ़ संस्कृत नॉलेज' की परिघटना पर रोशनी डालते हुए बताया है कि अंग्रेज़ों ने भारतीय ज्ञान-परम्परा को ख़ारिज करते समय अपनी ही बनायी हुई उन पद्धतियों का अनुप्रयोग नहीं किया जो पश्चिमी परम्परा में ज्ञान के किसी रूप को स्वीकृत या अस्वीकृत करने के लिए इस्तेमाल की जाती रही हैं। बजाय इसके, उन्होंने औपनिवेशिक सत्ता के आदेशों के ज़रिये ऐसा करके मानवीय इतिहास की सबसे बड़ी ज्ञानात्मक विच्छिन्नता को अंजाम दिया। हालाँकि कविराज ने 'नॉलेज जीनोसाइड' जैसे पद का इस्तेमाल नहीं किया है, पर उनकी बातों का स्वाभाविक अर्थ यह निकलता है कि उपनिवेशवाद के इस ज्ञानात्मक पक्षपात / अत्याचार के कारण सहस्राब्दियों से विकसित हो रही संस्कृत ज्ञान-परम्परा बहुत

थोड़े ही समय में चलन से बाहर होने पर मजबूर हो गई। उसकी जगह पश्चिमी सामाजिक सिद्धान्त का राज्य-प्रायोजित अनुप्रयोग होता चला गया। दो तरह की ज्ञान-परम्पराओं के बीच अन्योन्यक्रिया के लिए ज़रूरी सीखने और सिखाने का समीकरण केवल पश्चिम से सीखने तक ही सीमित रह गया। इसने हमें स्व-उपनिवेशीकरण के प्रारब्ध के लिए अभिशप्त कर दिया।

बालगंगाधर के विमर्श में यह स्व-उपनिवेशीकरण 'कोलोनियल कांशसनेस' के सूत्रीकरण में दिखायी पड़ता है जो उनके मुताबिक़ हमारी उत्तर-औपनिवेशिकता के मूल में है। वे बताते हैं कि भारतीय बुद्धिजीवियों की औपनिवेशिक चेतना केवल विदेशी शासकों की साभ्यतिक श्रेष्ठता की दावेदारी को स्वीकार करने का परिणाम नहीं है। इसके लिए उपनिवेशित को एक समूचे सैद्धान्तिक परिप्रेक्ष्य से प्रतिबद्ध किया जाना ज़रूरी था। उपनिवेशित के मानस में एक ऐसी सैद्धान्तिक निष्ठा पैदा होनी थी जो उसे अपने सामाजिक-सांस्कृतिक जगत को उपनिवेशक की तरह देखने-समझने की तरफ़ ले जाए। नतीजा यह निकला कि उपनिवेशित बुद्धिजीवी देशज अनुभव से पूरी तरह कट गया। नंदी ने कहा है कि 'असहमति के आधिकारिक मॉडल' पर आधारित उपनिवेशवाद की आलोचनाएँ 'विजेताओं के लिए श्रद्धांजलि जैसी लगती हैं।' उन्होंने व्याख्या की है कि 'आज आधुनिक विश्व द्वारा सुनिश्चित और प्रोत्साहित शैली में उपनिवेशवाद-विरोधी होना सम्भव है। ऐसे उपनिवेशवाद-विरोध को 'समुचित', स्वस्थचित्त' और 'तर्कपरक' करार दिया जाता है। विरोध में दिखने के बावजूद यह असहमति नियन्त्रित और पूर्वानुमानित होती है।' नंदी ने निष्कर्ष निकाला कि 'पश्चिम ने न केवल आधुनिक उपनिवेशवाद पैदा किया है, वह उपनिवेशवाद की सभी व्याख्याओं में भी व्याप्त है। यहाँ तक कि व्याख्याओं की व्याख्याओं पर भी उसकी छाप है।' यानी, पश्चिम की शैली में पश्चिम की आलोचना स्व-उपनिवेशन से गुज़रना ही है।

पाँचों विद्वानों ने, वागीशजी को छोड़ कर, एक पद के रूप में स्व-उपनिवेशीकरण का इस्तेमाल नहीं किया है। अधीनस्थता की वांछनीयता गुहा की अभिव्यक्ति है। उपनिवेशितों के मानस में अधीनस्थता की घोषित या अघोषित वांछनीयता और उसके कारण होने वाला स्व-उपनिवेशन युरोपीय साम्राज्यिकता को मानवीय इतिहास की दूसरी साम्राज्यिकताओं से अलग कर देती है। अंग्रेज़ जब भारत आये, तो वे स्वयं रोमनों की अधीनस्थता को वांछनीय मानते थे, और स्व-उपनिवेशन के तहत उनके बताये गये रास्ते पर चलते हुए उन्होंने स्वयं अपने हाथ से अपना संस्कृति-अन्तरण किया। 1757 में अंग्रेज़ों ने जब सिराज़ुद्दौला को हरा कर बंगाल की

दीवानी जीती, और जब इस विजय के बाद भारत पर शासन करने की योजना पर सोचना शुरू किया तो उनके पास रोमनों द्वारा किया गया उनके ही उपनिवेशन का अनुभव था। ईसा से 54 वर्ष पहले जूलियस सीज़र ने तत्कालीन बरतानिया को जीत कर उसके उपनिवेशन की शुरुआत की थी। रोमन सेनापति और गवर्नर एग्रीकोला ने बरतानियावासियों को संस्कृति-अन्तरण की एक गहन और अपरिवर्तनीय प्रक्रिया से गुज़ारा। एग्रीकोला के भतीजे रोमन इतिहासकार टेसिटस ने बताया है कि किस तरह तत्कालीन ब्रिटिशपन का रोमनीकरण किया गया :

> क़बीलाई-सरदारों के बेटों ..... में लातिन भाषा के प्रति अरुचि के बजाय उस पर अधिकार करने की गहरी तमन्ना पैदा हो गई। वे हमारी राष्ट्रीय पोशाक को भी पसंद करने लगे। रोमन टोगा हर जगह दिखने लगा। इस प्रक्रिया ने बरतानिया के लोगों को धीरे-धीरे उन सुविधाओं का अभ्यस्त कर दिया जो उन्हें आरकेडों, सामूहिक स्नानागारों और भव्य दावतों में निहित अनैतिकताओं को स्वीकार करने की तरफ़ ले गईं। उनके बीच 'सिविलाइज़ेशन' जैसे नये पदों की चर्चा होने लगी, जो वास्तव में उनकी गुलामी के ही परिचायक थे।

बरतानिया वाले रोमनों की निगाह में बर्बर थे। उनका रोमनीकरण पहले ज़ोर-ज़बरदस्ती से किया गया, और फिर वे स्वयं अपना रोमनीकरण करने लगे। अंग्रेज़ भारत को प्राचीनकाल की श्रेष्ठ, लेकिन वर्तमान की पतित सभ्यता के रूप में देखते थे। इसलिए उन्होंने हमारे संस्कृति-अंतरण के लिए नाना प्रकार की नरम-गरम युक्तियाँ अपनायीं। ज़ोर-ज़बरदस्ती भी की, और अप्रत्यक्ष शासन द्वारा अपने साभ्यतिक प्रोजेक्ट में भारतवासियों के एक हिस्से का विनियोग भी किया। बौद्धिक युक्तियों के ज़रिये 'ट्रैडिशन' का 'मॉडर्नाइज़ेशन' किया गया। कुल मिला कर उनका बुनियादी प्रारूप वही था जो एग्रीकोला ने बरतानिया में अपनाया था। बंगाल में ईस्ट इण्डिया कम्पनी की शिक्षा-व्यवस्था के एक प्रमुख प्रभारी चार्ल्स ट्रेवेलियन (मैकॉले के बहनोई) ने 1838 में इस प्रारूप के बारे में स्पष्ट रूप से लिखा है :

> मुझे उम्मीद है कि जिस तरह हम कभी रोमनों के साथ खड़े थे, उसी तरह भारतीय भी जल्दी ही हमारे साथ खड़े नज़र आयेंगे। टेसिटस ने हमें जानकारी दी है कि जूलियस एग्रीकोला ने बर्तानिया के प्रमुख लोगों की सन्तानों को रोम के साहित्य और विज्ञान की शिक्षा देने और रोमन सभ्यता की नफ़ासत से उनका परिचय कराने की नीति अपनायी थी। हम जानते हैं कि यह योजना कितनी सफल रही।

लातिन की जगह लातिनमय अंग्रेज़ी आ गयी। सिसेरो, एग्रिप्पा, वरजिल और टेसिटस की जगह ग्रीको-रोमन संस्कृति को अपनी प्राचीन विरासत के रूप में हड़पने

वाले युरोपीय पुनर्जागरण और प्रबोधन द्वारा संसाधित पश्चिमी सामाजिक सिद्धांत आ गया। भारत का उदाहरण बताता है कि युरोपीय उपनिवेशक येनकेनेप्रकारेण अधीनस्थों के सांस्कृतिक और साभ्यतिक प्रारब्ध को अपनी भाषा और ज्ञान के ज़रिये बदल डालने की परियोजना चलाते हैं। राष्ट्रवाद के हाथों उनकी कथित पराजय हो जाने के बाद सत्ता की ताक़त से किया जाने वाला उपनिवेशन स्व-उपनिवेशन के चरण में पहुँच जाता है। स्वतन्त्र हो चुके राष्ट्र के नेताओं, निर्माताओं और बुद्धिजीवियों के मन में अधीनस्थता की वांछनीयता के प्रति कभी मुखर और अक्सर मौन सहमति स्थापित कर दी जाती है। जो लोग कभी उपनिवेशवाद के ख़िलाफ़ सोच रहे थे और कमोबेश सक्रिय भी थे, उनमें से कई आज स्व-उपनिवेशन के अनभिप्रेत अग्रदूत नज़र आते हैं। स्व-उपनिवेशन करते समय उनकी आत्मछवि अपने देश और समाज को प्रगति, एकता और समृद्धि की नयी मंज़िलों की तरफ़ ले जाने वाली होती है। अंग्रेज़ी और पश्चिमी सामाजिक सिद्धान्त के प्रभाव में वे अपने जिस चिन्तन को मौलिक समझने का मुग़ालता पालते हैं, वह अक्सर पश्चिमी विचार श्रेणियों पर आधारित उच्छिष्ट ही निकलता है।

युरोपीय साम्राज्यवाद का ज्ञानात्मक दुष्चक्र अकल्पनीय रूप से जटिल था। गायत्री चक्रवर्ती स्पिवाक ने इसीलिए इसे 'सीक्रेट एजेंट ऑफ़ नॉलेज' की संज्ञा दी है। इसकी पेचीदगियों को समझने और पश्चिमी सामाजिक सिद्धान्त के समान्तर देशज विमर्श की मदद से एक नया विमर्श रचने का कार्यभार बहुत बड़े पैमाने पर एक दीर्घकालीन बौद्धिक रूपान्तरण की माँग करता है। रज़ा फ़ाउंडेशन की उन्मोचक ग्रन्थमाला इसी लक्ष्य की दिशा में उठाये जा रहे कई छोटे-छोटे क़दमों में से एक है।

वागीशजी, गुहा, कविराज, नंदी और बालगंगाधर के अवलोकनों से स्पष्ट है कि वे स्व-उपनिवेशन का उन्मूलन किन-किन दायरों में सम्पन्न करना चाहते हैं। वागीशजी द्वारा प्रवर्तित एकपूज्यवाद और बहुपूज्यवाद का द्विभाजन ग्रीक और रोमन पेगनिज़्म के ऊपर स्थापित ऑगस्तीन के इंजीली एकेश्वरवाद पर दूसरी निगाह डालने के अलावा कुछ और भी कहता है। मेरी नज़र में वह पुनर्जागरण और प्रबोधन की सदियों में संसाधित हुई एक ख़ास तरह की युरो-अमेरिकी ईसाइयत को समझने की दावत है। ईसाइयत का यह संस्करण मज़हब बदलने की विवादास्पद मुहिमों को चलाने के झंझट में कम ही पड़ता है। वह रैशनलिटी, सेकुलरवाद, कथित विज्ञानसम्मत चिन्तन, क्रान्ति, समाज-परिवर्तन और वैयक्तीयन के मुलम्मे में छिप

कर आधुनिकता के नाम पर पेगन समाजों का संस्कृति-अन्तरण करने की मुहिम सफलतापूर्वक चला रहा है। यही नहीं, इस मुलम्मे में समानता, भाईचारे और आज़ादी के पश्चिमी संस्करण की चमक भी है। ईसाइयत के मज़हबी इतिहासकार इस बात को खुल कर कहते हैं। उनका दावा तो यहाँ तक है कि सेकुलरवाद के ज़रिये एक न एक दिन 'सनातन' के साथ-साथ वे 'शरियत' का भी अघोषित ईसाईकरण कर देंगे। अंग्रेज़ी और पश्चिमी सोशल थियरी के पैरोकार इसे या तो छिपाते हैं, इस हक़ीक़त को थोड़ा बहुत स्वीकार करके पतली गली से निकल जाते हैं।

रणजीत गुहा ने अपनी ये बातें गणेश देउस्कर स्मृति व्याख्यान देते हुए कही थीं। देउस्कर को उनकी विख्यात रचना *देश की बात* (देशेर कथा) के लिए जाना जाता है जो 'नॉन-एकैडेमिक 'इतिहास-लेखन का चमकदार उदाहरण है। ऐसे उदाहरण और भी हैं। पण्डित सुन्दर लाल की विख्यात रचना *भारत में अंग्रेज़ी राज* इसका दूसरा प्रख्यात उदाहरण है। रामविलास शर्मा और भगवान सिंह का इतिहास-लेखन भी इसी श्रेणी में आता है। गुहा के विमर्श से सन्देश निकलता है कि भारतीय भाषाओं में ग़ैर-युरोकेन्द्रित दृष्टि से नया इतिहास लिखा जाये और भाषा और ज्ञानोत्पादन की जोड़ी को एक ग़ैर-पश्चिमी ढाँचा दिया जाये। भले ही रिसर्च इंस्टीट्यूटों और विश्वविद्यालयों में बैठे हुए मठाधीश उसे इतिहास न माने।

कविराज का विमर्श संस्कृत की विपुल ज्ञानराशि की नियोजित और संस्थागत वापिसी के लिए रास्ता खोलता है। अपनी एक अन्य रचना में उन्होंने इस वापिसी के एक बौद्धिक प्रोटोकोल की नक़्शानवीसी करने का प्रयास किया है। मेरी समझ यह है कि वे सदियों पुराने संस्कृत के ज्ञान की प्रासंगिकता जाँचने की एक विशाल परियोजना चलाने का निमन्त्रण दे रहे हैं। वस्तुतः इस तरह की परियोजना भारत में ज्ञानोत्पादन के विउपनिवेशीकरण की पहली शर्त बन सकती है। प्राचीन ज्ञानराशि की प्रासंगिकता पर चर्चा करने से हमें अपने वर्तमान और भविष्य के लिए प्राथमिकताओं की संहिता तैयार करने में भी मदद मिलेगी। कविराज अपनी कई रचनाओं में भारतीय भाषाओं की ज्ञानोत्पादन में वापिसी का सवाल उठा चुके हैं। वे इतिहास ही नहीं, बल्कि विभिन्न ज्ञानानुशासनों में भाषाओं की विधेयक भूमिका पर ज़ोर देते हैं।

बालगंगाधर ने पश्चिमी सामाजिक सिद्धान्त और युरो-अमेरिकी क्रिश्चियनिटी के साथ उसके विधेयक और अनुलंघनीय ज्ञानमीमांसक रिश्तों को रेखांकित करते हुए इस विचारतन्त्र के प्रति भारत के बुद्धिजीवियों की निष्ठा को औपनिवेशिक चेतना की संज्ञा दी है। उनका विमर्श हिन्दू और बौद्ध जैसी धार्मिक परम्पराओं

की उपनिवेशवादियों के हाथों पुनर्रचना की आलोचनात्मक समझ बनाने की प्रेरणा देता है। नंदी अपनी महान कृति *जिगरी दुश्मन* में जिस अकादमीय विधि से अपने अनूठे निष्कर्षों पर पहुँचे हैं वह भारत की पोस्ट-कोलोनियलिटी पर हावी मार्क्सवाद, उदारतावाद, नारीवाद और ऐतिहासिकतावाद की किनाराकशी पर टिकी है। इस पद्धति की विशेषता यह है कि यह भारत के संस्कृति-अन्तरण (नंदी की भाषा में 'संस्कृति का औपनिवेशिक सिद्धान्त') की तरफ़ अपने ढंग से ध्यान खींचने के उद्देश्य से अनुप्राणित है।

संरचनागत मान्यता

रज़ा फ़ाउंडेशन ने उन्मोचन परियोजना शुरू करके भारतीय भाषाओं में विउपनिवेशीकरण की विमर्शी संस्कृति का विकास करने के लिए एक नयी पहल की है। यह अनूठी संस्था दो विख्यात हस्तियों (आधुनिक भारतीय चित्रकला के महान हस्ताक्षर सैयद हैदर रज़ा एवं कवि-गद्यकार-कलापारखी अशोक वाजपेयी) की जुगलबंदी के परिणामस्वरूप पिछले 25 वर्ष से विभिन्न कला-रूपों, कविता और विचार के बीच रचनात्मक संवाद के दायरों की अहर्निश रचना कर रही है। रज़ा फ़ाउंडेशन एक अत्यंत प्रतिष्ठित नेटवर्क है जिसके भीतर इस नए विमर्शी आयाम के प्रति रुचि की आहट काफ़ी पहले से मिलने लगी थी। चार साल पहले सीएसडीएस के भारतीय भाषा कार्यक्रम के लिए फ़ाउंडेशन अंग्रेज़ी-वर्चस्व के सांस्कृतिक पहलुओं पर अनुसंधान हेतु एक शोधयोजना का वित्तपोषण कर चुका है।

ऐसे चार और नेटवर्कों का ज़िक्र यहाँ किया जा सकता है। इनमें से एक है कई दशकों से सक्रिय जयपुर केन्द्रित दार्शनिकों का वह नेटवर्क जिसके ज़रिये दयाकृष्ण, यशदेव शल्य, मुकंद लाठ, नंदकिशोर आचार्य, अम्बिकादत्त शर्मा और विश्वनाथ मिश्र जैसी कई नामीगिरामी हस्तियों का विमर्श हम तक पहुँचा। यह विमर्श *उन्मीलन* जैसी असाधारण पत्रिका और स्मृति-व्याख्यानों के ज़रिये लगातार दस्तावेज़बन्द हो रहा है। दूसरे नेटवर्क के केन्द्र में लखनऊ स्थित कुमारस्वामी फ़ाउण्डेशन है। अपनी अनौपचारिक सांगठनिक संरचना के लिए प्रशंसनीय इस संस्था ने समाजशास्त्र के लखनऊ स्कूल के नामवर हस्ताक्षर अवध किशोर सरन के विचारों को केन्द्रस्थ किया है। प्रोफ़ेसर सरन आधुनिक समाज-विज्ञानों को परम्परा की रोशनी में परखने के लिए जाने जाते हैं, न कि परम्परा को पश्चिमी सोशल थियरी की रोशनी में। इस फ़ाउण्डेशन की स्थापना प्रोफ़ेसर भुवनेश चन्द्र मिश्र ने की थी, और आज प्रोफ़ेसर आर.के. मिश्र व डॉ. बृजेंद्र पाण्डेय के प्रयासों से

इसने युरोकेन्द्रीयता से अपेक्षाकृत मुक्त भारतीय दृष्टि का एक डिजिटल आर्काइव और *तत्त्व-सिंधु* जैसी पत्रिका का मुद्रित कोष तैयार कर दिया है। तीसरे नेटवर्क को कल्पित करने का मुख्य श्रेय दिल्ली स्थित विकासशील समाज अध्ययन पीठ (सीएसडीएस) के संस्थापक विद्वानों में से एक प्रोफ़ेसर धीरूभाई शेठ को जाता है। भारतीय भाषा कार्यक्रम के रूप में पच्चीस साल पहले शुरू हुए इस नेटवर्क ने अपनी विस्तृत प्रकाशन शृंखलाओं और *प्रतिमान समय समाज संस्कृति* जैसी बहुचर्चित पत्रिका के ज़रिये पहली बार यह साबित करने में कामयाबी हासिल की कि हिंदी में एक समृद्ध विमर्शी संस्कृति विकसित की जा सकती है। मैंने ख़ुद अपनी बौद्धिक मंज़िल भारतीय भाषा कार्यक्रम का संचालन करते हुए ही प्राप्त की है। इस भाषा के विशाल संसार में न अध्येताओं की कमी है, न चिन्तकों की और न ही उनके पाठकों की। चौथा नेटवर्क अम्बेडकर विश्वविद्यालय दिल्ली में 2021 में शुरु हुआ देशिक अभिलेख-अनुसंधान केन्द्र है जिसे अपने शुरुआती दौर में इन नेटवर्कों द्वारा तैयार की गयी ज़मीन पर खड़े होने का संचित लाभ हुआ है।

ये पहली पाँच पुस्तकें

उन्मोचन ग्रन्थमाला की ये पहली पाँच पुस्तकें इसी विमर्शी और संरचनागत योजना की नुमाइंदगी करती हैं। पिछले पाँच वर्ष में लिखा गया मेरा बृहद ग्रन्थ *उपनिवेशवाद का अलौकिक साम्राज्य* कुछ नये प्रत्ययों का प्रतिपादन करता है। इन्हीं में से दो हैं 'प्रत्यक्ष का अप्रत्यक्षीकरण' और 'उपनिवेशवाद की भाषाई विचारधारा'। पश्चिमी ज्ञान-परम्परा के डिकोलोनियल इतिहास को उकेरते हुए यह रचना दिखाती है कि रिनैसॉज़ और इनलाइटेनमेंट की ज्ञानमीमांसक बुनियाद में युरोअमेरिकी क्रिश्चियनिटी के आग्रह हैं। इससे पहले ईसाइयत का यह संस्करण मंच पर प्रत्यक्ष रह कर समाज और राज्य को नियंत्रित करता था। इन सदियों में इसे पृष्ठभूमि में धकेल कर अप्रत्यक्ष कर दिया गया जिससे यह पहले से ज़्यादा प्रभावी हो गया। नज़र के सामने से हट जाने के कारण यह क्रिश्चियनिटी अब अपने खिलाफ विद्रोह किये जाने के लिए उपलब्ध ही नहीं रह गयी है। युरोप के 'थियोक्रेटिक' (यथार्थ की वह समझ जिसके मुताबिक़ ईश्वर सृष्टि का रचनाकार है) राज्यों और सभ्यता को भारत जैसे 'एंटोक्रेटिक' (ब्रह्मांडीय समग्रता यानी अलौकिक और लौकिक, दैवी और मानवीय में सम्पूर्ण समरसता पर विश्वास करने वाले) समाजों (एशिया के अन्य समाजों समेत जिनमें इस्लामिक समाज भी शामिल हैं) का अन्तरण करने के लिए अब प्रोसिलाइटिज़ेशन की ज़रूरत नहीं रह गई है। पूजा-पद्धतियाँ वही

रह सकती हैं, पर भाषा और ज्ञान के औज़ारों के सतत इस्तेमाल से समाजों का सारतत्त्व थियोक्रेटिक होता चला जाता है।

मैक्स वेबर ने युरोईसाइयत द्वारा किये जाने वाले अत्यधिक प्रभावी नियन्त्रण की ज़मीन तैयार करने का श्रेय प्रोटेस्टेंट सुधार को दिया है। वे कहते हैं, 'जो बात अक्सर भुला दी जाती है, उसे यहाँ नोट करना ज़रूरी है। प्रोटेस्टेंट सुधार का मतलब रोज़ाना की ज़िन्दगी पर चर्च के नियन्त्रण को ख़त्म करना नहीं था; बल्कि, नियन्त्रण के पुराने रूप की जगह नये रूप की स्थापना करना था।' वेबर के अनुसार नियन्त्रण का पहला रूप ढीला-ढाला, महज़ औपचारिक और व्यावहारिक रूप से नामौजूद था। लेकिन यह दूसरा रूप पब्लिक हो या प्राइवेट, जीवन के हर क्षेत्र को न केवल अपने दायरे में ले लेता था, बल्कि उस नियन्त्रण की प्रकृति गहन थी और उसे बाक़ायदा लागू किया जा सकता था। युरोईसाइयत का नया नियन्त्रणकारी रूप केवल ईसाइयों के दैनंदिन जीवन को नियन्त्रित करने वाला साबित नहीं हुआ– बल्कि, यह ग़ैर-ईसाई समाजों का सांस्कृतिक युरोपीयकरण करने के ज़रिये अप्रत्यक्ष ईसाईकरण करने की क्षमता से सम्पन्न निकला। हैंस ब्लूमेनबर्ग ने वेबर के इस अवलोकन की यह कह कर तस्दीक़ की है कि 'आधुनिक युग वस्तुतः ईश्वर की मृत्यु के युग की तरह शुरू नहीं होता, बल्कि वह ईश्वर को प्रच्छन्न कर देने वाले युग के रूप में अपना प्रारम्भ करता है।' युरोकेन्द्रीयता के अध्येता वासिलिस लैम्ब्रोपोलॅस के मुताबिक़ निगाहों से छिपे हुए ईश्वर को मृत घोषित करना एक व्यावहारिक युक्ति थी। प्रबोधन को विवेक के युग की मिथकीय आभा से सम्पन्न करने के लिए यह घोषणा काफ़ी उपयोगी हुई।

उपनिवेशवाद के लौकिक साम्राज्य के पराभव के बाद भाषा-ज्ञान और साहित्य पर आधारित उसका अलौकिक साम्राज्य मज़हब नहीं बल्कि संस्कृति के अन्तरण पर आधारित हो चुका है। अलौकिक साम्राज्य की यह थीसिस उपनिवेशवाद की भाषाई विचारधारा के आधार पर अठारहवीं सदी के इंग्लैंड में तैयार की गई थी। यह विचारधारा अकादमीय दायरों में तो कभी सूत्रबद्ध नहीं हुई, पर इसकी बुनियाद उस समय पड़ी थी जब यूनानियों की विकट भाषाई स्वजातिउत्कृष्टता और ओल्ड टेस्टामेंट के मोनोलिंगुअलिज़्म के बीच गठजोड़ हुआ था। यूनानी पेगन थे, लेकिन भारतीय बहुदेववाद से भिन्न उनके पेगन संसार में क्रिश्चियन ईश्वरीय तत्त्वमीमांसा के लिए काफ़ी जगह थी। रिनैसॉंज़ और इनलाइटेनमेंट के ज़मानों में इसी गठजोड़ के आधार पर भाषाई विचारधारा का शीराज़ा खड़ा किया गया। 'भाषा साम्राज्य की जोड़ीदार होती है' और 'विजेता को विजित पर अपनी भाषा थोपने का अधिकार है'

जैसे सिद्धान्त गढ़े गये। एक विश्वव्यापी ग्रामर फैक्ट्री खड़ी की गई। भाषाओं के कारखाने बनाये गये। या तो भाषाओं का संहार करके उनकी जगह युरोपीय भाषाएँ स्थापित कर दी गईं, या फिर जहाँ यह नहीं हो सका, वहाँ भाषाओं का योजनापूर्वक लातिनीकरण किया गया। या तो एकभाषिता स्थापित की गई, या बहु-एकभाषिता (बहुभाषी परिदृश्य में कुछ भाषाओं को चुन कर प्रभुभाषा बनाना) को बढ़ावा दिया गया। यह प्रक्रिया ग़ैर-पश्चिम के कला, साहित्य और ज्ञान पर पश्चिमी या आधुनिक छाप पड़ने में निकली। एशिया के सन्दर्भ में आनन्द कुमारस्वामी ने इसे 'एंग्लिसाइज़ेशन ऑफ़ ईस्ट' कहा है। 2006 में लिखे गए अपने इस कालजयी लेख में कुमास्वामी स्पष्ट रूप से कहते हैं कि अंग्रेज़ीकरण की प्रक्रिया के तहत 'हमें एक सभ्यता के दूसरी सभ्यता पर प्रभाव का सामना करने के बजाय एक सभ्यता के उन्मूलन और उसकी जगह दूसरी के प्रतिस्थापना की समस्या से निबटना है। इसे दोनों सभ्यताओं के श्रेष्ठ तत्त्वों को प्रोत्साहित करने वाली प्रक्रिया के तौर पर नहीं देखना चाहिए।' उपनिवेशवाद की भाषाई विचारधारा के इस औज़ार से ही पिछली शताब्दियों में ग़ैर-पश्चिम का संस्कृति-अन्तरण हुआ। यह प्रक्रिया आज तक जारी है। युरोपीय साम्राज्यिकता के पहले अतीत की किसी भी साम्राज्यिकता के पास भाषाई विचारधारा और उसके ज़रिये संस्कृति-अन्तरण का कार्यक्रम नहीं था।

मेरी यह पुस्तक कम से कम डेढ़ वर्ष से लिखी हुई तैयार रखी हुई थी। लेकिन, अलग से प्रकाशित करने के बजाय मैं इसी विचार-भूमि पर खड़ी अन्य रचनाओं के साथ प्रकाशित करना चाहता था। इसलिए मैंने इन्तज़ार किया, और अतत: मुझे ज्ञानोत्पादन के विउपनिवेशीकरण की तरफ ले जाने वाली चार अन्य कृतियाँ मिल गईं। इन्हीं में से एक है आचार्य राधावल्लभ त्रिपाठी का बृहद ग्रन्थ *भारत की सारस्वत साधना*, जो उस आवश्यकता को पूरा करता है जो हमारे प्राचीन ज्ञान को प्रासंगकिता की कसौटी पर कसने से जुड़ी है। इस कृति में आचार्य त्रिपाठी के 19 लेख संकलित हैं। कालक्रमानुसार देखें तो इसमें ऐतरेय महीदास, पाणिनि, कौटिल्य, वात्स्यायन, भरत, भर्तृहरि, आदि शंकर, वामन, आनन्दवर्धन, कुन्तक, अभिनवगुप्त, पण्डितराज जगन्नाथ, गोपीनाथ कविराज, रामावतार शर्मा और रेवाप्रसाद द्विवेदी के विमर्श की अनूठी प्रस्तुति तो है ही, साथ ही साथ पुराणों, भारतीय परम्परा में कला और काव्य की सर्जना प्रक्रिया, भारत की पण्डित-परम्परा, प्राच्यविद्या और विउपनिवेशकरण के सम्बन्धों पर गहन, सहज और विस्तृत विचार किया गया है। इनमें अधिकतर लेख आचार्य त्रिपाठी ने मेरे अनुरोध पर उस समय लिखे थे जब मैं *प्रतिमान* का सम्पादक था। जब इस सामग्री को पुस्तक के रूप में

लाने की बात चली तो उन्होंने नौ विमर्शकारों पर नये लेख तैयार किये ताकि भारतीय ज्ञान-परम्परा में पिछले तीन हज़ार साल के इन महारथियों के प्रतिनिधित्व में कुछ छूट न जाए। इस तरह उन्होंने ईसापूर्व 1000 से लेकर बीसवीं सदी तक की इस अक्षुण्ण परम्परा के वाहकों के विमर्शी चित्र उपस्थित कर दिये हैं।

इसमें कोई शक नहीं कि उपनिवेशवाद के ज्ञानात्मक अत्याचार के कारण हमारे पारम्परिक ज्ञान के नवीकरण की प्रक्रिया और उसकी गतिशीलता बहुत सीमित हो गयी है। आचार्य त्रिपाठी का यह भगीरथ प्रयास इसी की भरपायी की शुरुआत है। भर्तृहरि के भाषा-विमर्श से उठाया गया इसका एक नमूना दृष्टव्य है :

> *वाक्यपदीयम्* के तीसरे काण्ड के अंतर्गत तृतीय समुद्देश में भर्तृहरि शब्द और अर्थ के सम्बन्धों पर विचार करते हैं, तथा शब्द या भाषा से निर्मित संसार और हमारे रोज़मर्रा के संसार के सम्बन्धों पर भी विचार करते हैं। ... रोज़मर्रा की दुनिया में हम आँखों से दिखने वाली वस्तुओं को, जो हमारे वर्तमान में हैं, देख पाते हैं। शब्दों के विवर्त में हम भूत और भविष्य को भी देख पाते हैं। यह एक स्वायत्त संसार है। यह बाहर के संसार से सर्वथा अछूता रह सकता है। इस संसार में वह सहज सम्भव है, जो हमारे भौतिक संसार में सम्भाव्य नहीं है। इसका सबसे उम्दा उदाहरण अभाव या अनुपस्थिति के विमर्श को दिया जाता है। ... अभाव का भाषा में विमर्श कैसे होता है इसके लिए शशविषाण (खरगोश का सींग), मृगतृष्णा का जल आदि उदाहरण दिये जाते हैं। जो संसार में असम्भव है, भाषा उसे सम्भव कर देती है। भाषा निराकार को साकार और अमूर्त को मूर्त कर देती है। शास्त्रों में इसका एक उदाहरण यह दिया जाता रहा है– एष वन्ध्यासुतो याति खपुष्पकृतशेखरः। कूर्मक्षीरचये स्नातः शशशृङ्गधनुर्धरः॥ (आकाशकुसुम की माला सिर पर गूँथे हुए, कछवी के दूध के तालाब में नहाया हुआ, खरगोश के सींग का धनुष धारण किये हुए यह बाँझ का बेटा चला जा रहा है।) कछुवा स्तनपायी जीव नहीं है, खरगोश के सींग नहीं होते, आकाश में फूल नहीं खिलते और वंध्या के पुत्र नहीं हो सकता। अतः इस पद्य में सारी असम्भावनाओं का बख़ान है, फिर भी इनका बिम्ब तो बनता ही है। जितनी भी असम्भाव्य स्थितियाँ हैं, भाषा उन्हें अपने संसार में सम्भव बना सकती है।

अनुपस्थिति के विमर्श का यह प्रतिपादन मुझे बहुत पसन्द है। ऐसे नमूने नगीनों की तरह आचार्य त्रिपाठी की इस अविस्मरणीय कृति में भरे पड़े हैं।

तीसरी कृति संस्कृत और फ़ारसी के अनूठे विद्वान प्रोफ़ेसर बलराम शुक्ल की रचना *भारतीय ज्ञान-परम्परा : सातत्य और संवर्धन* है। हज़ारों साल लम्बी और अत्यन्त विविध ज्ञान-परम्परा का इससे अधिक संक्षिप्त, सरल, सारगर्भित और सांगोपांग मानचित्र बनाया ही नहीं जा सकता। भारतीय ज्ञान-परम्परा के सातत्य

और संवर्धन के इतिहास और वर्तमान का विवरण देने वाली इस पुस्तक के लगभग प्रत्येक पृष्ठ पर ऐसी जानकारियाँ अंकित हैं जो अन्यत्र दुर्लभ साबित होंगी। बलराम शुक्ल ने भारतीय ज्ञान-परम्परा का भाष्य करते समय कुछ ऐसे सूत्रीकरण किये हैं जो पहले मेरी निगाह से नहीं गुज़रे थे। एक जगह यास्क रचित *निरुक्त* के हवाले से बताया गया है कि इस ज्ञान-परम्परा के तहत कलियुग में ऋषियों के न रहने से तर्क को ही ऋषि की संज्ञा दे दी गई है। इसी की तस्दीक़ करते हुए एक दूसरी जगह कहा गया है कि यह परम्परा 'सोला स्क्रिप्तुरा' (एक पवित्र ग्रन्थ में ही सारे सत्य निहित हैं) न हो कर 'फ्रोनेमा' (दृष्टिकोण आधारित) है। यह उस सामी आग्रह को नहीं मानती जिसके तहत अपरिवर्तनीय वस्तु को ही प्रामाणिक और शुद्ध माना जाता है। आनन्द कुमारस्वामी सरीखे इस परम्परा के व्याख्याताओं के लिए मिथ ही इतिहास की भूमिका निभाती है। सृष्टि-निर्माण की थियोक्रेटिक डिज़ाइन के विपरीत यह परम्परा मानती है कि हर सृष्टि से पहले एक सृष्टि है। आदि सृष्टि कोई नहीं है। इसमें ईश्वरीय निरंकुशता की कोई जगह नहीं है।

बलराम शुक्ल के मुताबिक़ जिन बातों को अतार्किक माना जाता है, वे भारतीय ज्ञान-परम्परा के लिए दरअसल संसार को समझने की युक्तियाँ हैं। मसलन, पुनर्जन्म को माने बिना संसार की विचित्रता की व्याख्या नहीं हो सकती। इस परम्परा में समय चक्रीय और कल्पीय है। इस नाते आचार्यों, संतों, गुरुओं और आध्यात्मिक नायकों के अनुयायियों को सुविधा मिल जाती है कि वे हर युग में उनकी विद्यमानता की कल्पना कर लें। यही कारण है कि शंकराचार्य, कबीर और नानक जैसी हस्तियाँ हर युग में और हर जगह होने की अनुभूति देती हैं। यही कारण है कि शंकर को उनके अपने युग के ही नहीं बल्कि अतीत के विद्वानों से शास्त्रार्थ में भी विजयी बताया जाता है। यह परम्परा इतनी समावेशी है कि सत्रहवीं सदी में महामति प्राणनाथ इस्लाम को भी भारतीय परम्परा में शास्त्रोक्त तरीक़े से शामिल करने का प्रयास करते हुए दिखते हैं। बलराम शुक्ल ने भारतीय भाषा-विश्लेषण के बारे में तो इस कृति में कमाल ही कर दिया है। लेखन और वाचिकता का सम्बन्ध, लिपि और वाचिकता का सम्बन्ध और भर्तृहरि जैसे जटिल शास्त्र को सरलता से समझा सकने वाला अनूठापन इसकी विशेषता है।

चौथी और पाँचवीं कृतियाँ एक ही सिक्के के दो पहलुओं के समान हैं। दर्शनशास्त्र के आचार्य अम्बिकादत्त शर्मा और राजनीतिक सिद्धान्त के अध्येता विश्वनाथ मिश्र एक अरसे से वैचारिक स्वराज के विमर्शी रास्तों की खोज में लगे हुए हैं। दोनों कृतियाँ *अनागत गांधी : बापू से वैश्विक संवाद* और *हन्ना आरेंट :*

हिंसा का स्थापत्य अपने आप में स्वायत्त रचनाएँ होते हुए भी परस्परव्यापी हैं। हिंसा, सर्वाधिकारवाद, मानवीय गरिमा, राजनीतिक कार्रवाई, चेतना की व्यक्तिगत और सामूहिक अभिव्यक्तियों के प्रश्न पर गांधी और आरेंट के बीच नज़दीकियों और दूरियों से बनी अंतर्व्याप्ति पर कई विद्वान ग़ौर कर चुके हैं। लेकिन, पश्चिमी समाज-विज्ञान की स्थापित शैलियों में हुआ यह विविध ऊहापोह युरोकेन्द्रीय दृष्टि से मुक्त नहीं है। यही है वह मुकाम जो शर्मा-मिश्र की जोड़ी को इन प्रयासों से अलग करके एक सर्वथा नयी ज़मीन तोड़ने वाले विद्वानों के रूप में प्रतिष्ठित कर देता है।

दोनों रचनाओं के सघन और सुलिखित पृष्ठों पर बापू और आरेंट के साथ मार्क्स, माओ, वेबर, हाइडेगर, फ़ूको और हैबरमास, फुले, तिलक और अम्बेडकर जैसी हस्तियाँ ऐसे अर्थ-सन्दर्भों में मुखामुखम हो रही हैं जो पश्चिम-प्रदत्त ज्ञानात्मक श्रेणियों से भिन्न हैं। ये अर्थ-सन्दर्भ एकदम नये हैं, और उनका उद्गम भारतीय ज्ञान-परम्परा में निहित है। मसलन, यहाँ गांधी का ज्ञानमीमांसीय और तत्त्वमीमांसीय भाष्य अद्वैत सभ्यता के प्रतिपादक के तौर पर किया गया है। गांधी पश्चिम के कई विद्वानों से बहुत-कुछ लेने के बावजूद स्वयं को युरोकेन्द्रीयता से अछूता बनाये रखते हैं। *अनागत गांधी* में गांधी द्वारा गिनाये गये 'सात महापाप' न केवल पश्चिमी सभ्यता की समझौताविहीन आलोचना का परिप्रेक्ष्य पेश करते हैं, बल्कि इनके भीतर एक समान्तर सभ्यता की सृष्टि का कार्यक्रम भी प्रस्तावित होता हुआ दिखता है। ये सात महापाप हैं : श्रम रहित धन, विवेक रहित आनन्द, चरित्र रहित ज्ञान, नैतिकता रहित व्यापार, मानवता रहित विज्ञान, त्याग रहित धर्म और सिद्धान्त रहित राजनीति। रहित की जगह युक्त का प्रयोग करते ही सात महापापों की जगह सात महावांछनीयताओं का ख़ाका तैयार हो जाता है।

हन्ना आरेंट : हिंसा का स्थापत्य में गांधी के साथ परस्परव्याप्ति के बावजूद आरेंट उनसे सौ फ़ीसदी सहमत नहीं हैं, पर वे हिंसा और सर्वाधिकारवाद के उत्खनन के ज़रिये राजनीति की परिभाषा में एक बुनियादी संशोधन तज्वीज़ करती नज़र आती हैं। वे कहती हैं कि युद्धों और क्रान्तियों में हिंसा ने ऐतिहासिक रूप से प्रधान ही नहीं बल्कि विधेयक भूमिका निभायी है। राजनीति के जिस आदर्श रूप को आरेंट कल्पित करती हैं, उसका युद्ध और क्रांति से कोई ताल्लुक़ हो ही नहीं सकता। आरेंट के इस अभूतपूर्व दावे का आधार उन्हीं के विमर्शी आधार में निहित है। आरेंट के मुताबिक़ मनुष्य के क्रियाकलाप मुख्यतः लेबर (जैविक ज़रूरतों की पूर्ति के लिए किया जाने वाला मनुष्य का एकाकी प्रयत्न), वर्क (भौतिक ज़रूरतों की पूर्ति के लिए किया जाने वाला एकाकी और सीमित सहयोग पर आधारित प्रयत्न) और एक्शन (व्यापक

सामूहिक सहभागिता के ज़रिये पूर्णता प्राप्त करने के लिए किया जाने वाला प्रयत्न) में बँटे हुए हैं। एक्शन को वे 'वीटा एक्टिवा 'की संज्ञा देते हुए श्रेयस्कर राजनीति का पर्याय मानती हैं। इसमें शक्ति का वह रूप प्रतिष्ठित है जो उच्च मानवीय और सांस्कृतिक लक्ष्यों को प्राप्त करने की सामूहिकता और प्रतिबद्धता की ओर ले जाता है। राजनीति का यही रूप यूनानी दार्शनिकों के लिए सभ्यता-निर्माण की कला और सर्वोत्तम सद्गुण के रूप में प्रतिष्ठित रहा है। इसी को कौटिल्य ने 'सर्वे धर्मा: राजधर्मे प्रविष्टा:' की तरह प्रस्तुत किया है। राजनीति के इस आदर्श में युद्ध और क्रांति का शुमार नहीं हो सकता। गांधी और आरेंट, दोनों इस समस्या से जूझते नज़र आते हैं कि हिंसा के बिना शक्ति की उपलब्धि कैसे हो। इन दोनों ग्रन्थों में यह विमर्शी जद्दोजहद निहायत ख़ूबसूरती से बुनी गयी है।

शर्मा-मिश्र की जोड़ी ने इन दोनों ग्रन्थों में एक काम ऐसा किया है जो कम से कम मैंने तो पहली बार देखा है। जब भी ग़ैर-पश्चिमी ज्ञान-परम्पराओं का कोई दावा पश्चिम द्वारा थमायी गयी बुद्धि और पद्धतिमूलकता को ठुकराते हुए प्रस्तुत किया जाता है, तो हमेशा उसके ख़िलाफ़ सबसे बड़ा सवाल यह लगाया जाता है कि इसकी आज के ज़माने में व्यावहारिकता क्या है? यह भी कहा जाता है कि आधुनिकता-पूर्व ज्ञान तो केवल वैचारिक ऊहापोह या महज़ ख़यालगोई है जो सौंदर्यमूलक आनन्द देने से आगे नहीं जा सकता। पूछा जाता है कि उसमें अनुप्रयुक्तता या एप्लायडनेस कहाँ है? पश्चिमी सभ्यता को एक 'एप्लायड सिविलाइज़ेशन' के रूप में पेश करना उसके बचावकर्ताओं का मुख्य शगल है। उनके लिहाज़ से आधुनिकता की आधारशिला सिद्धान्त और व्यवहार के कारगर समिश्रण से कुछ इस तरह बनायी गयी है कि आधुनिकताजन्य पीड़ाओं को संशोधनकारी आधुनिकता से दूर किया जा सकता है। यानी, आधुनिकता का इलाज आधुनिकता में ही है, उससे बाहर नहीं। अगर इस दलील के सामने घुटने टेक दिये जाएँ तो फिर ज्ञानोत्पादन का विउपनिवेशीकरण अरण्यरोदन के अलावा कुछ नहीं रह जायेगा। इन दो लेखकों का इस बारे में रवैया कुछ इस तरह का है :

> यहाँ अनेक तथ्यान्वेषी यह प्रश्न कर सकते हैं कि और प्राय: किया भी जाता है कि क्या यह व्यावहारिक है? उन्हें इस तथ्य पर भी ध्यान देना चाहिए कि जिसे हम व्यावहारिक कहते हैं उसके कई पहलू एक ज़माने में नितान्त अव्यावहारिक माने जाते थे, लेकिन विशिष्ट ज्ञान, सैकड़ों वर्षों की हिंसा और ऐसे ही अनेक उपायों द्वारा उन्हें व्यावहारिक बनाया गया है। उन्हें आज भी निर्दोष नहीं कहा जा सकता। अनुमानों के अनुसार पृथ्वी पर सकल सम्पदा पचास क्वाड्रिलियन से अधिक नहीं है। वर्तमान समय में दुनिया की सकल जीडीपी डेढ़ सौ खरब से अधिक नहीं है।

> यदि प्रति व्यक्ति आय में अमेरिका को प्रतिमान मान लें और भारत को अतीत का गौरव दिलाने के मार्ग पर चलें तो आर्थिक रूप से अमेरिका के बराबर आने में उसकी अर्थव्यवस्था की अपेक्षा छह गुनी अधिक बड़ी अर्थव्यवस्था बनना होगा, क्योंकि, हमारी आबादी उससे छह गुनी अधिक है। वर्तमान में यदि उसकी अर्थव्यवस्था को हम पच्चीस खरब भी मान लें तो इसका आशय यह हुआ कि हमें तब अकेले ही आज की पूरी दुनिया की अर्थव्यवस्था के बराबर यानी डेढ़ सौ खरब का होना होगा। ज़ाहिर है कि इस खेल में हम अकेले नहीं हैं और सबकी साझेदारी से हम यदि किसी समय दुनिया के सकल घरेलू उत्पाद को एक हज़ार खरब मान लें तो दुनिया के संसाधन पचास साल में ही चुक जाएँगे। इस तथ्यात्मकता के बावजूद हम विकास के आधुनिक प्रारूप को ही सबसे अधिक व्यवहारसौकर्य साबित करने में लगे हुए हैं। उसे ही औचित्यपूर्ण प्रमाणित करने के लिए हर तरह के असत्य का प्रयोग कर रहे हैं। परन्तु, मनुष्य यदि तात्त्विक रूप से आत्मचेतन प्राणी है, तो उसकी आत्मचेतना कभी न कभी आधुनिकता के चक्रीय दुष्चक्र के प्रति अवश्य ही आत्मचेतन होगी, और इस तरह आधुनिकता के प्रति एक नवीन मोहभंग से उत्पन्न हुए युग का शुभारम्भ होगा।

एक ज़माने में किसी दीवार पर मैंने गाँधी का एक महावाक्य लिखा देखा था : 'पृथ्वी के पास मनुष्य की प्रत्येक आवश्यकता पूरी करने के लिए पर्याप्त संसाधन हैं, पर मनुष्य के लालच को वह सन्तुष्ट नहीं कर सकती।' तब मार्क्सवादी बौद्धिक प्रशिक्षण से आत्मतुष्ट हो कर मैं मानता था कि साम्यवाद लाने के लिए हमें असीमित उत्पादन करके उसे हर व्यक्ति के लिए उपलब्ध कराना होगा। लेकिन इस महावाक्य ने मेरी मार्क्सवादी चेतना पर एक सवालिया निशान लगाया। मैं जानकारों से पूछता रहा कि गांधी के दिमाग में यह बात आयी कहाँ से होगी? जवाब आशिस नंदी से बातें करते हुए मिला कि ऐसा चिन्तन शायद गांधी को अपनी माँ से प्राप्त वैष्णव आधारभूमि पर ही पनप सकता था। (बलराम शुक्ल ने *भारतीय ज्ञान-परम्परा* में बताया है कि गांधी का यह महाकथन *महाभारत* के द्रोणपर्व में इस प्रकार मौजूद है : 'यत्पृथिव्यां व्रीहियवं हिरण्यं पशवः स्त्रियः। नालमेकस्य तत् सर्वमिति मत्वा शमं व्रजेत्॥' अर्थात, पृथ्वी पर जितना धान, सोना, जौ, पशु, स्त्रियाँ हैं, वह एक लोभी व्यक्ति के लिए पर्याप्त नहीं है, यह समझ कर हमें शांत हो जाना चाहिए।) इसी भावभूमि पर गांधी ने अद्वैत सभ्यता का वेदान्ती वृक्ष खड़ा किया होगा। यही है वह भावभूमि जो संशोधनकारी आधुनिकता के छल से हमें बचा सकती है।

प्ररोचना सम्पन्न हुई। इसके साथ ही मैं उन्मोचन ग्रन्थमाला के विद्वान विमर्शकारों के साथ सुधी पाठकों-श्रोताओं का इस नये संसार में स्वागत करता हूँ। रास्ता बहुत लम्बा और कंटकाकीर्ण है, लेकिन चलने लायक है।

आभार

इन पाँच ग्रन्थों के प्रकाशन में जाने के साथ ही अगले सेट के लिए तैयारियाँ शुरू हो गई हैं। इसमें वाल्टर मिन्योलो, सुदीप्त कविराज, पार्थ चटर्जी, बरनार्ड कॉन, एनिबाल क़िहानो, रणजीत गुहा, सैयद मुहम्मद अलतास, अली शरियती, वासुदेव शरण अग्रवाल, काशी प्रसाद जायसवाल, चन्द्रकान्त राजू और शम्सुर्रहमान फ़ारूक़ी की रचनाओं के साथ-साथ विनय लाल द्वारा सम्पादित विश्वविख्यात डिसेंटिंग नॉलेज पेम्फ़लेट सीरीज़ और उपनिवेशन के मर्म का अनावरण करने वाली *ब्लाइंडिड आई* जैसी अनूठी रचना का प्रकाशन प्रस्तावित है। प्रयास किया जायेगा कि इस सेट में रज़ा फ़ाउण्डेशन द्वारा वित्तपोषित उस सर्वेक्षण पर आधारित पुस्तक भी प्रकाशित की जाये जिसका केन्द्रीय प्रश्न यह है कि क्या अंग्रेज़ी भाषा भारत के संस्कृति-अन्तरण के उपकरण के तौर पर काम करती है।

इस पुस्तक शृंखला का वर्तमान रूप कई विद्वानों, विभूतियों और गुणी साथियों की सहायता के बिना संभव नहीं हो सकता था। ख़ासकर मेरी किताब उपनिवेशवाद का अलौकिक साम्राज्य की समूची पांडुलिपि या कुछ हिस्से तो कई विद्वानों ने पढ़ी और अपनी टिप्पणियों से मेरा मार्गदर्शन किया। इनमें नंदकिशोर आचार्य, वागीश शुक्ल, अशोक वाजपेयी, भगवान सिंह, आशुतोष भारद्वाज के साथ-साथ देशिक केंद्र के मेरे कुछ साथियों (नरेश गोस्वामी, तृप्ति श्रीवास्तव, रमाशंकर सिंह, कंचन शर्मा, सैयद शाहिद अशरफ़, अरुण कुमार त्रिपाठी, सुमेल सिंह सिद्धू और विजय झा) के नाम उल्लेखनीय हैं। मनोज मोहन ने इसकी पांडुलिपि का पहला प्रूफ़ पढ़ कर अपना योगदान दिया। वाणी प्रकाशन के संस्थापक अरुण महेश्वरी और प्रबंध निदेशक अदिति महेश्वरी गोयल ने विशेष रुचि लेकर इस शृंखला को पाठकों तक सुंदर रूप में पहुँचाया है। रज़ा फ़ाउंडेशन के प्रबंध न्यासी श्री अशोक वाजपेयी ने इस शृंखला को प्रायोजित करके इसे संस्थागत आधार प्रदान किया है। मैं इन सभी का कृतज्ञ हूँ, और रहूँगा।

कहना न होगा कि न केवल मैं अपनी किताब की सभी तरह की कमियों का उत्तरदायी हूँ, बल्कि शृंखला संपादक के रूप में बाक़ी चार रचनाओं की पुस्तकाकार निर्मिति में रह गयी कमियों का भी ज़िम्मेदार हूँ।

वैशाख शुक्ल पंचमी
2082, विक्रम संवत (2 मई, 2025)

— अभय कुमार दुबे
शृंखला सम्पादक

भूमिका

गांधी : अद्वैत सभ्यता का आधार

महात्मा गांधी के जीवन और विचारों को लेकर प्रचुर मात्रा में पुस्तकें लिखी गयी हैं। वास्तव में, उनके जीवन का अध्ययन भी उनके विचारों का अध्ययन ही है, क्योंकि, स्वयं उन्हीं के शब्दों में 'मेरा जीवन ही मेरा सन्देश है।' पूरी दुनिया के स्वातन्त्र्य आन्दोलनों और मानवाधिकार संघर्षों में उनके अहिंसात्मक सत्याग्रह की तकनीक के प्रभाव को खुलेपन से स्वीकार किया गया है– इन स्वीकृतियों में नेल्सन मंडेला, मार्टिन लूथर किंग जूनियर, लेक वालेसा, ए.टी. आर्यरत्ने, परम पावन दलाई लामा, थिकन्हार हान, महाघोषानन्द, आवद मुबारक आदि कई अन्तरराष्ट्रीय व्यक्तित्व सम्मिलित हैं। जीन शार्प, योहान गाल्तुंग, रिचर्ड ग्रेग, जेम्स लवलॉक आदि कई बौद्धिकों ने भी उनके प्रभाव को स्वीकार किया है। देश में तो उनके विचारों से प्रभावित अध्येताओं की संख्या बहुत बड़ी है।

लेकिन, उन पर हुए अध्ययनों का चरम बिन्दु, दर्शन की भाषा में कहें तो मूल्यमीमांसा या नैतिकी तथा उनके कार्यक्रमों पर ही रहा है। इस नैतिकी की पृष्ठभूमि में सक्रिय तत्त्वमीमांसा और उस तत्त्वमीमांसा तक पहुँचाने वाली ज्ञानमीमांसा की ओर अत्यल्प ध्यान दिया गया है। महात्मा गांधी की सत्याग्रह-तकनीक तथा उनके ग्राम-स्वराज, स्वदेशी, बुनियादी शिक्षा आदि कार्यक्रमों पर तो बहुत ध्यान दिया जाता रहा है, लेकिन, प्रस्तुत अध्ययन की उल्लेखनीय विशेषता यह है कि इसमें न केवल उनकी दार्शनिक दृष्टि को उन्मीलित किया गया है, बल्कि, साथ ही, आधुनिक विश्व के अत्यन्त महत्त्वपूर्ण दार्शनिकों के साथ उनकी

समानताओं-असमानताओं का अन्तर्दृष्टिपूर्ण विश्लेषण किया गया है। महात्मा गांधी के प्रचुर लेखन में उनकी दार्शनिक दृष्टि हर जगह झलकती है, लेकिन उनकी गणना संतों-महात्माओं या राजनीतिज्ञों की पाँत में ही होती है, अकादमिक दार्शनिकों में नहीं, क्योंकि, उन्होंने व्यवस्थित पद्धतिगत रूप से अपने दर्शन को प्रतिष्ठित नहीं किया। इसलिए, यह दायित्व उनके अध्येताओं पर आयद होता है कि वे उनके विचारों की पृष्ठभूमि में सक्रिय दार्शनिक संगति की मीमांसा करें। प्रस्तुत अध्ययन में लेखक द्वय ने इस दायित्व को निबाहने का सार्थक उपक्रम किया है।

इस अध्ययन में महात्मा गांधी की मूल्यमीमांसा अथवा नैतिकी की पृष्ठभूमि में अद्वैत पद्धति की सक्रियता देखी गयी है, जिसे सनातन और ब्राह्मिक परम्परा भी कहा गया है। यह पद्धति आधुनिक अनुभववादी और बुद्धिवादी ज्ञानमीमांसा का अतिक्रमण करती हुई अतीन्द्रिय अनुभवों और प्रत्ययों को भी अपने में समाहित करती है। जब गांधी अपनी 'अन्तरात्मा की आवाज' की बात करते हैं तो वह अतीन्द्रिय ज्ञानमीमांसा का ही स्वीकार है, जिसके लिए चित्तवृत्तियों का निरोध एवं विषय-वासनाओं से उपरति उसी प्रकार आवश्यक है, जिस प्रकार 'वैज्ञानिक ज्ञान की अर्हता के लिए विशेष प्रकार के प्रशिक्षण की आवश्यकता' होती है। इसका अर्थ यह नहीं है कि अद्वैत पद्धति प्रत्यक्ष प्रमाण की उपेक्षा करती है, बल्कि, वह उस प्रत्यक्ष नानात्व की पृष्ठभूमि में सक्रिय अद्वैत या एकत्व को भी स्वीकार करती है, जिसे आत्मशुद्धि के उपरान्त प्रस्फुटित अन्तर्ज्ञान से ही जाना जा सकता है और इस ज्ञान में स्वयं ज्ञाता भी समाहित है। योहान गाल्तुंग जैसे गांधी-अध्येता भी उनके दर्शन की दो प्रमुख चारित्रिकताओं के रूप में 'जीवन के एकत्व' और 'साध्य-साधन के एकत्व' का जिक्र करते हैं। तत्त्वतः ये दोनों एक ही हैं, क्योंकि, कोई भी साधन बुरा तभी होता है, जब वह किसी के प्रति हिंसा करता और इस प्रकार 'जीवन के एकत्व' के प्रत्यय का प्रतिषेध करता है।

एकत्व की इस तत्त्वमीमांसा से ही अहिंसा निस्सृत होती है, जो गांधी के लिए सबसे बड़ा मूल्य और उनकी नैतिकी का केन्द्रीय प्रत्यय है। गांधी जब सत्य और अहिंसा को एक ही मानते हैं तो आशय यही है कि यह एकत्व ही सत्य है, और क्योंकि, उसे केवल अहिंसा के साधन से ही पाया जा सकता है, अतः साध्य और साधन में भेद नहीं किया जा सकता और इसी अर्थ में 'सत्य ईश्वर है', क्योंकि, अन्ततः नानात्व को भेद कर इस एकत्व के नियम की अनुभूति ही ईश्वर की अनुभूति है, और स्वयं गांधी के अनुसार 'ईश्वर और उसके नियम को पृथक् नहीं

किया जा सकता। यहाँ गांधी की ज्ञानमीमांसा, तत्त्वमीमांसा और मूल्यमीमांसा भी घुलमिल कर एक हो जाती है और इस सत्य की प्राप्ति ही जीवन का प्रयोजन हो जाता है। स्वाभाविक है कि तब हमारे सम्पूर्ण वैयक्तिक और सामाजिक जीवन का नियम भी यह एकत्व अर्थात् अहिंसा होना चाहिए। इसी नियम के आधार पर गांधी राजनीतिक, आर्थिक और सामाजिक पुनर्निर्माण की योजना प्रस्तुत करते हैं। ग्राम-स्वराज और स्वदेशी इसी योजना की रूपरेखा प्रस्तुत करते हैं। इस अध्ययन में उपर्युक्त ज्ञानमीमांसीय और तत्त्वमीमांसीय आधारों को सम्प्रेषणीय दार्शनिकता के साथ प्रस्तुत किया गया है।

इस रचना में गांधी के विचारों का अन्य कई महत्त्वपूर्ण आधुनिक विचारों के साथ तुलनात्मक विश्लेषण किया गया है, जिनमें सबसे प्रमुख कार्ल मार्क्स हैं। मार्क्स और गांधी की समानताओं की ओर तो बहुत-से लोगों ने ध्यान आकर्षित किया है– बल्कि, माओ और गांधी की कुछ समानताओं की ओर भी– और उनके बीच मुख्य विरोध गांधी के अहिंसा पर आग्रह और मार्क्स द्वारा हिंसा की स्वीकृति को लेकर माना गया है। लेकिन, प्रस्तुत अध्ययन में लेखक-द्वय इस का मूल दोनों की ज्ञानमीमांसा और तत्त्वमीमांसा में देखते हैं, क्योंकि, एक द्वन्द्वात्मक भौतिकवाद में आस्था रखता है और दूसरा आध्यात्मिक एकत्व में। इस अध्ययन की एक नवीनता इस बात में भी है कि तकनीकी को लेकर मार्क्स और गांधी के बीच समानता की ओर भी यह हमारा ध्यान आकर्षित करता है। अधिकांशतः, जहाँ तकनीकी को मूल्यनिरपेक्ष मानने पर आग्रह है, वहीं गांधी और मार्क्स दोनों ही उसे मूल्यसापेक्ष मानते हैं। मार्क्स का ऐतिहासिक भौतिकवाद तो क्रान्तिकारी परिवर्तनों का निर्धारक कारण उत्पादन सम्बन्धों में परिवर्तन को मानता है। ये सम्बन्ध उत्पादन शक्तियों अर्थात् उत्पादन के साधनों और औज़ारों अर्थात् उत्पादन की तकनीकी के आधार पर विकसित होते हैं। तकनीकी की इस भूमिका को महात्मा गांधी ने भी गहराई से पहचाना था– यद्यपि उनकी मान्यता थी कि हम उसका चुनाव और विकास अपनी मनोवृत्ति के अनुसार करते हैं। गांधी ने यदि इस सभ्यता को 'शैतानी सभ्यता' कहा तो उसके पीछे उनकी यह समझ भी काम कर रही थी कि यह सभ्यता जिस प्रौद्योगिकी पर आश्रित है, उसका अनिवार्य परिणाम एक हिंसक और अनैतिक सभ्यता का विकास है। यद्यपि प्रारम्भिक मार्क्स ने भी यह माना था कि वह साध्य न्यायपूर्ण नहीं है, जिसके लिए अन्यायपूर्ण साधन की आवश्यकता पड़ेगी। लेकिन, वे न केवल तकनीकी के नैतिक प्रभाव की ओर पर्याप्त ध्यान नहीं दे पाये, बल्कि,

सच तो यह है कि तकनीकी को सामाजिक परिवर्तन का मुख्य कारण मानते हुए भी उन्होंने इस बात पर विचार नहीं किया कि क्रान्ति के बाद एक समाजवादी समाज की रचना किस प्रकार की तकनीकी के आधार पर होनी चाहिए। यह काम उन्होंने भविष्य के क्रान्तिकारियों पर छोड़ दिया, जिन्होंने उन्हीं तकनीकी आधारों पर एक समाजवादी समाज बनाना चाहा, जो पूँजीवादी व्यवस्था के आधार थे। मैंने सोवियत व्यवस्था के पतन से कुछ पूर्व अपने एक लेख में यह पूर्वकथन किया था कि स्वयं ऐतिहासिक भौतिकवाद की दृष्टि से इस व्यवस्था का ध्वस्त होना अपरिहार्य है। साम्यवादी क्रान्तिकारी 'बेस' और 'सुपर स्ट्रक्चर' के इस विरोध को समझ नहीं पा रहे थे। यदि उन्हें एक न्यायपूर्ण, स्वतन्त्र और वर्गहीन समाज की स्थापना करनी थी तो उन्हें उत्पादन की नयी शक्तियों अर्थात् उसकी ऐसी तकनीकी की खोज की ओर ध्यान देना चाहिए था, जिसमें आर्थिक और राजनीतिक केन्द्रीकरण सम्भव ही न रहे। गांधी का 'स्वदेशी' और ग्रामोद्योगों का आग्रह ही ऐसे वास्तविक स्वराज का आधार हो सकता है, जिसमें प्रत्येक व्यक्ति की अहिंसक स्वतन्त्रता पोषित हो सके। मानव-जाति के तकनीकी आविष्कारों का अध्ययन करते हुए इतिहासविद् हेरोल्ड इन्निस ने इस बात को पहचाना था कि प्रत्येक नया तकनीकी साधन कुछ ही अवधि में साधन न रह कर साधक हो जाता है। दरअसल, आविष्कृत होने पर ये उपकरण स्वायत्त हो जाते हैं और फिर अन्य उपकरणों के साथ मिल कर मनुष्य का ही पुनराविष्कार करते हैं। मनुष्य के पुनराविष्कार से इन्निस का तात्पर्य मनुष्य के नये सम्बन्धों से भी है, क्योंकि, जिसे हम संस्कृति कहते हैं, उसका एक प्रमुख आयाम मानवीय सम्बन्ध है। द्वैतवादी तत्त्वमीमांसा के आधार पर एक द्वैतवादी सभ्यता का ही विकास हो सकता है, जबकि प्रस्तुत लेखक-द्वय गांधी के हवाले से जिस अद्वैत सभ्यता का आग्रह करते हैं, उसका आधार आध्यात्मिक एकत्व का बोध ही हो सकता है। ऐसी सभ्यता ही वास्तविक अर्थों में अहिंसक सभ्यता हो सकती है, जिसकी आर्थिक, राजनीतिक और सामाजिक व्यवस्था में 'मम' और 'ममेतर' का विरोध मिट कर, अज्ञेय के शब्दों में 'जो मेरा है, वही ममेतर है' हो जाये।

इन्निस के निष्कर्ष की पुष्टि हाइडेगर के विश्लेषण से भी होती है, जिसकी ओर इस अध्ययन में ध्यान आकर्षित किया गया है। हाइडेगर के अनुसार विश्व का 'निर्बाध तकनीकीकरण' मनुष्य की प्रकृति को खतरे में डाल रहा है, क्योंकि, वह मनुष्य की आकांक्षाओं आदि को अपने साँचे में ढालता जा रहा है। इस प्रवृत्ति को केवल 'प्रॉजेक्ट ऑफ थॉट' अर्थात् विवेकपूर्ण विचारों से ही बदला जा सकता

है, जिसकी सम्भावना वे पश्चिम के सन्दर्भ में बहुत कम देखते हैं। इस पुस्तक के लेखकों ने हाइडेगर और गांधी के इस दृष्टि-साम्य की ओर हमारा ध्यान आकर्षित किया है। वे मानते हैं कि 'मार्क्स, गांधी और हाइडेगर तीनों की आधुनिक सभ्यता और उसके तकनीकी पक्ष की आलोचना अपने-अपने ढंग से करते हैं। इसमें मार्क्स की आलोचना जहाँ पूँजी को केन्द्र में रख कर की गयी है, वहीं गांधी की आलोचना मानवीयता केन्द्रित है और हाइडेगर की आलोचना मानवविषयिता केन्द्रित है।' लेकिन, हाइडेगर द्वारा हिटलर के राष्ट्रीय समाजवाद (नाज़ीवाद) को स्वीकार करने का कोई दार्शनिक औचित्य नहीं दिखायी देता। गांधी के सन्दर्भ में तो यह कल्पना भी नहीं की जा सकती।

इस अध्ययन की एक और उल्लेखनीय विशेषता महात्मा गांधी और हन्ना आरेंट का तुलनात्मक विश्लेषण भी है। राज्य के विकेन्द्रीकरण और सत्ता की ऊर्ध्वाकार संरचना के बजाय उसकी क्षैतिज संरचना का आग्रह दोनों विचारकों में समान है। अहिंसात्मक सत्याग्रह को भी हन्ना आरेंट स्वीकार करती है, किन्तु वे उसकी एक अनिवार्यता सत्याग्रही जीवन को विचार में नहीं लेतीं, जिसके बिना वास्तविक सत्याग्रह सम्भव नहीं है। इसका मूल कारण भी दोनों के विचारों के तत्त्वमीमांसीय और ज्ञानमीमांसीय आधारों में भिन्नता है। जब हन्ना आरेंट यह सन्देह प्रकट करती हैं कि जर्मनी, इटली, जापान आदि के विरुद्ध गांधी के अहिंसक सत्याग्रह की सफलता सन्दिग्ध ही लगती है तो वे सत्याग्रह को परिणाम के परिप्रेक्ष्य में समझ रही होती हैं। जबकि गांधी के अनुसार तो सत्याग्रही कभी विफल होता ही नहीं, क्योंकि, 'सत्याग्रही के लिए समय की कोई सीमा नहीं होती और न उसकी दुःख सहन की क्षमता की ही कोई सीमा होती है।' इसीलिए वे मानते हैं कि 'अगर एक सत्याग्रही भी अन्त तक डटा रहे तो विजय सुनिश्चित है' और 'मानव-प्रकृति में अडिग विश्वास ही सत्याग्रही के धर्म का सार है।' राष्ट्रवाद को लेकर भी दोनों के विचारों में नज़दीकी दिखायी गयी है। गांधी के लिए राष्ट्रवाद का तात्पर्य एक राष्ट्र की ऐसी स्वतन्त्रता है, जिसमें किसी के प्रति हिंसा न हो सके। राष्ट्र को, सामान्यतः नस्ल, भाषा, सम्प्रदाय आदि के सूत्र में बद्ध एक समूह समझा जाता है, जबकि गांधी मानते हैं कि कोई भी मुल्क राष्ट्र तब बनता है जब उसमें दाखिल होने वाले दूसरे लोग उसकी प्रजा में घुलमिल जायें। हन्ना आरेंट भी राष्ट्र को ऐसी ही सामूहिकता की भावना पर आधारित मानती हैं, पर एक राजनीतिक दर्शन के रूप में राष्ट्रवाद का विकास अन्य के प्रति उग्र और हिंसक रूप में हुआ है, तथा

वह साम्राज्यवाद और तानाशाही की ओर आसानी से अग्रसर हो सकता है। वास्तव में, गांधी के राष्ट्रवाद के लिए राष्ट्रीयता-पद का ही प्रयोग किया जाना चाहिए। राष्ट्रीयता और राष्ट्रवाद में वैसा ही फ़र्क़ है, जैसा सामाजिकता और समाजवाद तथा पारिवारिकता और परिवारवाद या वैयक्तिकता और व्यक्तिवाद में। दरअसल, सम्प्रभुता का क्षैतिज विकेन्द्रीकरण और आत्मपूरित स्थानीय राजनीतिक इकाइयाँ ही एक अहिंसक व्यवस्था का आधार हो सकती हैं। गांधी और हन्ना आरेंट दोनों में इस पर दृष्टि-साम्य है। उनकी कार्य-योजना में कुछ अन्तर अवश्य है। उल्लेखनीय है कि एक राजनीतिक दर्शन के रूप में राष्ट्रवाद के खतरों और विकेन्द्रीकरण की आवश्यकता की ओर एम.एन. राय भी ध्यान आकर्षित करते हैं, यद्यपि गांधी से उनकी दार्शनिक असहमति भी स्पष्ट है।

इस पुस्तक के लेखकों ने गांधी के कुछ ऐसे अन्य समकालीन विचारकों जैसे ज्योतिबा फुले, तिलक और अम्बेडकर आदि का भी प्रसंगानुसार संक्षिप्त विश्लेषण किया है, जो मूलतः द्वैतवादी दृष्टि के आधार पर समाज का विश्लेषण करते हैं, जबकि, गांधी उन्हीं सामाजिक समस्याओं पर अद्वैतवादी दृष्टि से विचार करते हैं।

कुल मिलाकर यह पुस्तक वैश्विक चिन्तन के सन्दर्भ में महात्मा गांधी के माध्यम से अद्वैत सभ्यता का ज्ञानमीमांसीय और तत्त्वमीमांसीय विश्लेषण करने और सत्य (अद्वैत) आधारित समाज की आवश्यकता की ओर ध्यान आकर्षित करने का एक सार्थक प्रयास है, जिसके लिए लेखक द्वय– अम्बिकादत्त शर्मा और विश्वनाथ मिश्र– हमारी कृतज्ञता के अधिकारी हैं।

—नन्दकिशोर आचार्य

गांधी

समय के साथ और समय के पार

युवाल नोआ हरारी अपनी पुस्तक *सेपियंस : अ ब्रीफ़ हिस्ट्री ऑफ़ ह्यूमनकाइन्ड* में दावा करते हैं कि 2050 तक मनुष्य अमरत्व नहीं, तो कम-से-कम अनश्वरता अवश्य ही प्राप्त कर लेगा।[1] आधुनिक से आधुनिकोत्तर होती जा रही आधुनिक सभ्यता में आशा की यह किरण हरारी को अनुवांशिक अभियान्त्रिकी और नैनो टेक्नोलॉजी के क्षेत्र में हो रहे अनुसंधानों में दिखाई पड़ती है। ऐसे में यह प्रश्न स्वाभाविक रूप से उठ खड़ा होता है कि जिस आधुनिकता ने विज्ञान, तकनीक, अर्थव्यवस्था, मनुष्य पर प्रभावी नियन्त्रण और सुरक्षा के क्षेत्र में अभूतपूर्व उपलब्धि हासिल कर ली है, उस आधुनिकता की अत्यन्त सख़्त आलोचना गांधी ने क्यों की है? साथ ही साथ यह भी कि उस आलोचना का आज मानव-जाति के लिये क्या मूल्य है? सामान्य तौर पर आज यह कहा जा सकता है कि आधुनिकता की मुक्तिकाम्यता में दुनिया के बहुसंख्यक लोग विश्वास करते हैं। अतः, आधुनिकता के प्रति गांधी के सख़्त नज़रिये को मानव-जाति द्वारा एक तरह से नकार ही दिया गया है। वास्तविकता जबकि यह है कि इस प्रकार की टिप्पणियाँ उन परिस्थितियों का संज्ञान लिये बिना ही की जाती हैं, जिन्होंने मानव-जाति को 'कैच 22 सिचुएशन' के भँवर में फँसा रखा। आधुनिकता के प्रति ज्ञान-निष्ठा और राज्य-प्रायोजित नैष्ठिक

---

1. युवाल नोआ हरारी (2019), *सेपियंस : मानव जाति का संक्षिप्त इतिहास,* (अनु. मदन सोनी), मंजुल पब्लिशिंग हाउस, नयी दिल्ली : 294.

उपक्रम तथा आधुनिकता को ही एकमात्र वरेण्य दृष्टि के रूप में प्रस्तुत किये जाने के तीन सौ सालों के संगठित प्रयासों के बाद आज मनुष्य आधुनिकता के व्यामोह को जीवन-मूल्य समझने लगा है। ऐसे में किसी पर्यवेक्षणीय सत्यापन या जनमत संग्रह के ज़रिये आधुनिकता की सम्पुष्टि हेतु प्रमाण प्रस्तुत करना स्वयं आधुनिकता द्वारा आधुनिकता को प्रमाणित करने का विनिश्चय बनकर रह जाता है। परन्तु, यदि मनुष्य होने का सार शरीर होने के बजाय शरीर की सीमाओं का अतिक्रमण करते हुए चेतना के पुंज होने के रूप में है, तब आधुनिकता के प्रति गांधी की आलोचनात्मक दृष्टि को उन चिन्ताओं से भी जोड़ कर देखना होगा, जिन्हें आधुनिकता ने विकृतियों के रूप में मानव-जाति को दिया है।

I

ऐसे सभी प्रश्नों और प्रतिप्रश्नों का उत्तर इस तथ्य पर निर्भर करता है कि मानव उद्विकास के ज्ञात साक्ष्यों के आधार पर हम मानव-जाति के लिये किस प्रकार की परिस्थितियों का निर्माण करना चाहते हैं। जिस तरह नोम चोम्स्की ने भाषा को 'बायोलॅजिकल फ़ोर्स' के रूप में देखा है और जिस तरह उद्विकासवादी मनुष्य की उपकरण-निर्माण की क्षमता को भी बायोलॅजिकल फ़ोर्स के रूप में देखते हैं, तो इस दृष्टि से तकनीक के सहारे अनश्वरता प्राप्ति की आशा रखना मनुष्य की प्राकृतिक विशिष्टता बन जाती है। मनुष्य की इसी विशिष्टता को 'एन्थ्रोपोसेन्ट्रिक' और 'यूरोसेन्ट्रिक वर्ल्डव्यू' ने अब्राहमिक परम्परा और पूँजीवाद के साथ मिल कर मानव-जाति के एकमात्र भवितव्य के रूप में सफलतापूर्वक स्थापना कर दी है। इस भवितव्य के अन्तर्गत, जैसा कि हरारी का मानना है, तकनीकी प्रगति द्वारा मनुष्य अपनी जैविक तौर पर निर्धारित सीमाओं का अतिक्रमण करने में सक्षम हो जायेगा, और यही होमोसेपियंस के रूप में मानव-जाति का अंत होगा।[2] यहाँ होमोसेपियंस के अंत हो जाने का निहितार्थ समाप्त हो जाने के अर्थ में नहीं है, बल्कि, रूपान्तरित हो जाने के अर्थ में है। इस रूपान्तरण के सूत्रधार 'मानव जीनोम परियोजना' जैसे महत्त्वाकांक्षी प्रोजेक्ट हैं, जो जैव रसायन एवं जैव भौतिकी के अन्य अनुसंधानों के साथ मिल कर उस मानवीय दक्षता को प्राप्त करने के नज़दीक पहुँचते जा रहे हैं, जो मनुष्य को स्वयं भाग्यविधाता बना देंगे। वस्तुतः, यही वह अवस्था हो सकती है, जहाँ आधुनिकता का प्रोजेक्ट पूर्ण होगा। आधुनिकता के प्रोजेक्ट का चरमोत्कर्ष

---

[2] वही, 429-500.

इस तरह से सामने आयेगा, इसका हैबरमास ने भी अनुमान नहीं किया था। हैबरमास यह मान रहे थे कि आधुनिकता का प्रोजेक्ट 'कम्युनिकेटिव रैशनलिटी' द्वारा अपनी पूर्णता प्राप्त करेगा। यह एक ऐसी अवस्था होगी, जहाँ विमर्श में भागीदारी की स्वतन्त्रता और अवसर सबको समान रूप से उपलब्ध होंगे और सूचनाओं पर किसी समूह विशेष का एकाधिकार नहीं रह जायेगा। इस अवस्था में, जैसा कि हैबरमास कल्पना करते हैं, एक विवेकशील कर्त्ता अपनी इच्छाओं और अनुभूतियों के प्रति प्रतिवर्ती समझ (रिफ़्लैक्स्वि अंडरस्टैंडिंग) रखते हुए स्थापित मूल्यों के साथ उनकी सार्वभौमिकता के दबाव से अन्त:क्रिया नहीं करेगा। अपितु, उसकी अन्त:क्रिया का आधार वह विमर्शात्मक सहमति होगी, जिसमें किसी व्यवहार से लोग प्रभावित होने वाले हैं।[3]

यद्यपि हैबरमास जब बाद में यह कहते हैं कि बोज़्र्वा वर्ग ने लोक-विमर्श के नेटवर्क पर आधिपत्य स्थापित कर लिया है और इससे लोक-विमर्श का नेटवर्क ध्वस्त हो गया है, तब वे स्वयं अपनी पूर्व की उन स्थापनाओं के प्रति शंकित दिखाई पड़ते हैं, जो उन्होंने मैक्स वेबर द्वारा प्रतिपादित 'फ़ंक्शनल रैशनलिटी' के विरुद्ध स्थापित की थीं।[4] फिर भी हैबरमास को कम-से-कम मैक्स वेबर की 'इन्स्ट्रुमेंटल रैशनलिटी' के लौह आवरण से मनुष्य के बाहर निकल आने की उम्मीद है, जबकि, हरारी मानव उद्‌विकास के आधार पर जिस भविष्य की कल्पना करते हैं, वहाँ मनुष्य को 'इन्स्ट्रुमेंटल रैशनलिटी' का ही संवाहक हो जाना है। यह आधुनिकता की परिपूर्णता की एक ऐसी अवस्था का संकेत है, जिसमें उपकरण बनाने वाले प्राणी के रूप मनुष्य को स्वयं उपकरण बन जाना है।

अब्राहमिक परम्परा के विमर्शकार चाहे मार्क्स हों, मैक्स वेबर हों या फिर हैबरमास या हरारी हों, सब-के-सब विज्ञान एवं तकनीक के गठजोड़ से मानव-दशाओं में बदलाव लाने की सम्भावना के प्रति आश्वस्त हैं। यह आश्वासन उन्हें मनुष्य की उस विवेकशीलता में मिलता है, जिसका उद्‌घोष सर्वप्रथम बेंजामिन फ्रैंकलिन ने करते हुए कहा था कि 'मनुष्य एक उपकरण बनाने वाला प्राणी है।' मानव प्रकृति की व्याख्या करते हुए कार्ल मार्क्स ने भी बेंजामिन के इस कथन को

---

3. युरगन हैबरमास (1984), द *थियरी ऑफ़ कम्युनिकेटिव एक्शन,* बीकन प्रेस, बोस्टन : 20.

4. युरगन हैबरमास (1991), द *स्ट्रक्चरल ट्रांसफ़ॉरमेशन ऑफ़ द पब्लिक स्फ़ियर,* एम.आई.टी. प्रेस, कैम्ब्रिज : 175-180.

स्वीकार किया है।[5] हरारी ने सेपियंस में जिस तरह से डार्विन के 'प्राकृतिक प्रवरण सिद्धान्त' के आधार पर मानव उद्विकास को दर्शाया है, उसमें उपकरण निर्माण की विशिष्टता मनुष्य के जैविक गुण के रूप में स्थापित हुई है। वह इस मान्यता पर आधारित है कि आवश्यकता आविष्कार की जननी है। हरारी का तर्क (जो कि पूँजीवाद के वैश्वीकृत स्वरूप के बचाव का तर्क है) इस ओर आगे बढ़ता है कि जैव रासायनिक मशीन को मानवीय जैविक प्रकृति के अनुकूल बना लिया जायेगा। साथ ही, आवश्यकता ऐसी आ पड़ी है कि ऐसी जैव रासायनिक मशीनें मनुष्य की कार्यक्षमता, दक्षता, रोग प्रतिरोधकता और सुरक्षा में बेतहाशा वृद्धि भी कर सकती हैं। अतः, मनुष्य की प्राकृतिक जैव संरचना को जैव रासायनिक उपकरणों से बदल डालने या सुसज्जित कर देने की आवश्यकता है। हरारी ने इस ओर बहुत कम ध्यान दिया है कि आवश्यकता के कारण आविष्कार किया जाना और बाज़ार द्वारा निर्मित आवश्यकताओं के कारण आविष्कार किया जाना, दो अलग-अलग बातें हैं। फिर भी, यदि आज की मानव-जाति ने अपने भविष्य का चुनाव करते हुए बाज़ार द्वारा उत्पन्न की गयी आवश्यकता को प्राकृतिक आवश्यकता मान लिया तो इसके दो परिणाम अवश्यंभावी होंगे। प्रथम, होमो सेपियंस का अंत और 'मशीन इन मेन' के युग की शुरुआत। द्वितीय, अब तक की अर्जित संस्कृति, सभ्यता, नैतिकता, मूल्य, धर्म एवं मानवीय संवेदना का उत्तरोत्तर निरर्थक होते हुए विलुप्त हो जाना।

वैज्ञानिक एवं तकनीकी प्रगति के माध्यम से मानवीय जीवन की परिस्थितियों को बदल डालने की सोच अब्राहमिक परम्परा की मूल प्रवृत्ति रही है। परन्तु, यदि हम निष्पक्ष रूप से विगत तीन सौ साल के इतिहास पर दृष्टिपात करें तो पाते हैं कि वैज्ञानिक एवं तकनीकी प्रगति ने मानवीय परिस्थितियों को बदलने के साथ-साथ मानव को ही बदल दिया है। इस बदलाव के पक्ष में उद्विकासवादी यह तर्क देते हैं कि मूल मानव-प्रवृत्ति जैसी कोई चीज नहीं है, बल्कि यह एक विकासमान प्रक्रिया का हिस्सा है, जो प्राकृतिक प्रवरण की क्रिया-प्रतिक्रिया से निर्मित होती है। अतः, मूल मानव प्रकृति, संस्कृति या नैतिकता के तर्क के आधार पर वैज्ञानिक एवं तकनीकी विकास, आविष्कार और उसके लाभों से मानव-जाति को वंचित रखना स्वयं मानव के प्रतिकूल है। पिछले तीन सौ सालों से इस तर्क ने सभी प्रकार की मूल्य-निष्ठा को वैज्ञानिक एवं तकनीकी निष्ठा के समक्ष नतमस्तक कर दिया है।

---

5. कार्ल मार्क्स (1887), *कैपिटल*, भाग-1, प्रोग्रेस पब्लिशर्स, मास्को : 128.

मूल्य-निष्ठा की अपेक्षा विज्ञान एवं तकनीकी निष्ठा के पास श्रेष्ठता के प्रदर्शन के लिये भौतिक रूप से सत्यापनीय आँकड़े भी हैं। ऐसे ही आँकड़ों का प्रदर्शन करते हुए हरारी विज्ञान एवं तकनीक की उपलब्धियों की दुहाई देते हैं। वे बताते हैं कि पन्द्रहवीं शताब्दी में दुनिया का सकल उत्पादन मात्र 250 अरब डालर था। आज यह बढ़कर 6,000 अरब डालर हो गया है। पन्द्रहवीं शताब्दी में मानव जाति प्रतिदिन 13,000 अरब कैलॅरी ऊर्जा का इस्तेमाल करती थी, जो आज बढ़कर 15 लाख अरब कैलॅरी प्रतिदिन हो गया है।[6] जूल्स वर्न 1873 में कल्पना कर रहे थे कि एक दौलतमंद साहसिक यात्री मात्र 80 दिनों में दुनिया की परिक्रमा कर सकता है, जबकि यह काम आज महज 48 घण्टों में किया जाना सम्भव है।[7] इसकी बहुत लम्बी सूची बनायी जा सकती है। परन्तु, क्या इससे इस दावे को ख़ारिज किया जा सकता है कि आधुनिकता का सम्पूर्ण उपक्रम 'चूज़ेन मेन ऑफ़ चूज़ेन सिविलाइज़ेशन'[8] की ओर आगे बढ़ रहा है? क्या प्राकृतिक प्रवरण का सिद्धान्त 'चूज़ेन मेन ऑफ़ चूज़ेन सिविलाइज़ेशन' को 'योग्यतम की उत्तरजीविता' के तर्क के आधार पर अनुपयुक्त जन समूह का सफ़ाया कर देने का प्राधिकार नहीं देता है? ठीक वैसे ही, जैसे होमो सेपियंस ने नियंडरथल एवं अन्य मानव प्रजाति सरीखी दूसरी जातियों का और ग़ैर मानव-प्रजाति प्राणियों का सफ़ाया कर दिया। ऐसे में यह प्रश्न स्वाभाविक है कि क्या हम एक वांछनीय एवं वरेण्य भविष्य की ओर बढ़ रहे हैं?

कम-से-कम मानव-जाति के ज्ञात अतीत में अन्तर्व्याप्त हिंसा और वर्तमान की विसंगतियाँ इस प्रश्न पर यहाँ सकारात्मक रूप से सोचने की आज़ादी नहीं देती हैं। हम वैज्ञानिक एवं तकनीकी प्रगति के माध्यम से एक अहिंसक, शोषणमुक्त एवं मानवीय समानता के विचार के आधार पर किसी विश्व-व्यवस्था का निर्माण करने नहीं जा रहे हैं, बल्कि, एक अधिक असमान विश्व-व्यवस्था के भविष्य की ओर तेज़ी से बढ़ते जा रहे हैं। ऐसा इसलिये कि 'मशीन इन मेन' का युग पूँजीगत संसाधनों से युक्त समूहों की श्रेष्ठता को आज की अपेक्षा और अधिक सुदृढ़ करने

---

6. युवाल नोआ हरारी (2019), वही : 269.

7. पूर्वोद्धृत.

8. इस पदावली का प्रयोग हन्ना आरेंट के 'चूज़ेन मेन ऑफ़ चूज़ेन रेस' को बदल कर किया गया है. हन्ना आरेंट ने महायुद्ध पूर्व यूरोप में एन्टीसेमेटिज़म प्रभाव के अन्तर्गत यहूदियों की जो स्थिति थी उसको प्रदर्शित करने के लिये 'चूज़ेन मेन ऑफ़ चूज़ेन रेस' पदावली का प्रयोग किया है. देखें, हन्ना आरेंट (1973), *द ओरिजिन्स ऑफ़ टोटेलिटेरियनिज़म*, हरकोर्टब्रेस पब्लिशर्स, लंदन : 71.

वाला युग होगा। गिने-चुने लोग ही पृथ्वी से बाहर अधिवास स्थापित करने में समर्थ हो सकते हैं, या बेहद खर्चीले जैव रासायनिक उपकरणों से सुसज्जित हो सकते हैं। इस सत्य के बावजूद एक भ्रम को वैज्ञानिक ज्ञान बता कर हर स्तर पर यही प्रचारित और प्रस्थापित किया जा रहा है कि विज्ञान और तकनीक मुक्ति के संवाहक हैं। अब्राहमिक परम्परा का यह कोई नया दावा नहीं है, बल्कि, इस दावे के आनुवांशिक प्रभाव से पश्चिमी ज्ञानोदय भी मुक्त नहीं रहा है। परन्तु, यह दावा कितना खोखला है, इसका एक ज्वलंत प्रमाण यह है कि इस दावे के साथ मानवीय परिस्थितियों के रूपान्तरण में लगी व्यवस्था ने प्रथम महायुद्ध से लेकर विगत सदी के अंत तक 18 करोड़ 70 लाख लोगों को मानवीय निर्णयों से मौत के घाट उतार दिया है।[9] विज्ञान के पुरोधाओं से भी तकनीकी विकास का यह काला अध्याय छुपा हुआ नहीं है और न ही यह कलंकित अतीत कल्पित मुद्रा (साख मुद्रा) का प्रबन्धन करने वाले विशेषज्ञों और उससे सबसे अधिक लाभान्वित होने वाले दुनिया के एक प्रतिशत लोगों से ही छुपा हुआ है। परन्तु, जनमानस से यह चित्र सदा-सर्वदा के लिये विलुप्त हो जाये, इसके लिये वे वैज्ञानिक ज्ञान के भ्रम को टूटने नहीं देना चाहते हैं। यदि यह भ्रम टूटता भी है तो लोगों के आपसी सम्बन्धों का विस्तृत होता हुआ आभासी दायरा, जीवन की तीव्र होती हुई गति और राज्य की सतत निगरानी की क्षमता में प्रचुर मात्रा में वृद्धि उन्हें निष्क्रिय रखने के लिये पर्याप्त होगी।

II

आधुनिकता की परियोजना के 'मशीन इन मेन' में पूरा होने की जो सम्भावना है, उसमें नारीवाद, पर्यावरणवाद, उत्तर-आधुनिकतावाद आदि की जो चिन्ताएँ हैं, वे भी निर्मूल हो जायेंगी। इस अवस्था में प्रदूषण (सांस्कृतिक एवं पर्यावरणीय दोनों) का शमन करने वाली जैव रासायनिक उपकरणों से 'चूज़ेन मेन ऑफ़ चूज़ेन सिविलाइज़ेशन' के लोग ही प्रतिरक्षित होंगे। यह एक ऐसा समाज होगा, जिसमें मातृसत्ता या पितृसत्ता की नैतिकता अप्रासंगिक हो चुकी होगी और तकनीक-सत्ता से निर्मित नैतिकता के युग में तथाकथित मनुष्य जीवन-यापन करेगा। यह नैतिकता अपने मूलगामी स्वरूप में हिंसा की नैतिकता होगी। सामान्य तौर पर तकनीकी नैतिकता और हिंसा की नैतिकता आज परस्पर विलोमार्थक प्रतीत होती हैं। परन्तु,

---

9. देखें, ई.जे. हॉब्सबॉम (1994), *द एज ऑफ़ एक्सट्रीम्स*, एबेकस, लन्दन.

यदि हम हन्ना आरेंट के विमर्श पर विचार करें तो यह स्पष्ट हो जाता है कि आधुनिक युग ने शक्ति एवं राजनीति के प्रति हमारी समझ को इस कदर बदल दिया है कि हम हिंसा को शक्ति और व्यक्तिगत तथा पारिवारिक हितों की पूर्ति के एक व्यवसाय या तिकड़म को राजनीति समझने लगे हैं। हन्ना आरेंट ने ग्रीक राजनीतिक चिन्तन का पर्यवेक्षण करते हुए प्रतिपादित किया है कि पृथ्वी पर मानव-दशा मनुष्य के लिये तीन प्रकार के कृत्यों का आधार प्रस्तुत करती है। पहला 'मेटाबोलेस्टिक' आवश्यकताओं की पूर्ति, जिसका सम्बन्ध हन्ना आरेंट के अनुसार लेबर (श्रम) से है। दूसरा सीमित सहयोग पर आधारित भौतिक आवश्यकताओं की पूर्ति, जिसे हन्ना आरेंट वर्क (कार्य) कहती हैं। पहले का सम्बन्ध व्यक्तिगत एवं शारीरिक चयापचयी आवश्यकताओं की पूर्ति से है, और दूसरे का सम्बन्ध पारिवारिक स्तर की आवश्यकताओं की पूर्ति से है। कृत्य के इन दोनों प्रकारों में ऐसा कुछ भी नहीं है जो मनुष्य को पशु-स्तर से ऊपर का प्राणी सिद्ध करता हो। मानवीय कृत्य के तीसरे स्वरूप को हन्ना आरेंट एक्शन (कर्म) कहती हैं। यह राजनीतिक सहभागिता है, जिसे हन्ना आरेंट 'वीटा एक्टिवा' भी कहती हैं। यह 'मैन' होने के नाते मनुष्य का कार्य नहीं है, बल्कि, 'मेन' होने के नाते मनुष्य का कार्य है। यह सामूहिक लक्ष्यों की प्राप्ति के लिये उचित रूप से किया गया कर्म है।[10]

व्यक्तिगत और पारिवारिक स्वार्थ से ऊपर उठ कर, बिना किसी मध्यवर्ती लाभ के, मनुष्य जब सामूहिक लक्ष्य की प्राप्ति हेतु सहज ही उचित कार्य करने के लिये प्रेरित होता है, तब इसी प्रेरणा से शक्ति का निर्माण होता है। ग्रीक परम्परा और सनातन परम्परा की राजनीति में जिस शक्ति की प्रतिष्ठा हुई है, वह इसी सामूहिकता और शुभ की प्रेरणा की प्रतीक है। ऐसी राजनीति अपने को छुपाती नहीं है, बल्कि, प्रकट रूप से अपने को प्रशस्त करती है। परन्तु, आधुनिक समय में राजनीति की सफलता अपने को छुपा लेने में होती है। ऐसा इसलिये कि आज की राजनीति में श्रेयस् और शुभता का लोप हो गया है और उसमें साध्य-साधन की पवित्रता का विवेक नहीं रह गया है। फलतः, आज की राजनीति बेनक़ाब होने से डरती है। बेनक़ाब इसलिये नहीं होना चाहती कि वह दावा तो अब भी सामूहिक हितों की पूर्ति के लिये समुचित रूप से सामूहिक प्रयत्न का ही करती है, परन्तु, अन्दर ही अन्दर यह 'लेबर' और 'वर्क' कोटि के कृत्यों में ही लगी होती है।

---

10. हन्ना आरेंट (1998), द *ह्यूमन कंडीशन,* द युनिवर्सिटी ऑफ़ शिकागो प्रेस, शिकागो : 7-15.

हन्ना आरेंट ने सहज सामूहिकता को ग्रीक राजनीति की विशिष्टता बताया है और उसे वह मनुष्य को अनश्वरता प्रदान करने वाला कृत्य भी कहती हैं। आश्चर्य है कि सनातन परम्परा ने भी उसी अर्थ में अनश्वरता का ईसा पूर्व की शताब्दियों से ही अवगाहन किया है। वह अनश्वरता यश और कीर्ति की प्राप्ति में है। *श्रीसूक्त* में देवी लक्ष्मी से धन की कामना करते हुए कहा गया है कि 'कीर्तिं वृद्धिं ददातु मे', अर्थात् हे देवी! कीर्ति में वृद्धि हेतु धन दीजिए। इस तरह के मूल्यों की मीमांसा के लिये प्राकृतिक प्रवरण का सिद्धान्त विफल हो जाता है। ऐसे ही यदि हम सर हेनरी मेन की पुस्तक *विलेज कम्युनिटीज़ इन द ईस्ट ऐंड वेस्ट* में निरूपित वाचिक परम्परा के 'कॉम्परेटिव जुरिसप्रुडेंस' का संज्ञान लें तो भी प्राकृतिक प्रवरण का सिद्धान्त विफल सिद्ध हो जाता है। ऐसा इसलिये कि वाचिक परम्परा के 'जुरिसप्रुडेंस' में किसी सम्प्रभु शक्ति की अनुशास्ति नहीं होती है, बल्कि, वह परस्पर विश्वास और सहमति से उत्पन्न सामूहिक शक्ति (न कि हिंसा) के मूर्तिमान रूप होते हैं। सर हेनरी मेन ने भारत में लार्ड कार्नवालिस से पहले की व्यवस्था को और ब्रिटेन में नार्मन काल से पहले और नार्मन काल की व्यवस्था को परस्पर विश्वास पर आधारित सहमति के रूप में प्रस्तुत किया है।[11] वस्तुतः भारत और इंग्लैंड में ही नहीं, बल्कि, सभी प्राक्-आधुनिक सभ्यताओं की ग्रामीण संरचना का आधार परस्पर विश्वास और सहमति ही रही है। यह शक्ति आधारित नैतिक राजनीति के अभाव में अस्तित्ववान हो ही नहीं सकता है। ऐसे में यह प्रश्न एक चुनौती के रूप में सामने आता है (उद्‌विकासवादियों के लिये) कि प्राकृतिक प्रवरण की मान्यता के गर्भ से नैतिकता, सामूहिक साहचर्य और परस्पर विश्वास रूपी शिशुओं के जन्म को कैसे स्वीकृति दी जाये?

डार्विनवादी सभ्यता-समीक्षकों और सम्प्रति हरारी ने इतिहास में लगभग 70,000 साल पहले सेपियंस की एक विशिष्ट प्रजाति में संज्ञानात्मक क्रांति के विस्फोट की कथा का सहारा लिया है।[12] यह चेतना की विकास यात्रा में चेतना के आत्मचेतन होने का पड़ाव है। परन्तु, एक चेतन प्राणी का आत्मचेतन हो जाना उद्‌विकास की प्रक्रिया में घटित एक नव्य परिच्छेद भी है। सनातन परम्परा में मनुष्य जब आत्मचेतन होकर स्वयं अपने आप से सवाल करता है कि 'कोऽहम्',

---

11. हेनरी समर मेन (1880), *विलेज-कम्युनिटीज़ इन द ईस्ट ऐंड वेस्ट*, हेनरी होल्ट ऐंड कम्पनी, न्यूयॉर्क : 104-107.

12. हरारी, वही : 11.

तब यह अपने पशु-उद्‌भव के अतीत से मुक्त हुए मनुष्य द्वारा उठाया गया प्रश्न है। यह भी ध्यातव्य है कि आत्मचेतन चेतना सदैव सामूहिक चेतना होती है, क्योंकि, 'मैं कौन हूँ', इस प्रश्न का उत्तर कभी भी 'मैं' से शुरू होकर 'मैं' पर ही समाप्त नहीं होता। पश्चिमी राजनीतिक चिन्तन में हन्ना आरेंट ने भी अपनी पुस्तक *द ह्यूमन कंडीशन* में इस प्रश्न को सामने रखा है कि 'हू एम आई' और इसका उत्तर भी दिया है। इस प्रश्न के उत्तर में हन्ना आरेंट मनुष्य को 'वेब ऑफ़ रिलेशंस' की एक इकाई मानती हैं।[13] ऐसे ही मनुष्य द्वारा जीवन और जगत् के प्रति उस प्रकार की प्रतिवर्ती समझ की प्रत्याशा की जा सकती है, जो किसी भी स्थिति में साधनों से शासित नहीं होना चाहेगा। परन्तु, आधुनिकता जिस दिशा में गतिमान है, वह मनुष्य की प्रतिवर्ती समझ के लिये घातक है और यह 'मेन इन मशीन' के रूप में उस सेपियंस की पुनर्वापसी की ओर आगे बढ़ रही है, जो संज्ञानात्मक क्रान्ति से उद्‌भूत मनुष्य की उस विशिष्टता को ही निर्मूल कर देगी, जो उसके आत्मचेतन होने में निहित है।

विज्ञान एवं तकनीक के इस आत्मविनाशक स्वरूप की मीमांसा पश्चिम में रूसो, तोलस्तोय, थोरो, रस्किन, हाइडेगर एवं हन्ना आरेंट जैसे विख्यात् सभ्यता-समीक्षकों ने की है। सनातन परम्परा में भी तकनीक के आत्मविनाशक स्वरूप पर सैकड़ों आख्यानों के माध्यम से विचार किया गया है। आधुनिक काल में महात्मा गांधी एक ऐसे विचारक हैं, जो विज्ञान एवं तकनीक के आत्मविनाशक स्वरूप की सख़्त टीका करते हुए इसके पश्चिमी विमर्श और सनातन परम्परा के विमर्श को एक साथ प्रस्तुत करते हैं। इतना ही नहीं, गांधी ने हिगेल, मार्क्स, वेबर या हैबरमास द्वारा प्रस्तुत 'रैशनलिटी' की अवधारणा से अलग रैशनलिटी' की अवधारणा का प्रतिपादन किया है। हिगेल, मार्क्स, बेवर या हैबरमास जिस 'रैशनलिटी' की बात करते हैं, वह आधुनिकता की ही उत्पाद है। वह आधुनिकता को ही जीवनी शक्ति प्रदान करती है और उसी से प्राणवायु भी प्राप्त करती है। इसीलिये, आधुनिकता के प्रभाव से मुक्त होने के लिये चित्त एवं शरीर शुद्धि की बात इनमें से किसी ने भी नहीं की है। जबकि, गांधी चित्त एवं शरीर-शुद्धि को 'रैशनलिटी' का प्रथम सोपान मानते हैं। यह पशु-उद्‌भव से मुक्त आत्मचेतन मनुष्य की रैशनलिटी है। इस सन्दर्भ में गांधी अपनी आत्मकथा के बीसवें अध्याय में *श्रीमद्‌भगवद्‌गीता* के सन्दर्भ से दो श्लोकों

---

13. हन्ना आरेंट (1998), *द ह्यूमन कंडीशन*, वही : 181-182.

और स्वयं पर पड़ने वाले उनके प्रभावों का उल्लेख करते हैं, जिनका सम्बन्ध गीता के पाँचवें अध्याय के बासठवें एवं तिरसठवें श्लोक से है।[14] इन श्लोकों में कहा गया है कि निरन्तर विषयों के सेवन से काम और क्रोध का बढ़ना स्वाभाविक है। क्रोध से मतिभ्रम और मतिभ्रम से बुद्धिनाश को प्राप्त होते हुए मनुष्य अन्ततः विनष्ट हो जाता है। गांधी के इस दृष्टिकोण से विचार किया जाये तो चाहे हिगेल हों, मार्क्स या बेबर हों या हैबरमास हों, इनमें से किसी ने भी विषयासक्ति को 'रैशनलिटी' के मार्ग का बाधक नहीं माना है। वस्तुतः, विषयासक्ति से उद्भूत 'रैशनलिटी' स्वयं 'इन्स्ट्रुमेंटल रैशनलिटी' होती है। परन्तु, यह 'रैशनलिटी' कब मनुष्य को ही 'इन्स्ट्रुमेंट' बनाने लग जाती है, इसका पता उन्हें भी नहीं चलता है, जो 'इन्स्ट्रुमेंटल रैशनलिटी' के विरोध के लिये आधुनिकता का ही सहारा ले रहे होते हैं।

III

गांधी 'रैशनलिटी' की अर्हता के रूप में केवल चित्त और शरीर शुद्धि की ही बात नहीं करते हैं, बल्कि, वे रैशनलिटी को 'बायनरी' समझ से भी मुक्त करना चाहते हैं। इसका एक प्रमाण तो यह है कि गांधी स्वयं को अद्वैतवादी कहते थे।[15] दूसरा यह कि गांधी आत्मशुद्धि को जीवमात्र के साथ ऐक्य और अहिंसा धर्म के पालन के लिये आवश्यक मानते हैं।[16]

हिन्द स्वराज में भी गांधी शिक्षा की चर्चा करते हुए अंग्रेज़ विद्वान् हक्सली के मत का उल्लेख करते हैं और विवेकशीलता के लिये चित्त-शुद्धि की बात को दुहराते हैं और 'बायनरी' समझ के स्थान पर अद्वैत-बुद्धि विकसित करना शिक्षा का ध्येय बताते हैं। गांधी लिखते हैं कि उस आदमी ने सच्ची शिक्षा पाई है, जिसके शरीर को ऐसी आदत डाली गयी है कि वह उसके वश में रहे। उस आदमी ने सच्ची शिक्षा पाई है, जिसकी बुद्धि शुद्ध, शान्त और न्यायदर्शी है। उसने सच्ची शिक्षा पाई है, जिसका

---

14. एम.के. गांधी (1957), *आत्मकथा : सत्य के साथ मेरे प्रयोग*, नवजीवन ट्रस्ट, अहमदाबाद : 57.

15. श्रीमन्नारायण (सं.) (1997), *द सेलेक्टेड वर्क्स ऑफ़ महात्मा गांधी*, भाग-6, नवजीवन ट्रस्ट, अहमदाबाद : 107.

16. एम.के. गांधी, वही : 457.

मन कुदरती क़ानूनों से भरा है और जिसकी इन्द्रियाँ उसके वश में हैं, जिसके मन की भावनाएँ बिलकुल शुद्ध हैं और जो दूसरों को अपने जैसा ही मानता है।[17]

इस तरह गांधी जिस 'रैशनलिटी' की बात करते हैं वह 'आत्मवत् सर्वभूतेषु' के लक्ष्य को प्राप्त करने का साधन है। इसके विपरीत आधुनिकता जिस 'रैशनलिटी' की बात और पोषण करती है, वह 'सेल्फ इन्ट्रेस्ट' की अधिकतम प्राप्ति की साधना है। यहाँ प्रत्यक्षवादी ज्ञानमीमांसा, अनुभववादी ज्ञानमीमांसा तथा व्यवहारवादी ज्ञानमीमांसा (आधुनिकता की पोषक ज्ञानमीमांसाएँ) के आधार पर गांधी को ख़ारिज करने के लिये यह आक्षेप लगाया जा सकता है कि चित्त-शुद्धि और शरीर शुद्धि का विचार सत्यापनीय एवं पर्यवेक्षणीय नहीं है। पुनः, यह भी कहा जा सकता है कि चित्त-शुद्धि एवं शरीर शुद्धि द्वारा 'बायनरी' समझ का विलोपन और सामूहिकता की आत्मचेतना के उद्भव के मध्य समुचित कार्य-कारण सम्बन्ध नहीं है। इस तर्क पर विचार करने के लिये दो सन्दर्भों का संज्ञान लेना आवश्यक है। प्रथम, यह कि 70,000 वर्ष पूर्व होमो सेपियंस में संज्ञानात्मक क्रान्ति के विस्फोट का विचार भी पर्यवेक्षणीय एवं सत्यापनीय नहीं है, बल्कि, यह अनुमान पर आधारित है। द्वितीय, यह कि एक विशिष्ट (आधुनिकता एवं पूँजीवाद) परिस्थिति में मानव जाति को तीन सौ साल तक ढालते रहने के बाद यह कहना कि मानव-जाति आज जैसी है, वही उसका स्वत्व है, एक तरह की भ्रान्ति है, जो प्रत्याक्षानुमोदन न्याय[18] पर आधारित है। इस प्रश्न पर और थोड़ा गहरे उतर कर बात करें तो हम पाते हैं कि, सामान्यतः, बाज़ार की शक्तियों को प्रोत्साहित करने वाले प्रमाणों को वैज्ञानिक, सत्यापनीय एवं पर्यवेक्षणीय मान लेने की मनोवृत्ति का निर्माण आधुनिक ज्ञानमीमांसाओं द्वारा ही किया जाता है। अन्यथा, चित्त-शुद्धि एवं शरीर शुद्धि द्वारा सामूहिक चेतना की आत्मचेतना के विचार को सनातन परम्परा में ही नहीं, बल्कि, दुनिया की अन्य सभ्यताओं में भी अनुभव-सिद्ध प्रमाण माना गया है। दुनिया भर में योग, नैतिक शिक्षा और सामुदायिक मूल्यों के प्रति आग्रह भी इसी तथ्य को स्थापित करते हैं कि चित्त-शुद्धि और शरीर शुद्धि के द्वारा चेतना का परिमार्जन सम्भव है।

---

17. एम.के. गांधी (2004), *हिन्द स्वराज,* नवजीवन प्रकाशन मंदिर, अहमदाबाद : 70-71.

18. 'प्रत्याक्षानुमोदन न्याय' उस लौकिक न्याय को कहेंगे जो वर्तमान में चाक्षुष प्रत्यक्ष को ही न्याय-निर्णय का एकमात्र प्रमाण मानता हो.

वस्तुत:, आधुनिकता ने जिस जन-पुंज समाज को जन्म दिया है वह एक अणुवादी समाज है और इस समाज में व्यक्ति 'आटोमाइज़्ड इंडिविज़ुअल' है। अत: आधुनिकता 'इंडिविज़ुअलाइज़्ड रैशनलिटी' की बात करती है; जबकि गांधी आधुनिक सभ्यता को बिगाड़ करने वाली सभ्यता कहते हैं।[19] इस बिगाड़ करने वाली सभ्यता में अहिंसक तरीक़े से बदलाव लाने के लिये गांधी सत्याग्रही की 'रैशनलिटी' की बात करते हैं। सत्याग्रही की 'रैशनलिटी' में आत्मबल एवं सत्य का बल होता है।[20] इसके विपरीत, आधुनिक 'रैशनलिटी' में शरीर एवं तृष्णा का बल होता है, जिसे तकनीक के द्वारा अपरिमित रूप से विस्तारित किया जा रहा है।

गांधी जब 'रैशनलिटी' की बात करते हुए आधुनिकता को ख़ारिज कर देते हैं, तब दुनिया भर के विचारकों के लिये वे एक पहेली बन जाते हैं। इस पहेली को हल करने के लिये कुछ गम्भीर प्रयास दुनिया भर के अकादमिक जगत् में हुआ है। इनमें से कुछ ईमानदार प्रयास कहे जा सकते हैं और कुछ प्रयास ऐसे हैं जो आज की व्यावहारिकता को बनाये रखने के उद्देश्य से गांधी की अव्यावहारिकता को सिद्ध करते हैं। इन सभी प्रयासों के द्वारा समवेत रूप से गांधी को समझने का जो विमर्श उत्पन्न हुआ है, वह आज की दुनिया के सबसे बड़े फलक वाले निदर्शों में से एक है। उदाहरण के लिये, आर.डी. रानाडे गांधी को 'ऑडियो मिस्टिक' कहते हैं। आर.आर. दिवाकर ने उन्हें 'स्पिरिचुअल स्पीकर' कहा है। एन.ए. निकम गांधी को 'डिस्कवरर ऑफ़ रिलीजन' कहते हैं। पी.एन. चोपड़ा गांधी को 'ए सेज इन रिवोल्ट' के रूप में देखते हैं तथा अर्नाल्ड टॉयनबी ने गांधी को 'सोशल टेक्नोक्रेट' के रूप में प्रस्तुत किया है।[21] यहाँ तक कि गांधी को एक ही साथ प्राक्-आधुनिक, आधुनिक एवं उत्तर-आधुनिक विचारक के रूप में प्रतिष्ठित करते हुए दुनिया के विख्यात समीक्षकों ने उन पर बहुत कुछ लिखा है।[22]

गांधी को ब्रिटिश एजेंट और पूँजीवाद का समर्थक बताने की भी कोशिश की जाती है और उन्हें भारत-विभाजन के लिये भी दोषी ठहराया जाता है। गांधी को भारत में क्रान्तिकारी राष्ट्रवाद के मार्ग में एक रोड़े की तरह अटकी हुई बाधा के रूप में भी

---

19. एम.के. गांधी, *हिन्द स्वराज,* वही : 17.

20. वही : 61-67.

21. रामजी सिंह (1993), *गांधी ऐंड द ट्वेन्टी फर्स्ट सेन्चुरी,* पीस पब्लिशर्स, नयी दिल्ली : 29.

22. निकोलस एफ़. गीयर (1996), 'गांधीज़ फ़िलॉसफ़ी : प्री मॉर्डन, मॉर्डन आर पोस्ट-मॉर्डन?', *गांधी मार्ग,* भाग-17, अंक-3 : 261-281.

देखा जाता है। यहाँ तक कि भारतीय राष्ट्रीय आन्दोलन में किसी भी अन्य नेता की अपेक्षा सनातन प्रतीकों का सबसे अधिक प्रयोग करने पर भी उन्हें मुस्लिम हितैषी के रूप में प्रस्तुत किया जाता है। दूसरी ओर, उन्हें जातिवादी व्यवस्था का समर्थक भी कहा जाता है। इन सभी नकारात्मक विचारों के आधार पर ही गांधी को देखा जाये तो ऐसे नकारात्मक विचार स्वयं ही एक-दूसरे को काट देते हैं। अतः, पहले यहाँ गांधी की व्यावहारिकता को समझ लेना ज़रूरी है।

IV

व्यावहारिकता के नाम पर जिन सभ्यताओं ने अपने उदात्त मूल्यों के साथ समझौता किया है, उनका क्षरण इतिहास के पन्नों में दर्ज है। इसके विपरीत, जिन सभ्यताओं ने अपने उदात्त मूल्यों के आलोक में व्यावहारिकता का परिमार्जन किया है, वे ही दीर्घजीवी रही हैं। इस तथ्य को महात्मा बुद्ध और सुकरात के उदाहरणों द्वारा समझा जा सकता है। महात्मा बुद्ध तत्कालीन भारत की व्यावहारिकता के उन तमाम पक्षों को प्रश्नांकित करते हैं, जिनमें हिंसा प्रतिष्ठित हो चुकी थी या होती जा रही थी। उस हिंसा को दूर करने के लिये बुद्ध एक नवीन औचित्य-प्रणाली को जन्म देते हैं, जो अपने मूलभूत स्वरूप में सनातन परम्परा के ही उदात्त मूल्य थे। यह ज़रूर था कि उन मूल्यों की भाषा और उसके सामाजिक व्याकरण की रूपरेखा तब की स्थापित व्यवस्था और उसकी व्यावहारिकता को असहज लगते थे। परन्तु, भारतीय समाज ने तब हिंसा के स्थान पर अहिंसा को बड़े पैमाने पर स्वीकार किया। दूसरी ओर, सुकरात ने भी यूनानी सभ्यता में प्रतिष्ठित होती जा रही हिंसा के विरुद्ध एक नवीन औचित्य-प्रणाली को अपनाये जाने की वकालत की थी। परन्तु, यूनानी सभ्यता ने व्यावहारिकता के नाम पर सुकरात को मार डालना उचित समझा। व्यावहारिकता के जिस तर्क ने सुकरात को मार डालने का रास्ता चुना, वह पेगन निष्ठा की बहुदेववादी आस्था-प्रणाली का सुकरात की एकदेववादी निष्ठा-प्रणाली की ओर संक्रमण कर रही विचारों से असहज हो रही थी, जबकि तार्किक रूप से देखा जाये तो बहुदेववाद में एकेश्वरवाद को भी एक देव के रूप में समायोजित किया जा सकता था। परन्तु, सुकरात पर गलत आरोप लगाये गये। यह कहा गया कि सुकरात नौजवानों को पथ-भ्रष्ट कर रहे हैं। जबकि, आगे के कालखण्ड में सुकरात यूरोप के लिये विवेक का मूर्तिमान स्वरूप बन गये। ठीक उसी तरह, जिस गांधी के सत्याग्रह को एक तबका विफल मानता है, लेकिन उसी गांधी के सत्याग्रह से दुनिया के प्रसिद्ध पर्यावरणविद्

नैश संघर्ष-समाधान हेतु एक वैश्विक प्रतिमान का निर्माण करते हैं।[23] वस्तुत:, यह गांधी की नहीं अपितु 'सेक्टेरियन आइडियोलॉजी' की विडम्बना है कि जिस गांधी को एक समूह ने अपने समूह की अस्मिता की रक्षा के नाम पर मार डालना उचित समझा, उसी गांधी को मार्टिन लूथर किंग जूनियर 'मानवता के लिये आशा' के रूप में देखते हैं।[24] यहाँ तक कि गांधी ने स्वयं ही अपनी आत्मकथा क्यों लिखी और वे अपने को सनातनी हिन्दू कैसे कह सकते हैं, जबकि वे प्राय: मन्दिर नहीं जाते थे, इत्यादि बातों के आधार पर गांधी की आलोचना करने वाले इरफ़ान हबीब को भी गांधी की विशिष्टता स्वीकार करनी पड़ती है। ख़ासकर तब, जब वे लिखते हैं कि गांधी ने कहा था कि मैं भारत में जनसंहार के विरुद्ध आमरण अनशन करने जा रहा हूँ। जब यहाँ मुझे सफलता मिल जायेगी तब मैं पाकिस्तान जाकर भी ऐसा प्रयास करूँगा, क्योंकि वह भी मेरा ही देश है।[25]

वस्तुत:, गांधी को दो धरातलों पर अव्यावहारिक कहा जाता है। एक वह धारा गांधी को अव्यावहारिक कहती है, जिसे आधुनिकता के हिंस्र स्वरूप का समुचित रूप से भान नहीं है और जो हिंसा को सहने तथा हिंसा करने को ही मानव जाति का एकमात्र ध्येय मानती है। यह धारा उपभोक्तावाद और तकनीकी प्रगति की चकाचौंध से सम्मोहित वह धारा है, जिसने पूँजीवाद को मार्क्स की तरह सबसे अधिक 'रैशनल' उत्पादन पद्धति समझ लिया है। इस धारा के विचारकों को गांधी द्वारा प्रतिपादित आत्मपूरित ग्रामीण सभ्यता पर आधारित 'रामराज्य' का आदर्श दिवास्वप्न लगता है। परन्तु, इसी धारा के प्रतिबद्ध लोगों में नैतिक मूल्यों के ह्रास और पर्यावरण प्रदूषण एवं बढ़ती हुई कुण्ठा के प्रति चिन्ता भी देखी जा सकती है।

गांधी को अव्यावहारिक कहने वाली दूसरी धारा का सम्बन्ध 'सेक्टेरियन आइडियोलॉजी' द्वारा भारतीय राष्ट्रीय आन्दोलन में सहभागिता कर रहे समूहों से है। ये अपने-अपने समूह की पहचान, प्रतिरक्षा और उत्थान में लगे समूह हैं, जिनकी प्राय: प्रत्येक माँग दूसरे समूह के हितों के विरुद्ध जाती है। यह विचारणीय है कि क्या

---

23. आर्ने नैश (1958), 'अ सिस्टेमेटाइज़ेशन ऑफ़ गांधियन एथिक्स ऑफ़ कॉनफ़्लिक्ट रिज़ोल्युशन', *द जर्नल ऑफ़ कॉनफ्लिक्ट रिजोल्युशन,* भाग 2, अंक-2 : 140-155.

24. मार्टिन लूथर किंग जूनियर (2010), *ह्वेयर डू वी गो फ्राम हियर,* बीकन प्रेस, बोस्टन : 45.

25. इरफ़ान हबीब (1995), 'गांधी ऐंड द नैशनलिस्ट मूवमेंट', *सोशल साइंटिस्ट,* भाग-23, अंक-4 : 14.

सिर्फ़ वंचित समूहों की माँगों के आधार पर भारतीय राष्ट्रीय आन्दोलन का संचालन किया जा सकता था? यह भी कि सिर्फ़ किसान हितों को लेकर उपनिवेशवाद विरोधी आन्दोलन का संचालन सम्भव था? क्या सिर्फ़ हिन्दू या मुस्लिम हितों को संगठित करके भारत जैसे देश में उपनिवेशवाद विरोधी आन्दोलन सफल हो सकता था? वस्तुत:, इस तरह की एकाकी प्रवृत्तियाँ विभिन्न समूहों को आपस में ही मर मिटने का अवसर तो प्रदान कर सकती थीं, किन्तु इनके आधार पर अखिल भारतीय उपनिवेशवाद विरोधी आन्दोलनों का सफलतापूर्वक संचालन सम्भव नहीं था। गांधी की व्यावहारिकता इतने विराट् कलेवर की है कि गांधी एक साथ चार मोर्चों पर लड़ते रहे होते हैं। प्रथम, उपनिवेशवाद और आधुनिकता के ख़िलाफ़। द्वितीय, सामन्तवाद के ख़िलाफ़। तृतीय, अंधविश्वास और कुरीतियों के ख़िलाफ़ और चतुर्थ, एक समूह के दूसरे समूह के विरुद्ध विद्वेष के ख़िलाफ़। वास्तविकता तो यह है कि भारतीय राष्ट्रीय आन्दोलन में आधुनिकता या संकुचित विचारधारा की राजनीति करने वाले समूह हिंसा की राजनीति कर रहे थे और यह हिंसा जितनी ब्रिटिश हुकूमत के विरुद्ध हो सकती थी, उससे कम अपनी जनता के विरुद्ध भी नहीं होने वाली थी। इसके विपरीत, गांधी सम्भवत: एकमात्र ऐसे व्यक्ति हैं जो भारतीय राजनीति और राष्ट्रीय आन्दोलन में शक्ति की राजनीति (हन्ना आरेंट के सन्दर्भ का संज्ञान लें) कर रहे थे।

गांधी भारत में एक ऐसे समाज का नेतृत्व कर रहे थे, जो ग़ुलामी और आधुनिकता के प्रभाव में न केवल आन्तरिक रूप से विभाजित था, बल्कि, आत्म-विस्मृति के गर्त में डूबा भी हुआ था। इसीलिये, गांधी ने भारतीयों में राष्ट्रवाद का संचार करने हेतु तथ्यात्मकताओं के बजाय मूल्यों को वरीयता दी। अम्बेडकर ने ब्रिटिश प्रशासनिक एकरूपता और न्याय-व्यवस्था की तथ्यात्मकता के आधार पर यह माना कि अंग्रेज़ों ने भारत को एक राष्ट्र बनाया है। इसके विपरीत, मूल्यों को वरीयता देते हुए गांधी ने यह स्थापित किया कि ऋषि परम्परा से उद्भूत मूल्यों के प्रति आपसी सहमति और समान ऐतिहासिक विरासत ने भारत को एक राष्ट्र बनाया। अंग्रेज़ों को तो गांधी ने भारतीय राष्ट्र की आत्मा को तोड़ने वाला बताया है। गांधी स्पष्ट कहते हैं कि अंग्रेज़ों की रेल ने हमें राष्ट्र नहीं बनाया है (तुलना करें संचार को भी राष्ट्रवाद का एक निर्णायक घटक माना जाता है), बल्कि, हमें अलग-अलग होने का एहसास कराया है।[26] गांधी ने भारत की दुर्दशा के लिये अंग्रेज़ों को ज़िम्मेदार

---

[26]. एम.के. गांधी, *हिन्द स्वराज,* वही : 28-30.

नहीं बताया, बल्कि, भारत में अंग्रेज़ियत की प्रवृत्ति को इसके लिये उत्तरदायी ठहराया है। कदाचित्, हमारे आज के समय में अंग्रेज़ियत की वह प्रवृत्ति गांधी के समय की अपेक्षा अधिक बढ़ गयी है। गांधी के समय दुनिया 'एज ऑफ़ ओवर किल' में नहीं पहुँची थी, जबकि आज हम अतिमारकता के युग में जी रहे हैं। अतः, गांधी का वैर-त्याग, अद्रोह-भावना और अहिंसक-सत्याग्रह गांधी के समय की अपेक्षा आज अधिक प्रासंगिक और वरेण्य हो गये हैं। एतदर्थ, आज की युवा पीढ़ी के लिये गांधी को गांधी के चश्मे से समझना और जानना आवश्यक है। गांधी की दृष्टि को मौलिक रूप से समझने के लिये यह जानना पर्याप्त है कि शंकराचार्य से लेकर बालगंगाधर तिलक तक किसी ने *श्रीमद्भगवद्गीता* को गीता-माता नहीं कहा। परन्तु, महात्मा गांधी *श्रीमद्भगवद्गीता* को गीता-माता कहते थे। जिस तरह गौतम की माता महामाया थीं और प्रज्ञा पारमिता को गौतम बुद्ध की माता कहा जाता है, उसी तरह मोहनदास करमचंद गांधी की माता पुतली बाई हैं, लेकिन महात्मा गांधी गीता-माता के पुत्र हैं। गीता-माता के गर्भ से उत्पन्न महात्मा गांधी सब कुछ होने से पहले सनातन हैं और सनातन होकर अद्यतन हैं। सनातन और अद्यतन के मध्य गांधी एक ऐसी कड़ी हैं, जिनके होने से ही अन्य कड़ियाँ आपस में जुड़ी रहती हैं।

सनातन गांधी

'महात्मा इन मेकिंग' पर पुनर्विचार

अहिंसक सत्यान्वेषी भारत की थाती 'महात्मा गांधी' को अनेक नज़रियों से देखने-समझने की कोशिश की गयी है। उनका जीवन एक खुली किताब की तरह है– इतनी खुली किताब कि उनके जीवन को 'पब्लिक' और 'प्रायवेट' में विभाजित नहीं किया जा सकता। ऐसे पारदर्शी गांधी को समझने-परखने का एक बड़ा ही प्रसिद्ध और प्रचलित तरीक़ा 'महात्मा इन मेकिंग' का है। इसका मतलब यह है कि उन्होंने उस मुक़ाम को धीरे-धीरे विकसित करते हुए प्राप्त किया है और तब जा कर दुनिया उन्हें महात्मा गांधी के रूप में जान पायी। यह गांधी के महात्मा बनने को एक आनुभविक ज्ञानमीमांसा की पद्धति से समझना है। डार्विन के विकासवाद और आधुनिक मनोविज्ञान की कसौटी पर एक व्यक्ति को समझने की कोई दूसरी पर्यवेक्षणीय ज्ञानमीमांसा हो भी नहीं सकती। परन्तु, एक साधारण व्यक्ति को जिस ज्ञानमीमांसा से समझा जाता है, उसी पद्धति से महात्मा के स्वत्व को भी क्या समझा जा सकता है? आज गांधी का सम्पूर्ण जीवन दुनिया के सामने पूरी तरह अनावृत है। क्या उस जीवनवृत्त में विन्यस्त व्यक्तित्व निर्माण की कोई ऐसी अभियान्त्रिकी निकाली जा सकती है, जिसका विनियोग कर किसी व्यक्ति को महात्मा गांधी बनाया जा सके। यदि ऐसा किया जाना सम्भव नहीं, तब 'महात्मा इन मेकिंग' के तौर-तरीक़ों से गांधी को समझने की यही सबसे बड़ी विफलता है। अत: आइये, 'महात्मा इन मेकिंग' की ज्ञानमीमांसा पर पुनर्विचार करते हुए व्यक्तित्वान्तरित गांधी को समझने का प्रयास करें।

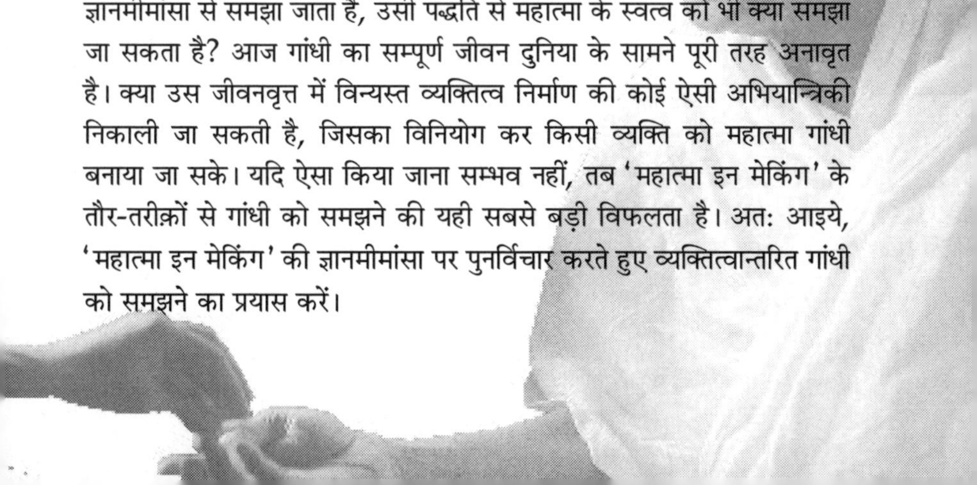

I

यदि हम विकासमान महात्मा गांधी की इस अवधारणा को स्वीकार कर लेते हैं, जो आधुनिक मनोविज्ञान की दृष्टि से व्यक्ति को समझने का सही तरीक़ा है, तो हमें यह भी मानना पड़ेगा कि उनके विचारों में समय-समय पर बदलाव आया है। उन्होंने अपने दृष्टिकोणों में संशोधन और परिमार्जन किया है। इसके चलते उनके विचारों में, पहले और बाद के विचारों में, एकवाक्यता नहीं देखी जा सकती। इतना ही नहीं, कोई गांधी के विचारों में, उनके कर्मों में और समय-समय पर लिये गये महत्त्वपूर्ण निर्णयों में प्रकट-अप्रकट विरोधाभास भी देख सकता है। इन विरोधाभासों के बीच कोई गांधी को इस रूप में भी देख–समझ और परख सकता है कि वे एक रणनीतिक व्यक्ति थे। परन्तु, उनकी रणनीति को कुटिलता या राजनीतिक चतुराई कहा जाये अथवा बुद्ध और कृष्ण का उपाय-कौशल? कुछ लोग गांधी का मूल्यांकन भारत की आज़ादी के आन्दोलन की परिसीमा में करते हैं और उस बृहत्तर परिप्रेक्ष्य को नज़रअन्दाज़ कर देते हैं, जिसकी प्रयोगभूमि उन्होंने भारत के राष्ट्रीय आन्दोलन को बनाया था। इस तरह एक बार जब हम भूल और सुधार की प्रक्रिया में धीरे-धीरे विकसित होते हुए गांधी की इस धारणा को पूर्वकल्पित कर लेते हैं तो उन्हें देखने-समझने के उपर्युक्त सभी नज़रिये, वास्तव में, 'महात्मा इन मेकिंग' के ही उप-तरीक़े बन जाते हैं।

महात्मा गांधी को देखने-परखने का एक तरीक़ा यह भी हो सकता है कि उन्हें विकसित होता हुआ, बनता हुआ न मानकर अभिव्यक्तीकरण की प्रक्रिया में प्रकट होते हुए गांधी के रूप में समझा जाये। इस दृष्टि से यह कहना उचित होगा कि विकसित होता हुआ 'गांधी' महात्मा नहीं, बल्कि, अभिव्यक्त होता हुआ 'महात्मा' वास्तव में गांधी है। तब तो हमें उनके विचार, कर्म और निर्णयों में एकवाक्यता के सूत्र खोजने होंगे। हमें यह भी परखना होगा कि गांधी का वह 'सत्य' क्या है, जिसकी अभिव्यक्ति की प्रक्रिया में उनके जीवन क्रम को समझा जाये; साथ ही साथ यह भी कि गांधी उस 'सत्य' में कब और कैसे प्रतिष्ठित हुए। यदि गांधी को उस नज़रिये से देखा-समझा जाये तो 'महात्मा इन मेकिंग' के नज़रिये से बनने वाली गांधी विषयक समझ की सभी निष्पत्तियों के अर्थ ही बदल जायेंगे। तब गांधी को और गहरे में समझना होगा, ताकि वैचारिक अनन्यता में घटित होते हुए उनके जीवन क्रम को देखा जाना सम्भव हो सके। इसके लिये उस सत्य को भी जानना ज़रूरी है, जिस सत्य का आत्मक्रियान्वयन करते हुए स्वयं उन्होंने अपने जीवन को सत्य के साथ प्रयोग कहा है।

दुनिया भर के बड़े-बड़े लोगों ने और उनके ही अन्तरंग व्यक्तियों ने गांधी के विषय में जो वक्तव्य दिये हैं, वे भी इतने अलग-अलग हैं कि एक ही शख़्स के विषय में उन्हें चकित करने वाले वक्तव्य कहा जा सकता है। अलबर्ट आइन्स्टाइन जैसे महान् वैज्ञानिक ने उनके विषय में कहा था कि आने वाली पीढ़ी को इस सच्चाई पर विश्वास कर पाना मुश्किल होगा कि मोहनदास करमचन्द गांधी नाम का कोई व्यक्ति वैसे ही हाड़-मांस का पुतला रहा होगा, जैसे हम और आप हैं। यह वक्तव्य गांधी के विषय में प्रशंसा के भावातिरेक में दिया गया कोई औपचारिक वक्तव्य नहीं है। ऐसा समझना भी नहीं चाहिए। यह उद्‌गार उस व्यक्ति के हैं, जो वैज्ञानिक विश्वदृष्टि का सबसे बड़ा पुरोधा था और इसी वैज्ञानिक विश्वदृष्टि के साभ्यतिक विन्यास के गांधी अपने समय के अकेले सबसे बड़े विरोधी थे। गांधी का यह अकेलापन जीवन भर उनके साथ रहा। यहाँ तक कि घोर राजनीतिक जीवन में भी, क्योंकि, राष्ट्रीय आन्दोलन का नेतृत्व भी वे आधुनिक वैज्ञानिक सभ्यता के विरोध की इसी भूमि पर खड़े होकर कर रहे थे।

ग़ौरतलब है कि इस भूमि पर वह अकेले ही खड़े थे। इसी तरह महाकवि रवीन्द्रनाथ ठाकुर ने गांधी को सत्य का मूर्तरूप (एम्बोडिड ट्रुथ) कहा था। आर.सी. जेनर[1] जैसा प्रसिद्ध धर्म-वैज्ञानिक भी अपनी रचनाओं में गांधी को सन्दर्भित करते हुए 'और युधिष्ठिर फिर लौट आया' कहते हैं। पता नहीं गांधी की मृत्यु के बाद दुनिया भर के लोगों ने किन-किन प्रशंसापरक शब्दावलियों में उन्हें अपनी श्रद्धांजलि दी थी। सर्वपल्ली डॉ. राधाकृष्णन की सम्पादित पुस्तक में वैसे सभी उद्‌गारों को देखा जा सकता। यदि उनमें से अधिकांश को प्रशंसापरक औपचारिक वक्तव्य ही मान लें, तो भी ऊपर मैंने जिन व्यक्तियों के वक्तव्यों को उदाहरण के बतौर रेखांकित किया है, वे प्रशंसापरक उद्‌गार से कुछ अधिक अनौपचारिक वक्तव्य हैं और गांधी की वास्तविकता का स्पर्श करते हैं।

इसके विपरीत, गांधी के विषय में कुछ अप-वक्तव्य भी दिये जाते रहे हैं, जो उनके महत्त्व को कम ही नहीं करते, बल्कि, सिरे से ख़ारिज करते हैं। ऐसे वक्तव्य भी कम चौंकाने वाले नहीं हैं। *ग्रेट सोल : गांधीज़ स्ट्रगल विद इण्डिया* के लेखक

---

1. देखें, स्पालडिंग प्रोफेसर ऑफ़ ईस्टर्न रेलिजन ऐंड एथिक्स एवं विश्व-प्रसिद्ध धर्म-वैज्ञानिक रॉबर्ट चार्ल्स जेनर की पुस्तक *हिन्दुइज़्म* का आठवाँ अध्याय 'युधिष्ठिर रिटर्न्स', ऑक्सफ़र्ड युनिवर्सिटी प्रेस.

लेली वेल्ड[2] ने गांधी को अपनी टिप्पणी में टाँकते हुए कहा है कि गांधी को उनके ही विरुद्ध उद्धृत करना मुश्किल नहीं है। किसी व्यक्ति के ज्ञान और क्रिया में स्ववचन व्याघात, स्वज्ञान व्याघात और स्वक्रिया व्याघात बताना उसे विरुद्धों की एकता में रूपान्तरित कर देने जैसा होता है। इसी तरह पंडित जवाहर लाल नेहरू तो यह कहने से भी बाज़ नहीं आते कि 'गांधीजी वाज़ अ पैराडॉक्सिकल पर्सनालिटी'। यह उस व्यक्ति का वक्तव्य है जिसे गांधी ने मानो अपना उत्तराधिकरी ही समझा था। ये वही नेहरू हैं जो अमेरीकी राजदूत गैल्ब्रेथ को कहते-कहते ये कह गये थे कि मैं भारत का अन्तिम ब्रिटिश शासक (वायसराय) हूँ।

राष्ट्रपिता नामक पुस्तक में अपने मंतव्य की तफ़सील करते हुए नेहरू कहते हैं कि 'गांधीजी में एक ज़बरदस्त आत्मविरोध हैं। मैं समझता हूँ, सभी विख्यात व्यक्ति कुछ सीमा तक ऐसे ही होते हैं। वर्षों तक मैं इस समस्या से उलझा रहा हूँ कि क्या कारण है कि पददलितों के लिये इतना प्रेम और सहानुभूति रखते हुए भी वे एक ऐसी प्रणाली का समर्थन करते हैं, जो उनको जन्म देती है। ऐसी प्रणाली, जो उन्हें पैरों तले कुचलती है। क्या कारण है कि अहिंसा के लिये इतनी तीव्र लगन होने के बावजूद वह ऐसे राजनीतिक और सामाजिक ढाँचे का समर्थन करते हैं, जो पूरी तरह से हिंसा और ज़ोर-ज़बरदस्ती पर अवलम्बित है। ... वे एक दार्शनिक अराजकतावादी हैं।'[3] इधर हाल के ही वर्षों में सुधीर चन्द्र[4] ने एक बड़ी ही चर्चित पुस्तक लिखी है, जिसका शीर्षक है– *गांधी : एक असम्भव सम्भावना*। मानो गांधी नो-प्लेस के अर्थ में यूटोपियायी हैं, गुड-प्लेस के अर्थ में इयोटोपियायी नहीं। इतना ही नहीं, आज तो गांधी को कुत्सित, लांछित करने वाली अनेक पुस्तकें बाज़ार में उपलब्ध हैं और धड़ल्ले से बिक रही हैं। अंग्रेज़ों ने तो एक समय *हिन्द स्वराज* पर प्रतिबन्ध लगाया था, लेकिन आज़ादी के बाद किसी भी सरकार ने राष्ट्रपिता को लांछित करने वाले साहित्यों पर प्रतिबन्ध लगाने का साहस नहीं दिखाया है।

---

2. जोसेफ लेलीवेल्ड (2011), *ग्रेट सोल : महात्मा गांधी ऐंड स्ट्रगल विद इण्डिया*, हार्पर कालिन्स, नयी दिल्ली : 22.

3. जवाहरलाल नेहरू (2013), *राष्ट्रपिता*, सस्ता साहित्य मण्डल, नयी दिल्ली : 107.

4. सुधीर चन्द्र (2014), *गांधी : एक असम्भव सम्भावना*, राजकमल प्रकाशन, नयी दिल्ली, दूसरी आवृत्ति.

इसी तरह, गांधी अपने विचारों, निर्णयों और कर्मों से भी हमें चौंकाते हैं। उनके दक्षिण अफ्रीका के जीवन में, फिर भारत में आने के बाद आश्रम के जीवन में और राजनीतिक निर्णयों में हमें अनेक ऐसे प्रसंग और उदाहरण मिलते हैं, जहाँ हमारी साधारण मानवोचित समझ हतप्रभ होकर रह जाती है। महात्मा गांधी को उनकी निजता में समझने के लिये उनके जीवन के ऐसे प्रसंगों को ठीक से समझना ज़रूरी है। उदाहरण के लिये, अपने हत्यारों को भी क्षमा कर देना। हत्या के प्रयास में छुरा सहित गोडसे[5] के पकड़े जाने पर उससे यह कहना कि कुछ सप्ताह तुम हमारे साथ रहो ताकि मैं समझ सकूँ कि तुम्हारे मन में मेरे प्रति इतना बैर क्यों है। इसी तरह हिंसा हो जाने के कारण चौरी चौरा सत्याग्रह आन्दोलन को बन्द कर देना। इस पर रिचर्ड नामक एक अंग्रेज़ द्वारा यह पूछे जाने पर कि मान लें कि इंगलैंड में सशस्त्र विद्रोह भड़क उठता है और उससे आपके देश की स्वतन्त्रता का मार्ग प्रशस्त होता है, तब आप क्या करेंगे? गांधी का उत्तर था कि तब मैं सबसे पहले उस विद्रोह को रोकने, शान्त करने का प्रयत्न करूँगा।[6] यहाँ यह समझा जा सकता है कि किसी संघर्ष की वैधता इस बात में नहीं कि विरोधी पर कितनी तेज चोट की जाये, बल्कि, वह इस बात से आती है कि आपका संघर्ष आपके अपने जीवन या कर्म और प्रयास के सत्य को किस हद तक पुष्ट करता है। ऐसे ही द्वितीय गोलमेज़ सम्मेलन में भाग लेने के उपरान्त शाम को अंग्रेज़ मजदूरों से गांधी का मिलने जाना, जबकि ब्रिटिश सरकार द्वारा उन्हें ऐसा करने से यह कह कर मना किया गया था कि उन्हें जान का ख़तरा है। इसी प्रकार नाज़ी जर्मनी का युद्ध में, ब्रिटेन के विरोध में, सहायता किये जाने का समर्थन नहीं करना और काश्मीर में सेना भेजने का समर्थन करना भी अनेक घटनाओं में ऐसी घटना है जो एक साधारण समझ वाले व्यक्ति को चौंका देती है।

II

तब महात्मा गांधी को कैसे समझा-परखा जाये? कहीं ऐसा तो नहीं कि गांधी के विषय में सबके अपने-अपने झूठ हैं और गांधी का सच आज भी कहीं छुपा हुआ है? हम अपने 'व्यक्ति' होने की परिसीमा में गांधी को समझते हैं और इस तरह

---

5. 22 जुलाई, 1944 को गोडसे ने ऐसा प्रयास किया था, लेकिन भीड़ में ही पकड़ लिये जाने के कारण वह अपनी योजना में सफल नहीं हो पाया.

6. इसका जिक्र रोम्याँ रोलाँ की डायरी (17.01.1924) में है। देखें, *रोम्याँ रोलाँ ऐंड गांधी : करोस्पोंडेंस* (1976), प्रकाशन विभाग, भारत सरकार, दिल्ली : 20.

अपनी ही समझ में उन्हें टाँकते हुए उन पर झूठ पर झूठ आरोपित करते चले जाते हैं। वास्तव में, गांधी के व्यक्तित्व को उन प्रचलित कोटियों और पदावलियों में समझा ही नहीं जा सकता, जिनमें आधुनिक मनोविज्ञान द्वारा मनुष्य को समझने के लिये हमें अभ्यस्त कर दिया गया है। आम तौर पर मनुष्य आत्मरक्षा, आत्मप्रेम और स्वार्थ से संचालित होता है, लेकिन गांधी के जीवन में अनेक प्रसंग और उदाहरण मिलते हैं, जिन्हें देखकर ऐसा लगता है कि इन कोटियों को उनके व्यक्तित्व पर लागू नहीं किया जा सकता। आधुनिक मनोविज्ञान की भाषा में और कार्ल पॉपर के शब्दों में उनके जीवन के वैसे प्रसंगों को 'सुपर एरोगेन्ट ड्यूटी' कहना ही उचित प्रतीत होता है। यहाँ गांधी के जीवन के एक प्रसंग को उद्धृत करना बहुत ही प्रासंगिक होगा।

एक समय बापू कस्तूरबा के साथ कटक के गाँवों में प्रवास पर थे। जब कभी वे गाँवों में प्रवास पर होते तो रात्रि-विश्राम के लिये किसी एक गाँव में उनका आश्रम हुआ करता था। एक दिन जब वे दिन भर गाँवों में प्रवास के उपरान्त संध्या को आश्रम लौट रहे थे तो रास्ते में उन्होंने देखा कि किनारे पर स्थित एक घर में बाहर से दरवाजे में कुण्डा बन्द किया हुआ है, लेकिन अन्दर से कुछ लोगों के घर में होने का संकेत उनकी आपस में बातचीत से मिल रहा है। कस्तूरबा से उन्होंने कहा कि देखो माजरा क्या है। कस्तूरबा ने जाकर दरवाजा खटखटाया तो खिड़की से एक महिला ने झाँका और दोनों को प्रणाम किया। कस्तूरबा ने उस महिला से पूछा कि तुम्हें पता नहीं कि तुम्हारे गाँव में बापू आये हुए हैं। सब लोग उनसे मिलते हैं, पर क्या तुम्हें उनसे मिलने की इच्छा नहीं होती? घर में बन्द महिला ने अश्रुपूरित नेत्रों से कहा कि इस गाँव और गाँव के लोगों के लिये सौभाग्य की बात है कि यहाँ बापू आये हैं। हम भी उनसे मिलना चाहते हैं। लेकिन क्या करें? इस घर में हम तीन महिलाएँ रहती हैं और तीनों के बीच पहनने की एक ही साड़ी है। अतः, एक समय में कोई एक ही हम में से बाहर जा सकता है। दो लोगों को मजबूरन घर के अन्दर ही रहना पड़ता है। इसलिए, बाहर जाने वाली महिला दरवाजे को बाहर से बन्द कर जाती है। बापू यह सब चुपचाप सुनते रहे। कुछ बोल नहीं रहे थे। चुपचाप वे कस्तूरबा के साथ आश्रम लौट आये। रात भर आश्रम में मौन और बहुत बेचैन रहे। दूसरे दिन जब सुबह बापू गाँवों में जाने के लिये निकले तो उसी दिन से उन्होंने आधी धोती पहनने और आधी धोती ओढ़ने वाला लिबास जीवन भर के लिये धारण कर लिया। आज दुनिया महात्मा गांधी को उसी वेश में पहचानती है।[7] वह दुनिया भर के नंगे-निहंगों

---

7. इस घटना का उल्लेख नारायण देसाई अपनी *बापू कथा* में बड़े ही मार्मिक ढंग से करते थे.

को वस्त्र प्रदान नहीं कर सकते थे, लेकिन उनकी पीड़ा से तादात्म्य स्थापित कर स्वयं अतिरिक्त वस्त्रों का त्याग और न्यूनतम वस्त्रों से काम चलाने का व्रत उन्होंने उसी दिन से ले लिया। इस घटना से गांधी के व्यक्तित्व पर जो प्रकाश पड़ता है, उससे समझा जा सकता है कि आधुनिक मनोविज्ञान से परिभाषित होने वाले व्यक्ति की तरह उन्हें नहीं समझा जा सकता। इस घटना के प्रति एक साधारण व्यक्ति की जो प्रतिक्रिया हो सकती थी, उससे सर्वथा भिन्न प्रतिक्रिया का बापू की चेतना में घटित होना ही इस बात को दर्शाता है कि वह चेतना की उच्च भूमि पर प्रतिष्ठित व्यक्ति थे। हमें यहाँ यह भी ध्यान रखना चाहिए कि यह सम्भव है कि चेतना के दो भिन्न धरातल पर स्थित दो व्यक्ति ऐसा कुछ करें, जो बाहर से देखने पर एक ही प्रकार का कर्म दिखाई पड़े, परन्तु दोनों के कर्म की कर्मवत्ता और औचित्य एक तरह के मूल्यांकन का विषय नहीं होता।[8]

महात्मा गांधी एक विचार-पुरुष, एक प्रज्ञा-पुरुष थे। ऐसे प्रज्ञा-पुरुष, जिनमें भारत का सनातन सत्य अपनी सोलहों कलाओं के साथ अवतरित हुआ था। केवल अवतरित ही नहीं, बल्कि, युगानुरूप नवीकृत भी हुआ था। निश्चय ही उनसे पहले और उनके समकालीन अनेक महापुरुष इस देश में हुए और उन सब में वही सनातन सत्य न्यूनाधिक रूप में अभिव्यक्ति पाता था, परन्तु गांधी में वह सत्य अपनी सम्पूर्णता में भास्वरित हुआ था। किसी व्यक्ति को किसी समृद्ध परम्परा के धारक अथवा वाहक के रूप में समझना अलग बात है, लेकिन गांधी तो ऐसे व्यक्ति हैं, जिन्हें देख-समझ कर सनातन भारत को समझा जा सकता है। वह आत्मा की आवाज की तरह सनातन सत्य थे। आत्मा की वह आवाज, जिसे अकसर हम सुन नहीं पाते, लेकिन जो हमारे भीतर सदैव और समान रूप से बोलती है। इसके लिये न तो धरती और न ही हाड़-मांस की देह की ज़रूरत होती है। बस, आश्चर्य यही है कि वह आवाज गांधी की देह को माध्यम बनाकर भारत की वसुन्धरा पर प्रकट हुई थी। इसे भारत-भूमि का पुण्य संभार ही कहिए कि समय-समय पर यहाँ ऐसे महापुरुष पैदा होते रहते हैं– सम्भवामि युगे युगे।

---

8. इस बात के मर्म को इस उदाहरण के द्वारा अच्छी तरह से समझा जा सकता है. सिद्धार्थ गौतम ने भी अपनी पत्नी और बच्चे को छोड़ गृहत्याग किया था और पॉल गॉगिन ने भी ऐसा ही किया था. परन्तु, दोनों कर्म एक प्रकार की चेतना की दो भूमियों पर स्थित होकर किये गये थे. इसीलिए, गौतम का मूल्यांकन दुनिया बुद्ध के रूप में करती है, जबकि गॉगिन का मूल्यांकन उस प्रकार से नहीं किया गया.

भारत की आज़ादी के आन्दोलन के वे जननायक थे। सम्भवत:, वे एकमात्र जननायक थे। उनकी प्रभावमत्ता और जनस्वीकृति इतनी अधिक थी कि वह इस आन्दोलन को किसी भी दिशा में मोड़ सकते थे। परन्तु, ऐसे राजनीतिक आन्दोलन के प्रति भी उनकी संघर्ष-दृष्टि सर्वथा विलक्षण थी। वह अहिंसक सत्याधारित दृष्टि थी। दुनिया भर के स्वतन्त्रता संघर्ष के इतिहास को सन्दर्भ बनाकर यह बात कही जा सकती है कि ऐसे संघर्षों में 'स्वतन्त्रता' अपने आप में स्वत: प्रामाण्य रूप से साध्यभूत होती है। इतनी स्वत:साध्य कि उसे प्राप्त करने के साधनों के विषय में भी प्रश्न उठाना प्रासंगिक नहीं रह जाता। परन्तु, गांधी ने जब यह प्रश्न उठाया कि स्वतन्त्रता यद्यपि साध्यभूत है, फिर भी उसे प्राप्त करने के साधनों के औचित्य पर विचार करना उतना ही आवश्यक है जितना कि स्वतन्त्रता वांछनीय है। इस बात को लेकर स्वतन्त्रता आन्दोलन को गति दे रहे अन्य नेताओं से उनके गहरे मतभेद उभर कर सामने आये थे। उन्होंने भारत की स्वतन्त्रता को भारत की अपने 'स्व' में प्रतिष्ठा के रूप में देखा था, जिसमें राजनीतिक पराधीनता अनेक पराधीनताओं में एक विशेष प्रकार की पराधीनता थी। यदि स्वतन्त्रता के इस सत्य की अनदेखी कर भारत को स्वतन्त्रता मिल भी जाती है तो गांधी के नज़रिये से वह एक दूसरे प्रकार की परतन्त्रता ही होगी। उनके इस अभिप्राय को उस पत्र के माध्यम से समझा जा सकता है, जिसे उन्होंने 1945 में नेहरू को लिखा था– 'मेरा विश्वास है कि यदि भारत को सच्ची स्वतन्त्रता प्राप्त करनी है तो उसके माध्यम से संसार को भी स्वातन्त्र्य-लाभ प्राप्त होना है।' इस दृष्टि को आत्मसात् किये हुए वह भारत के राष्ट्रीय आन्दोलन का नेतृत्व करने वालों में ही अकेले नहीं थे, बल्कि, पूरी दुनिया में शायद अकेले व्यक्ति थे। इस बात को लेकर बाल गंगाधर तिलक से भी उनके गहरे मतभेद थे। तिलक ने यह स्वीकार किया था कि वे सत्य के ऊपर स्वतन्त्रता का वरण करना चाहेंगे, जबकि गांधी स्वतन्त्रता के ऊपर सत्य को चुनने के प्रबल पक्षधर थे।[९] तिलक की इस दृष्टि के बीज उनके गीताभाष्य में भी मौजूद हैं और इस बात को ध्यान में रख कर न केवल उसे पढ़ा जाना चाहिए, बल्कि, मूल्यांकन भी किया जाना चाहिए कि तिलक की यह दृष्टि कृष्ण के 'धर्म-विभाग' की अवधारणा से कितनी संगत है, जिसके तहत वे अहिंसा की प्रतिष्ठा के लिये सत्य की भी अनदेखी करने का सुझाव देते हैं। इतना ही नहीं, लाला लाजपत राय

---

[९]. देखें, *रोम्याँ रोलाँ ऐंड गांधी : करोस्पोंडेंस* (1976), प्रकाशन विभाग, भारत सरकार, दिल्ली : 20.

उस समय के सबसे बड़े नेता थे। इतने बड़े कि वह गांधी को परामर्श देने की हैसियत रखते थे। उन्हीं दिनों जब वह जेल से छूट कर बाहर आये तो उन्होंने कहा था कि यदि गांधी इस विचार को नहीं छोड़ते हैं तो उन्हें लाला लाजपत राय से अलग होना पड़ेगा। अत:, स्वतन्त्रता के पीछे सत्य को स्वतन्त्रता से ऊपर रखने की और उस साध्यभूत सत्य की प्रतिष्ठा के लिये अहिंसक साधनों से स्वतन्त्रता प्राप्त करने की जो गांधी की निष्कम्प मूल्य-दृष्टि थी, वह उन्हें दुनिया भर में अकेले व्यक्ति के रूप में खड़ा कर देती है। यहाँ स्वतन्त्रता के सत्य का मतलब व्यक्ति और राष्ट्र का अपने-अपने 'स्व' में प्रतिष्ठित होना है। यही सच्ची स्वतन्त्रता है। महज राजनीतिक स्वतन्त्रता उसी सीमा तक सार्थक होती है, जहाँ तक वह सच्ची स्वतन्त्रता का सोपान बन सके।

III

ऐसे महात्मा गांधी को न तो अवतारी पुरुष, और न ही देवता ही कहा जा सकता है। परन्तु, उन्हें हम और आप की तरह साधारण व्यक्ति कहना भी उचित नहीं होगा। वास्तव में गांधी व्यक्तित्वान्तरित व्यक्ति थे। परन्तु, उनके व्यक्तित्वान्तरण को कैसे समझा जाये? शायद इसे समझे बिना उनके विषय में हमारी समझ आधी-अधूरी ही रहेगी और हम अपने झूठ को गांधी पर आरोपित ही करते रहेंगे। ताओत्ज़े अपने घर के दरवाजे के बाहर बैठे थे। एक पत्ते को उन्होंने पेड़ से टूट कर गिरते हुए निहारा और निहारते हुए ही वे 'ताओ' में प्रतिष्ठित हो गये। इस छोटी-सी घटना से मानो सदा के लिये 'ताओ' में उनका व्यक्तित्वान्तरण हो गया। ऐसे ही सिद्धार्थ गौतम ने बीमार, वृद्ध और मृत व्यक्ति की अर्थी जाते हुए देखी। ऐसे दृश्यों को हम और आप अकसर देखा करते हैं, लेकिन उनके प्रति हमारी साधारण चेतना में क्या प्रतिक्रिया घटित होती है? हम थोड़े समय के लिये दु:खी होते हैं, कदाचित् क्षणिक वैराग्य होता है और ज़्यादातर हम इनसे यथासम्भव बचाव के उपायों को खोजते हैं, या फिर सतर्कता बरतते हैं। परन्तु, गौतम की चेतना में सर्वथा भिन्न और मौलिक प्रतिक्रिया घटित हुई और वह प्रतिक्रिया इतनी गहरी कि उन्हें 'सर्वं दु:खम्' का साक्षात्कार हो गया। उन्होंने इस दु:ख का मूल कारण जानने के लिये महाभिनिष्क्रमण ले लिया। इस तरह गौतम का बुद्धत्व में व्यक्तित्वान्तरण हो गया और आजीवन महाकरुणा के सम्पादन में निरत हो गये, ताकि प्राणिमात्र को दु:ख से निदान मिल सके।

इसी तरह ब्रह्मचारी शंकर कालाड़ी से चलकर नर्मदा के तीरे-तीरे ओंकारेश्वर पहुँचे। वहाँ वह गोविन्दपाद से आचार्य गौडपाद के अद्वैत दर्शन में दीक्षित हुए। अद्वैत-विचार के प्रचार का गुरु-आदेश प्राप्त कर जब वे काशी पहुँचे तो एक दिन अपने शिष्यों के साथ मणिकर्णिका घाट पर गंगा-स्नान कर सीढ़ियाँ चढ़ रहे थे। रास्ते में श्वपच (चांडाल) अपने चार कुत्तों के साथ खड़ा था। शिष्यों ने उस अस्पृश्य श्वपच से कहा– हटो-हटो। श्वपच ने अकड़ कर पूछा– किसे हटने के लिये कह रहे हो, आत्मा को या शरीर को। फिर आचार्य शंकर की ओर देखते हुए श्वपच ने पूछा कि अपने शिष्यों को अद्वैत, अर्थात्, 'सर्वं खल्विदं ब्रह्म' की शिक्षा देते हो और वही मुझसे रास्ता छोड़ने के लिये कह रहे हैं। जब चराचर जगत् ही ब्रह्म है तो कौन किसे छोड़ कर कहाँ जाये। बलिष्ठ श्वपच के हाथ से रस्सियाँ खींचते हुए कुत्ते भौंकने लगे। मानो वे आचार्य शंकर और उनके शिष्यों से अद्वैत की सही व्याख्या पूछ रहे हों। मध्याह्न सूर्य की तप्त किरणों से देदीप्यमान शंकर के भाल से स्वेदकण छलक पड़े और सनन्दनादि शिष्य सहमे आचार्य की ओर देखने लगे। चारों दिशाएँ द्वादशवर्षीय दण्डी की प्रतिक्रिया सुनने के लिये मानो थम गयीं। कषायवेशधारी ने अद्वैत का उदान भरते हुए कहा– जो चैतन्य सभी दिव्य शक्तियों में स्पंदित होता है वही क्षुद्र जीव-जन्तुओं में भी।[10] इस तरह आचार्य शंकर अद्वैत के बौद्धिक ज्ञान से अद्वैत के परिनिष्ठित ज्ञान में रूपान्तरित होकर अद्वैत बोध में व्यक्तित्वान्तरित हुए।

मुझे ऐसा लगता है कि गांधी का व्यक्तित्वान्तरण भी उस घटना के साथ हुआ था, जब वह प्रीटोरिया जा रहे थे और नेटाल की राजधानी मेरित्ज़बर्ग स्टेशन पर प्रथम श्रेणी के रेल-कोच में यात्रा करते हुए श्वेतजातिगत अंग्रेज़ रेलगार्ड से पिटे थे और धक्का देकर उन्हें डब्बे से बाहर फेंक दिया गया था। एक युवक दक्षिण अफ्रीका की अनजान धरती पर रोजी-रोटी की तलाश में अग्रसर हो रहा था कि एक यात्रा के दौरान उसे श्वेतजातिगत रेलगार्ड ने धक्का देकर इसलिए बाहर फेंक दिया, क्योंकि, वह श्वेत न होते हुए भी प्रथम श्रेणी की टिकट पर यात्रा कर रहा था। ठण्डी रात, निशीथ क्षण और प्रकाशहीन स्टेशन पर मृत्यु के भय से काँपते-काँपते हुए उस युवक का स्वयं से कथोपकथन शुरू हुआ। यह तो नियति का आह्वान है। यह तुम्हारे पुरुषार्थ पर ही निर्भर है कि तुम इस कालसिंह के शिकार बनोगे या स्वयं कालसिंह बनकर अपनी सही भूमिका को धारण करोगे। क्या नियति तुम्हें इस बहाने

---

10. आचार्य शंकर की लघु कृति *मनीषा पंचक* इसी वृत्तान्त पर निबद्ध रचना है.

कोई भूमिका देना चाहती है और यह अवसर तुम्हारे लिये एक पुरुषार्थ का अवसर है? यह नियति ही बली है, शेष सब कुछ और सब कोई निमित्त मात्र। फिर क्या था– इस घटना की गहरी वेदना से उस युवक को आधुनिक सभ्यता के आद्यन्त हिंस्र स्वरूप का साक्षात्कार हो गया। वह इस मामूली घटना को उसके मूलगामी स्वरूप में पहचानते हुए इस निष्कर्ष पर पहुँचा कि 'यह एक सभ्यता में गहराई से पैठे हुए 'महारोग' का लक्षण है।' यह महारोग है– हिंसा। उसने स्वयं को संकल्पबद्ध किया कि यदि इस गहरे रोग को मिटाने की शक्ति मुझमें है, तो हमें उस शक्ति का उपयोग करना चाहिए। वह युवक इसी संकल्प को जीवन-पथ बना कर बढ़ता ही गया और बाद में इसी युवक को दुनिया ने महात्मा गांधी के नाम से जाना।

गांधी के जीवन की इस घटना की तफ़सील करते हुए कोई इस बात को समझ सकता है कि एक साधारण व्यक्ति की चेतना में इसकी प्रतिक्रिया किस रूप में घटित हो सकती थी। स्वयं गांधी एक वकील थे और इस भूमिका में वह इस घटना को अंजाम देने वाले श्वेतजातिगत रेलगार्ड पर मुकदमा कर सकते थे। सरकार से हरजाना माँग सकते थे। वे एक पत्रकार लेखक भी थे और इस घटना पर दूसरे दिन अखबार में लेख लिख सकते थे। इस तरह सरकार और जनता के संज्ञान में इस अन्याय को उजागर किया जा सकता था। वे उस समय एक छोटे-मोटे नेता भी थे और इस भूमिका में नुक्कड़ सभाएँ कर सकते थे, ताकि जनता को इस प्रकार के दमन और अन्याय के प्रति एकजुट किया जा सके। उनके सम्पर्क भारत के वैसे कुछ नेताओं से भी थे, जो ब्रिटिश हुकूमत के ख़िलाफ़ सक्रिय थे। इस भूमिका में वह भारत के नेताओं को उकसा सकते थे कि दक्षिण अफ्रीका में भारतीयों के साथ किस प्रकार का अन्याय ब्रिटिश राज द्वारा किया जा रहा है। परन्तु, उन्होंने ऐसा कुछ भी नहीं किया। उनके मन पर इस घटना की इतनी मौलिक और मूलगामी प्रतिक्रिया हुई कि उन्हें एक पूरी की पूरी सभ्यता के हिंस्र स्वरूप का साक्षात्कार हो गया और उस हिंस्र सभ्यता के विकल्प में अहिंसक सभ्यता-बोध में वह प्रतिष्ठित हो गये। मानो इस बोध में ही उनका व्यक्तित्वान्तरण हो गया। एक बार डॉ. जॉन मोट नाम का अमरीकी डॉक्टर, जो था तो मिशनरी, लेकिन, गांधी से मिलने वह सेवाग्राम आया था। उसने गांधी से एक प्रश्न पूछा था कि आपके जीवन में घटित सबसे रचनात्मक अनुभव क्या है? तब गांधी ने उत्तर में मेरित्ज़बर्ग की घटना की तफ़सील करते कहा था कि 'मैं सक्रिय अहिंसा में उसी दिन प्रतिष्ठित हो गया था।'[11] *ऋग्वेद* की एक

[11]. कृष्ण कृपलानी (1997), *गांधी एक जीवनी*, हिन्दी अनुवाद, नरेश 'नदीम', नैशनल बुक ट्रस्ट, सम्पूर्ण संस्करण, इंडिया : 19.

ऋचा है– तद पश्यत् तद अभवत् तदासीत्– उसने देखा, वही हो गया, क्योंकि, वह वही था। व्यक्तित्वान्तरण की प्रक्रिया का गहरा संकेत इस ऋचा में अन्तर्भूत है। परन्तु, गांधी की यह सक्रिय अहिंसा क्या है? वास्तव में सक्रिय अहिंसा चेतना की वह अवस्था है, जिसमें परद्रोह का सर्वथा अभाव हो। जब हमारी चेतना में परद्रोह का लवलेश भी नहीं रहता, तब अहिंसा अपने समस्त आनुषंगिक गुणों, अर्थात् प्रेम, दया, करुणा, मैत्री, क्षमा, अभय और शील इत्यादि के साथ अपने-आप सक्रिय हो उठती है। चेतना में परद्रोही भाव ही हिंसा का मूल है और उसका सर्वथा अभाव ही सक्रिय अहिंसा में प्रतिष्ठा है। भारतीय परम्परा में इस परद्रोही प्रवृत्ति को मनुष्य का इतना बड़ा दुर्गुण माना गया है कि जो पृथ्वी पर्वतों, नदियों और समुद्रों का बोझ सहन करते हुए भी अपने को बोझिल नहीं महसूस करती, उससे एक परद्रोही व्यक्ति का बोझ सहा नहीं जाता।[12]

व्यक्तित्वान्तरण किसी घटना के निमित्त अचानक ही घटित होता है। जब ऐसा घटित होता है तो फिर वह व्यक्ति उस बोध अथवा सत्य से कभी स्खलित या च्युत नहीं होता, जिसका वह इस घटना के निमित्त साक्षात्कार कर रहा होता है। यह बात सही है कि ऐसा सबके साथ घटित नहीं होता। उन्हीं विरले व्यक्तियों के साथ ऐसा होता है जिनमें पात्रता होती है। उनके जीवन में पहले से ही इस प्रकार के कुछ लक्षण दिखाई पड़ते हैं। यहाँ यह भी ध्यान रखना ज़रूरी है कि सभी व्यक्तित्वान्तरित व्यक्तियों का सत्य एक ही नहीं होता। अलग-अलग सत्य में, बोध में उनका व्यक्तित्वान्तरण हुआ करता है। गांधी का व्यक्तित्वान्तरण आधुनिक सभ्यता के सांगोपांग हिंस्र स्वरूप और उसके विकल्प में उन्मीलित अहिंसक सभ्यता के बोध में हुआ माना जा सकता है। उनके सम्पूर्ण जीवन में इसी बोध को रूपायित और चरितार्थ होते देखा जा सकता है। मानो यही उनके जीवन का नियोग बन गया। यहाँ नियोग का तात्पर्य एक ऐसी बोध-भूमि से है, जो किसी व्यक्ति के सम्पूर्ण क्रियाकलापों को अपलक रूप से उत्प्रेरित करती है। यहाँ यह भी समझने की बात है कि व्यक्तित्वान्तरण के पश्चात् उस व्यक्ति का विकास होता है अथवा उसके भावी जीवन को अभिव्यक्तीकरण अथवा प्रकटीकरण की प्रक्रिया में देखा-समझा जाना चाहिए। वास्तव में होता तो प्रकटीकरण ही है, लेकिन दुनिया अपने नज़रिये से उसे

---

12. रामचरितमानस, बालकांड, 183/3, गिरि सरि सिंधु भार नहीं मोही। जस मोहि गरुअ एक परद्रोही॥

विकास समझती है। यदि दुनिया के इस नज़रिये को मान भी लिया जाये तो भी इतना तो मानना ही पड़ेगा कि विकास भी उसी बोध-भूमि पर होता है, जिस बोध में उस व्यक्ति का व्यक्तित्वान्तरण घटित हुआ रहता है।[13]

व्यक्तित्वान्तरण के पश्चात् उस व्यक्ति में कुछ ऐसी विशिष्टताओं का उत्पन्न हो जाना स्वाभाविक है, जो साधारण व्यक्तियों में नहीं होती। इन्हीं विशिष्टताओं के कारण वह जिस सत्य में व्यक्तित्वान्तरित हुआ रहता है, उसका अपने जीवन में सहज रूप से आत्मक्रियान्वयन करता है। इस सन्दर्भ में यहाँ महात्मा गांधी की कुछ विशेषताओं का उल्लेख करना प्रासंगिक होगा, जो संयुक्त रूप से उन्हें अद्वितीय बनाती हैं। उनकी पहली विशेषता है– एक आदर्श मानव-जीवन की कल्पना के अनुसार अपने आन्तर और बाह्य जीवन के नियोजन में नितान्त निर्मम दृढ़ता। दूसरी विशेषता है– आदर्श कल्पना के अनुसार आचरण में वैयक्तिक और सामूहिक सन्दर्भों को अलग-अलग नहीं रखना। तीसरी विशेषता है– जटिल और भोगपरक जीवन-पद्धति से एक सहज वितृष्णा। चौथी विशेषता है– विपरीत से विपरीत परिस्थितियों में भी अपने सत्य और आदर्श पर अखण्ड भरोसा। पाँचवीं विशेषता है– वाक् जिगु होना। अशोक के शिलालेखों में बुद्ध को वाक् जिगु कहा गया है। राम भी वाक् जिगु थे। वे दो बार नहीं बोलते थे (रामो द्विर्नभाषते)। सत्य की निर्भ्रान्त बोध-भूमि पर स्थित व्यक्ति ही वाक् जिगु होता है। उसकी भाषा में वाक्-संयम और सपाट-सटीक अभिव्यक्ति के गुण सहज ही होते हैं। महात्मा गांधी के जीवन में इन पाँचों विशेषताओं को पूरे तौर से लागू होते देखा जा सकता है।[14]

---

13. गांधी ने अपने कुछ वक्तव्यों में अपने विकास की बात की है. जैसे, वे कहते हैं कि (*हरिजन बंधु*, 30.04.1993) 'उमर से मैं भले बूढ़ा हो गया हूँ, लेकिन मुझे ऐसा नहीं लगता कि मेरा आन्तरिक विकास होना बन्द हो गया है या देह छूटने के बाद मेरा विकास बन्द हो जायेगा. मुझे एक ही बात की चिन्ता है, और वह है प्रतिक्षण सत्य-नारायण की वाणी का अनुसरण करने की मेरी तत्परता.' इस वक्तव्य का गूढ़ार्थ आन्तरिक विकास, देह छूटने के बाद भी विकास और सत्य-नारायण की वाणी को सुनने की तत्परता है. इन तीनों बातों से विकास का अन्तरार्थ एक विशेष बोध भूमि पर विकसित होना है. इस प्रकार की विकसन प्रक्रिया में पूर्व-पूर्व की अपेक्षा उत्तर-उत्तर की प्रामाणिकता अधिक होती है (मुनीनां उत्तरोत्तर प्रमाण्यम्). इसीलिए, गांधी ऐसा भी कहते हैं कि किसी पाठक को मेरे दो लेखों में विरोध जैसा लगे, तब अगर उसे मेरी समझदारी में विश्वास है तो वह एक ही विषय पर लिखे हुए दो लेखों में मेरे बाद के लेख को प्रमाणभूत माने.

14. महात्मा गांधी के व्यक्तित्व की इन विशिष्टताओं में से कुछ का उल्लेख यशदेव शल्य ने भी किया है. देखें, *समसामयिक चिन्ताएँ* (2004), राका प्रकाशन, इलाहाबाद : 3.

IV

महात्मा बुद्ध जैसे महाभिनिष्क्रमण के पश्चात् मार्ग-सत्य की खोज में कुछ समय तक चक्रमण करते रहे, वैसे ही मेरित्ज़बर्ग की घटना से व्यक्तित्वान्तरित हुए गांधी आधुनिक सभ्यता के हिंस्र स्वरूप की ज़मीनी वास्तविकता की जाँच-पड़ताल के लिये 1893 से 1909 तक मानो भटकते रहे। उन दिनों ब्रिटेन ही आधुनिक सभ्यता की राजधानी कही जा सकती है। पूरी दुनिया में आधुनिक सभ्यता के विस्तार की भूमिका में ब्रिटेन का कोई सानी नहीं है। उसके उपनिवेशों का फैलाव इतना अधिक था कि कहा जाता है– ब्रिटिश साम्राज्य में सूर्यास्त नहीं होता और हिंसा की अग्नि भी कभी शान्त नहीं होती थी। इस दृष्टि से लन्दन का चतुर्मास प्रवास न केवल गांधी के लिये, बल्कि, गांधी को समझने की दृष्टि से भी बहुत महत्त्वपूर्ण हो जाता है। आधुनिक सभ्यता की हिंस्र आत्मा का साक्षात्कार तो उन्हें पहले ही हो चुका था, लेकिन लन्दन में वह उसके शरीर को भी देख सके। इस प्रवास के दौरान वह किस-किस से मिले और क्या-क्या देखा-समझा, इसके विस्तार में न जाकर यहाँ केवल एक घटना का उल्लेख उन्हें समझने में उपयोगी हो सकता है। उन दिनों लन्दन में रह रहे भारतीय युवकों ने विजयादशमी के पर्व को अपनी तरह से मनाने का निश्चय किया। रामायण पर एक संगोष्ठी के साथ-साथ प्रीतिभोज का भी आयोजन किया गया। करीब सवा सौ भारतीय नवयुवक उस आयोजन में भाग लेने वाले थे। लन्दन में रहते हुए गांधी भी उनमें से कुछ एक से परिचित हो चुके थे। लिहाजा उन्हें भी आमन्त्रित किया गया और संगोष्ठी की अध्यक्षता करने का आग्रह भी किया गया। गांधी ने कुछ शर्तों के साथ आमन्त्रण स्वीकार किया। शर्त यह कि भोजन निरामिष होगा। विवादास्पद मुद्दों पर कोई चर्चा नहीं होगी। संगोष्ठी में गांधी के अतिरिक्त फ़िरोज़शाह मेहता, हाजी तबीब, बी. चट्टोपाध्याय और वी.डी. सावरकर समेत पाँच वक्ता थे। सभी वक्ताओं ने अपने-अपने विचार व्यक्त किये। सावरकर ने अपने जोशीले भाषण में रामायण की कथा का आश्रय लेकर 'हिंसा-दर्शन' का समर्थन किया। उन्होंने इस बात पर बल दिया कि शक्ति-पूजा के उपरान्त ही राम को रावण पर विजय प्राप्त हुई थी। अतः, भारत की मुक्ति भी शक्ति-उपासना से ही सम्भव है। इस लक्ष्य की प्राप्ति के लिये अहिंसा की साधना श्रेयस्कर नहीं। जब गांधी बोलने के लिये खड़े हुए तो आलोचना-प्रत्यालोचना से ऊपर उठ कर उन्होंने रामायण का सार सत्य और अहिंसा की साधना में देखा और राम को सत्य, शील एवं आनृशंस

की प्रतिमूर्ति बताया।[15] वास्तव में गांधी ने इस आयोजन में सम्मिलित होकर हिंसा के दो धड़ों की पहचान कर ली थी। एक, जो हिंसा की ताकत से ग़ुलाम बनाता है और दूसरा, जो उस ग़ुलामी से मुक्ति के लिये भी हिंसा का ही सहारा लेता है। इन दोनों ही प्रवृत्तियों से अन्ततः हिंसा ही प्रतिष्ठित होती है। आज़ादी के नाम पर हिंसा का समर्थन करने वाले उस समय न केवल भारत में, बल्कि, पूरी दुनिया में फैले थे। अतः, उन्हें अहिंसा के हथियार से हिंसा से लड़ने के लिये तैयार करना गांधी के लिये एक बड़ी चुनौती थी। सम्भवतः, यह गांधी और सावरकर की अहिंसा और हिंसा के दो छोरों के रूप में पहली मुलाकात थी।

आधुनिक सभ्यता की राजधानी 'ब्रिटेन' और ब्रिटेन की राजधानी 'लन्दन' में गांधी का चतुर्मास पूरा हुआ। इसी के साथ मानो मनुष्यता को बिगाड़ने वाली हिंस्र सभ्यता की पड़ताल पूरी हुई। वह आश्वस्त थे, लेकिन अन्दर से बहुत निराश। 13 नवम्बर, 1909 को वह 'किल्डोनन कैसल' जहाज से दक्षिण अफ्रीका लौट रहे थे। राम-रावण युद्ध की पूर्व संध्या भी अमावास्या की थी।[16] राम अगली सुबह होने वाले भीषण युद्ध के विषय में सोचते हुए समुद्र तट पर चिन्तामग्न थे। वैसे ही 13 नवम्बर 1909 की तिथि भी अमावास्या थी। गांधी चिन्तामग्न मनोदशा में समुद्र के ऊपर से गुज़र रहे थे। राम को आसुरी सभ्यता के अधिपति रावण से लड़ना था। गांधी के समक्ष शैतानी आधुनिक सभ्यता से लड़ने की चुनौती थी। विचारमग्न गांधी उच्छ्वास भरते हुए जहाज के डेक के भीतर दौड़ पड़े। मानो चेतना में घनीभूत विचार वाग्- विग्रहित होने के लिये व्याकुल हो उठे। अन्दर पड़ी मेज़-कुर्सी को जैसे-तैसे सहेजा। आसपास पड़ी स्टेशनरी पर अपने विचारों को कलमबद्ध करना शुरू कर दिया। विचारों की तीव्रता इतनी अधिक कि उन्हें कलमबद्ध करते हुए जब दायाँ हाथ थक गया तो बायें हाथ से ही सही, लेकिन, लिखने का प्रवाह जारी

---

15. इस संगोष्ठी का उल्लेख और विश्लेषण मनोज कुमार राय (2015) ने अपनी पुस्तक *हिन्द स्वराज : अमित अरथ आखर अति थोरे* में सुन्दर तरीक़े से प्रस्तुत किया है, लोकायत प्रकाशन, वाराणसी : 45-46.5

16. राम-रावण युद्ध की पूर्व संध्या अमावास्या की थी, इसका संकेत महाकवि निराला की 'राम की शक्ति-पूजा' नामक कविता के इस अंश से विदित होता है–

> है अमानिशा, उगलता गगन घन अन्धकार,
> खो रहा दिशा का ज्ञान, स्तब्ध है पवन चार
> अप्रतिहत गरज रहा पीछे अम्बुधि विशाल
> भूधर ज्यों ध्यान-मग्न, केवल जलती मशाल।

रहा। कृष्णपक्ष की अमावास्या को आरम्भ हुआ यह लेखन शुक्लपक्ष की नवमी को सम्पन्न हुआ। स्टेशनरी के दो सौ पचहत्तर पृष्ठों की पाण्डुलिपि तैयार हुई। इसमें चालीस पृष्ठ बायें हाथ से लिखे गये थे। इसी कृति को दुनिया *हिन्द स्वराज* के नाम से जानती है। जैसा कि इसके शीर्षक से विदित होता है, यह भारतीय स्वतन्त्रता आन्दोलन का घोषणापत्र था। यदि बृहत्तर परिप्रेक्ष्य में इसे मानव मात्र की स्वतन्त्रता का घोषणापत्र कहा जाये तो कोई अतिशयोक्ति नहीं होगी। महात्मा गांधी आजीवन इस विश्वास से विचलित नहीं हुए कि इस घोषणापत्र में निर्दिष्ट पथ पर चलकर प्राप्त की गयी भारत की स्वतन्त्रता सच्ची स्वतन्त्रता होगी और मानव मात्र को आधुनिक सभ्यता के मोहपाश से मुक्ति दिलाने का सोपान बन सकेगी। अपने सक्रिय और वैचारिक जीवन में उन्होंने जो कुछ भी सोचा-विचारा, वह सब इसी घोषणापत्र का भाष्य है और उनके सम्पूर्ण राजनीतिक जीवन की सक्रियता इसी घोषणापत्र का आत्मक्रियान्वयन है। इसके बावजूद भी गांधी का सम्पूर्ण वाङ्मय और उनका सम्पूर्ण जीवन *हिन्द स्वराज* का सम्पूर्ण भाष्य नहीं कहा जा सकता। एक ऐतिहासिक दस्तावेज के रूप में *हिन्द स्वराज* मानो एक अधूरी परियोजना है और मानव-जाति सदैव उससे प्रेरणा ग्रहण करती रहेगी।

V

महात्मा गांधी ने *हिन्द स्वराज* में मनुष्य को ही नहीं, बल्कि, मनुष्यता को बिगाड़ने वाली आधुनिक सभ्यता की सख़्त टीका की है। इस सख़्त टीका की मौलिकता इस बात में निहित है कि आधुनिक सभ्यता की हिन्दस्वराजी आलोचना उसकी आत्मा को पकड़कर की गयी समालोचना है। महात्मा गांधी से पहले-पहले और बाद में बहुतेरे पश्चिमी विचारकों ने भी आधुनिक सभ्यता की आलोचनाएँ की हैं, लेकिन वे सभी उसकी देह की आलोचना हैं। देह-सन्दर्भी आलोचनाएँ देही को ख़ारिज किये बगैर देह में आक्षिप्त विकारों के प्रक्षालन का प्रस्ताव भर होती हैं। लेकिन, आत्म-सन्दर्भी आलोचना देह को ही सिरे से ख़ारिज करती है। यही कारण है कि आधुनिक सभ्यता की देह जैसे-जैसे विस्तारित हो रही है, वैसे-वैसे आधुनिकता की हिन्दस्वराजी आलोचना के अन्तरार्थ दुनिया के सामने खुलते जा रहे हैं। ऐसा भी नहीं कि स्वयं आधुनिकता अपने साभ्यतिक विन्यास में अन्दर से उठ रहे 'हरमेन्युटिकल क्वेश्चन्स' के प्रति आत्मचेतन नहीं है। उसे अपने अन्तर्निहित विकारों की आत्मचेतना है। परन्तु, उसकी पद्धति ही ऐसी है कि वह अस्तित्वात्मक समस्याओं का सदैव अनुभवमूलक समाधान ही खोजती है– वह भी ऐसा समाधान, जो अपने आप में

किसी समस्या का एक प्रतिविधान हुआ करता है। महात्मा गांधी का *हिन्द स्वराज* आधुनिक सभ्यता के दोषों का समाधान नहीं, बल्कि, एक वैकल्पिक सभ्यता-बोध के द्वारा उसका निदान प्रस्तुत करता है। अपने इस वैकल्पिक सभ्यता-बोध की रूपरेखा उन्होंने ग्राम स्वराज के रूप में प्रस्तुत की है। यह ग्राम स्वराज कोई बैलगाड़ी के युग में लौटना नहीं है और न ही यह कोई गँवारों की गँवई जीवनशैली है, जिसे पिछड़ेपन का पर्याय माना जाता है। वास्तव में, यह आत्मपूरित ग्राम स्वराज है। ग्राम स्वराज में आत्मपूरित विशेषण लगाकर एक ओर उन्होंने देहवासना की संपूर्ति में निरत आधुनिक ऐन्द्रिक सभ्यता की जीवन-दृष्टि का विलोम प्रदर्शित किया है, तो दूसरी ओर, उसके अनुलोम अर्थ में सनातन भारत के जीवन-दर्शन को एक वैकल्पिक सभ्यता-बोध के रूप में प्रस्तावित किया है।[17] अतएव, यह कहना उचित होगा कि महात्मा गांधी के *हिन्द स्वराज* का मन-मस्तिष्क आधुनिक सभ्यता के हिंस्र स्वरूप की मूलगामी आलोचना है, जबकि उसका हृदय अहिंसक सत्यान्वेषी भारत का आत्मप्रकाशित धर्म-बोध है। वास्तव में मन-मस्तिष्क और हृदय की इसी युति का संधारक महात्मा 'सनातन गांधी' है।

---

17. यह कोई संयोग नहीं कि आधुनिक सभ्यता के विकल्प में वह सभ्यता-बोध, जो महात्मा गांधी के चिन्तन में उन्मीलित हुआ था, उसके बहुतेरे आधारभूत सूत्र वाल्मीकि रामायण में अक्षरशः प्राप्त होते हैं. इस पृष्ठभूमि में गांधी को समझना वास्तव में सनातन गांधी को परखना है. साधारणतः ऐसा समझा जाता है कि 'सत्य ही ईश्वर है' महात्मा गांधी के चिन्तन का मौलिक आधार वाक्य है. परन्तु, द्वितीय धर्मराज (सत्ये धर्म इवापरः) राम का आदर्श भी यही है कि इस लोक में सत्य ही ईश्वर है (सत्यमेवेश्वरो लोके सत्ये धर्म सदाश्रितः, *रामायण,* अयोध्या कांड, 109/13). पुनः साध्य-साधन की पवित्रता का सिद्धान्त महात्मा गांधी के चिन्तन का दूसरा मौलिक सूत्र है. परन्तु, साध्य-साधन–विवेक के सम्यक् प्रयोक्ता राम ही रहे हैं. सत्य साध्य की सिद्धि सत्य साधनों से ही करने में उनकी दृढ़ निष्ठा रही है. यह सत्यप्रतिश्रव राम की अटल प्रतिज्ञा है (सत्य प्रतिश्रवः सत्यं सत्येन समयीकृतम्, रामायण अयोध्या कांड, 109/16). यह भी माना जाता है कि राजनीति में सत्य और अहिंसा का सफल प्रयोग करने की दृष्टि दुनिया भर में महात्मा गांधी की मौलिक सूझ रही है. परन्तु, आश्चर्य है कि राम की राजनीति भी सत्य और अहिंसा की संधारक राजनीति रही है. उनकी घोषणा है कि सत्य और आनृशंस ही सनातन राजवृत्त है, इसलिए राज्य को भी सत्यात्मक होना चाहिए (सत्यमेवानृशंसं च राजवृत्तं सनातनम्। तस्मात् सत्यात्मकं राज्यं सत्ये लोक प्रतिष्ठितः॥ रामायण, अयोध्या कांड, 109/10)। इसी तरह महात्मा गांधी के चिन्तन के अन्यान्य सूत्र महाभारत और गीता में भी खोजे जा सकते हैं. वस्तुतः, रामायण और महाभारत ही दो ऐसे महाकाव्य हैं जो भारत के सनातन जीवन-दर्शन को सम्पूर्णता में प्रस्तुत करते हैं. अतः, सनातन गांधी को रामायण के सत्य और महाभारत के धर्म से वियुक्त कर भला समझा भी कैसे जा सकता है?

अद्यतन गांधी

वैश्विक विमर्शों के साथ *हिन्द स्वराज* का पुनःपाठ

गांधी साहित्य में *हिन्द स्वराज*[1] का वही स्थान है, जो बौद्ध साहित्य में 'धम्मपद' का, मार्क्सवादी साहित्य में 'कम्युनिस्ट मेनिफ़ेस्टो' का एवं सनातन साहित्य में *श्रीमद्भगवद्गीता* का है। यद्यपि *हिन्द स्वराज* के प्रथम प्रकाशन से अब तक इस

---

1. *हिन्द स्वराज* को गांधी ने 13 से 22 नवम्बर, 1909 के मध्य इंगलैण्ड से दक्षिण अफ्रीका वापस आते समय पानी के जहाज पर लिखा. यह पहली बार दो खण्डों में 11 एवं 19 दिसम्बर, 2009 को इंडियन ओपिनियन के गुजराती खण्ड में छपा था. पुस्तक के रूप में यह गांधी के अपने इन्टरनैशनल प्रिंटिंग प्रेस, फ़ीनिक्स, नैटाल, दक्षिण अफ्रीका में छपा था. 24 मार्च, 1910 को भारत में सुरक्षा कारणों से इसे प्रतिबन्धित कर दिया गया था। 20 मार्च, 1910 को इस पुस्तक के गांधीकृत अनुवाद को इंडियन होम रूल शीर्षक से गांधी के इन्टरनैशनल प्रिंटिंग प्रेस द्वारा प्रकाशित किया गया. इसका प्रथम हिन्दी संस्करण 1921 में *हिन्द स्वराज* के नाम से भारत में नवजीवन प्रेस, अहमदाबाद द्वारा प्रकाशित किया गया. जहाज पर लिखते समय गांधी दायें हाथ से लिखते-लिखते थक जाने पर बायें हाथ से लिखना आरम्भ कर देते थे. इसके 275 पृष्ठों (पाण्डुलिपि) में से 40 पृष्ठ बायें हाथ से लिखे गये हैं. संवाद शैली में लिखे गये इस पुस्तक में अत्यन्त छोटे-छोटे 20 अध्याय हैं. आरम्भ में इसमें एक परिशिष्ट था, जिसमें गांधी ने *हिन्द स्वराज* को पढ़ने-समझने में उपयोगी 20 प्रमाणभूत ग्रन्थों का उल्लेख किया है. आजकल प्रकाशित होने वाले *हिन्द स्वराज* में यह परिशिष्ट-दो में स्थान पाता है और परिशिष्ट-एक में मिलों एवं ब्रिटिश पार्लियामेन्ट के बारे में गांधी द्वारा दो-तीन लाइन का 1921 में किया गया परिवर्तन रखा जाता है. देखें, एन्थनी जे. परेल (1997), *हिन्द स्वराज* ऐंड अदर राइटिंज़, कैम्ब्रिज युनिवर्सिटी प्रेस, कैम्ब्रिज़.

पुस्तक पर दुनिया भर में पक्ष एवं विपक्ष में विपुल साहित्य की रचना हो चुकी है, तथापि इस विषय पर काफ़ी कुछ लिखा और समझा जाना शेष है। क्योंकि, जैसे-जैसे औद्योगिक सभ्यता के पार्श्व-प्रभाव बढ़ते जा रहे हैं, वैसे-वैसे विश्व के हर कोने में गांधी को देखने-समझने की प्रवृत्ति बढ़ती जा रही है। आज के समय के प्रत्येक विमर्शों में गांधी-दृष्टि को उपस्थित कर ही दिया जाता है। यह बात अलग है कि ऐसे अनेक प्रयासों में बहुत कुछ गांधी-दृष्टि जैसा होता ही नहीं है, फिर भी ऐसे प्रयासों की शृंखला गांधी के वैकल्पिक सभ्यता-बोध के महत्त्व, औचित्य एवं उपादेयता को तो रेखांकित कर ही देती है।

I

हिन्द स्वराज : पठन एवं विश्लेषण का गांधीवादी दृष्टिकोण

स्वयं गांधी का यह कहना मायने रखता है कि *हिन्द स्वराज* को गांधी के नज़रिये से देखा जाना चाहिए और वह नज़रिया यह है कि हम एक अहिंसक समाज का निर्माण औद्योगिक सभ्यता में नहीं कर सकते हैं, बल्कि, इसका निर्माण आत्मपूरित ग्रामीण सभ्यता में ही सम्भव है।[2] बहुधा 'आत्मपूरित ग्रामीण सभ्यता' के सम्पूर्ण पद से जब 'आत्मपूरित' को हटाकर ग्रामीण सभ्यता के पक्षधर के रूप में गांधी को देखा जाता है, तब उन्हें बैलगाड़ी के युग में ले जाने वाला आधुनिकता का प्रतिगामी विचारक बताया जाता है।[3] जबकि, 'आत्मपूरित ग्रामीण सभ्यता' को एक समस्त पद के रूप में गांधी ने प्रयुक्त किया है।

यह एक ऐसी सभ्यता का प्रस्ताव है, जो अभीष्ट तो हजारों विचारकों, समाज सुधारकों एवं जन नायकों को रहा है, किन्तु, वे गांधी की तरह 'सब कुछ पाने के लिये' आधुनिक सभ्यता (औद्योगिक एवं शैतानी सभ्यता शब्द का प्रयोग भी गांधी

---

[2] मोहनदास करमचन्द गांधी, (1976) *कलेक्टेड वर्क्स ऑफ़ महात्मा गांधी*, भाग 32, मिनिस्ट्री ऑफ़ इन्फारमेशन ऐंड ब्रॉडकास्टिंग : 296.

[3] गांधी को पूर्व-आधुनिक, दकियानूसी, पोंगापन्थी, रूढ़िवादी विचारक मानने वालों की भी कमी नहीं है और उन्हें आधुनिक तथा उत्तर-आधुनिक विचारक बताने वालों की भी दुनिया भर में कमी नहीं है. इन सबके तर्कों को निकोलस एफ़. गियर ने बड़े सुनियोजित तरीक़े से प्रस्तुत किया है। देखें, निकोलस एफ़. गियर (1996), 'गांधीज फ़िलॉसफ़ी : प्री-मॉडर्न, मॉडर्न ऑर पोस्ट मॉडर्न', *गांधी मार्ग*, भाग- 17, अंक 3.

आधुनिक सभ्यता के लिये करते हैं) में से 'कुछ को खोने' के लिये हिम्मत नहीं जुटा पाते हैं।[4]

'*हिन्द स्वराज*' एवं प्रकारान्तर से गांधी को समझने के लिये (गांधी-दृष्टि से) दो अन्य मुद्दों पर भी विचार कर लेना आवश्यक है। उनमें से प्रथम यह है कि गांधी के विचारों में एक अनुस्यूत संगति है और इस संगति का आधार गांधी में देश, काल, परिस्थिति नहीं है, बल्कि, 'आत्म उत्तरदायित्व की नैतिक आत्मस्वीकृति' है।[5] यह आत्मस्वीकृति ही गांधी को '*हिन्द स्वराज*' के प्रथम प्रकाशन के लगभग 30 वर्ष बाद भी यह कहने के लिये प्रेरित करती है कि 'यह पुस्तक अगर आज मुझे फिर

---

4. वस्तुतः हरबर्ट मारक्यूज़ अपने *वन डायमेन्शनल मैन* (1964) में जिस एक आयामी मनुष्य की पीड़ा को व्यक्त करते हैं वह औद्योगिक सभ्यता की ही देन है. एरिक फ्राम *एस्केप फ्राम फ्रीडम* (1941) में जिस स्वतन्त्रता से मनुष्य को भयाक्रान्त पाते हैं, वह भी औद्योगिक सभ्यता का ही दुष्परिणाम है. सी.बी. मैक्फ़र्सन अपने *दि पॉलिटिकल थियरी ऑफ़ पज़ेसिव इन्डीविजुअलिज़म* (1962) में जिस व्यक्ति की चर्चा करते हैं और जो साहचर्यमूलक उद्यम से विरत है, वह भी औद्योगिक सभ्यता को आत्मसात् किया हुआ व्यक्ति ही है. हन्ना आरेंट मनुष्य की जिस रचनात्मक क्रियाशीलता (एक्शन) के निरन्तर घटते हुए अंश एवं राज्य की बढ़ती हुई निरंकुशता से चिन्तित हैं वह भी औद्योगिक सभ्यता की ही परिणति है. (लिरॉय ए. कूपर : 1976) वस्तुतः 1909 से अब तक औद्योगिक सभ्यता ने अपनी जड़ों को और भी गहरा कर लिया है. इसकी जड़ें गहरी होने के साथ-साथ फैली भी हैं. भारतवर्ष से भी जैसी अपेक्षा गांधी को थी, (औद्योगिक सभ्यता के विकल्प के रूप में' 'आत्मपूरित ग्रामीण सभ्यता' के विकास की) वह भी पूरी होने की दिशा में अग्रसर नहीं है. इसी कारण अब *हिन्द स्वराज* के परिशिष्ट-दो में उल्लिखित ग्रन्थों के साथ-साथ इसका निर्वचन उपरोक्त ग्रन्थों के आलोक में भी होना चाहिए. इन ग्रन्थों में औद्योगिक सभ्यता की जड़ों के गहरे एवं विस्तृत होने के साथ-साथ इससे उत्पन्न होने वाले पार्श्व-प्रभावों को अलग-अलग आयामों में समझने की कोशिश की गयी है। यद्यपि, न तो उक्त विचारकों ने और न ही *हिन्द स्वराज* के परिशिष्ट-दो में वर्णित विचारकों ने गांधी की तरह सब कुछ पाने के लिये औद्योगिक सभ्यता के कुछ को खोने के लिये न तो हिम्मत जुटायी है और न ही विकल्प सुझा कर उसे अपने जीवन में उतारने की कोशिश की है.

5. 'आत्म-उत्तरदायित्व की नैतिक आत्म स्वीकृति' की पदावली में काण्ट के 'कर्तव्य के अटल आदेश' की अभिव्यंजना हो सकती है. किन्तु, काण्ट इतने व्यक्तिवादी थे कि नैतिक मूल्य के तर्क को भी वे व्यक्ति के पूर्व नहीं मान सकते हैं. इसके परे गांधी में आत्म-उत्तरदायित्व एवं नैतिक आत्म स्वीकृति का आधार सत्य एवं व्यक्ति के मध्य अन्तःसम्बन्ध है. यह अन्तःसम्बन्ध उतना ही विभेद (द्वैतपरक) परक दिखता है, जितना सत्य एवं व्यक्ति के मध्य दूरी होती है. जैसे-जैसे व्यक्ति सत्य के सर्वव्यापी एवं विराट् स्वरूप को समझता जाता है वैसे-वैसे ही वह सत्य से अन्योन्याश्रित होता जाता है और अन्ततः इसकी परिणति अद्वैत में होती है.

से लिखनी हो तो कहीं-कहीं मैं उसकी भाषा बदलूँगा। लेकिन, इसे लिखने के बाद जो तीस साल मैंने अनेक आँधियों में बिताये हैं, उनमें मुझे इस पुस्तक में बताये हुए विचारों में फेरबदल करने का कुछ भी कारण नहीं मिला।[6] गांधी चिन्तन में अनुस्यूत संगति गांधी को खण्ड-खण्ड करके विच्छिन्नवत् स्वरूप में पढ़े एवं समझे जाने का मुखापेक्षी नहीं है। फिर भी, आज यह प्रवृत्ति अत्यन्त बलवती है और कोई उन्हें शान्ति अनुसंधान की अपने जद में ले लेता है, तो कोई उन्हें पर्यावरण संरक्षण के अपने तिलिस्म में कैद कर लेता है और ऐसा करते हुए वैसे सभी छद्म प्रयोगधर्मी उसी औद्योगिक सभ्यता को जी-जान से बचाने में जुटे रहते हैं, जिसके ख़िलाफ़ गांधी ने सख़्त टिप्पणी की है। जबकि, गांधी ऐसे विचारक हैं, जिन्हें समग्रता में ग्रहण करने की आवश्यकता है। आप गांधी को स्वीकार करके या तो अहिंसक सभ्यता के निर्माण हेतु आत्मपूरित गाँवों के स्वराज के माध्यम से एक सर्वतोभावेन ग्राह्य मानवीय सभ्यता की ओर चलिए या फिर यह मानकर कि सृष्टि और प्रलय ईश्वर का नियम है अथवा उत्थान और पतन, निर्माण एवं विध्वंस भौतिक जगत् का नियम है, अत: निर्मित हो चुके के विध्वंस की राह पर चलिए। जब गांधी अपने को व्यावहारिक आदर्शवादी कहना स्वयं पसन्द करते हैं, तब समग्रता का गांधी के लिये अभीष्ट बन जाना स्वाभाविक ही है। पुन:, उसी पद में जब वे अपने को 'व्यावहारिक' कहते हैं, तब इसका आशय यह होता है कि वे सर्वउच्छेदवादी नहीं हैं।[7] वस्तुत:, आज की आम धारणा में इस बात पर तो सहमति है कि एक आदर्शवादी और जो कुछ भी हो, किन्तु, उसे प्रत्ययवादी और समग्रतावादी होना आवश्यक है, परन्तु, वह व्यावहारिक नहीं हो सकता है। यह आम धारणा वास्तव में आदर्श एवं व्यवहार के बीच 'बायनरी' भाषायी विभाजन पर जितनी आधारित है, उतनी वास्तविकता पर नहीं। पुन:, आज के पारिभाषिक प्रत्ययों में जब औद्योगिक सभ्यता, उसका ज्ञान और सबसे बढ़कर उसका मन अभिन्नवत् हो गया है, तब 'आदर्श' को व्यवहार का विलोम बन जाना स्वाभाविक ही है। यह आज के युग की

---

6. यह कथन उस सन्देश का अंश है, जिसे गांधी ने अंग्रेज़ी मासिक *आर्यन पाथ* के सितम्बर, 1938 अंक के लिये भेजा था. इस सन्देश में *हिन्द स्वराज* के महत्त्व का प्रकाशन करते हुए स्वयं गांधी ने यह भी कहा था कि दक्षिण अफ्रीका के हिन्दुस्तानियों में जो सड़न दाखिल होने वाली ही थी, उसे इस पुस्तक ने रोका था. एम.के. गांधी (2004), *हिन्द स्वराज*, नवजीवन प्रकाशन मन्दिर, अहमदाबाद : 24.

7. *यंग इंडिया,* 11:81:920

बेबाक सच्चाई है। इसी कारण आज सभी अपने-अपने असत्य के कुनबे से गांधी के सत्य को देखते हैं और रोज-रोज उसे ख़ारिज करते हैं। कदाचित् यह विचार किये बिना कि हम सब में किसी-न-किसी रूप में गांधी विद्यमान है।[8]

अब उस दूसरे मुद्दे पर लौटते हैं, जो गांधी एवं '*हिन्द स्वराज*' को समझने के लिये गांधी-दृष्टि से अपेक्षित है। ज्ञानोदय के बाद से पश्चिम की एक प्रवृत्ति अस्तित्वात्मक प्रश्नों का समाधान भी अनुभवमूलक दृष्टिकोण से करने की जिज्ञासा में दिखती है। पश्चिम में अस्तित्ववाद, नारीवाद, पर्यावरणवाद, उत्तर-आधुनिकतावाद, समुदायवाद, बहुसंस्कृतिवाद, मार्क्सवाद आदि अन्यान्य वादों के माध्यम से अस्तित्वमूलक चिन्ता व्यक्त हुई है। परन्तु, इन सब ने समाधान की जो राजनीतिक प्रक्रिया, उत्पादन प्रणाली आदि व्यवस्थागत पक्षों में बदलाव का विकल्प रखा है, वह अनुभवमूलक समाधान है। ऐसे समाधान में अशक्त को सशक्त करने का विचार केन्द्रीय विचार है और सशक्तीकरण के पहिये इन विचारों में आर्थिक आज़ादी और राजनीतिक स्वतन्त्रता की धुरी पर कसे हैं। फलतः, मानवीय पीड़ा एवं उसके अस्तित्वात्मक द्वन्द्व को भी अर्थनीति एवं राजनीति के ज़रीये पकड़ने एवं समझने की कोशिश होती है। इस कोशिश में मनुष्य की पीड़ा को समझने एवं उसे दूर करने के प्रयासों में भी मनुष्य की अपेक्षा व्यवस्था (जिसे मैंने धुरी कहा है)

---

8. दिनकर ने हम सब में गांधी को इस रूप में अवस्थित माना है कि हम सब खान-पान में, रहन-सहन में, पहनावे में या फिर विचार में कहीं-न-कहीं गांधी मार्ग का अनुसरण करते हैं (रामधारी सिंह दिनकर (2009), *संस्कृति के चार अध्याय* : 531). एक दूसरी दृष्टि से भी गांधी हम सब में अवस्थित हैं और उसे हम प्लेटो के न्याय सम्बन्धी तर्कों में खोज सकते हैं. जब प्लेटो सोफ़िस्टों के इस मत का खण्डन करते हैं कि 'शक्तिशाली का हित ही न्याय है' तब यह बात प्रकट होती है. प्लेटो कहते हैं कि चूँकि किसी भी समाज में शासन ही सबसे अधिक शक्तिशाली होता है, अतः शासन के हित में कार्य करना न्याय है. फिर तो अपने हित में कार्य करने के लिये व्यक्ति को शासन की आँखों में धूल झोंकनी होगी. इस तरह तो धोखा-धड़ी एवं धूर्तता ही न्याय हो गया. पर धूर्तों का समूह भी अपने बीच कुछ मूल्यों को स्वीकार करता है और उसी से उसकी शक्ति भी बनी रहती है. ठीक इसी तरह आज भी हम जब अपने बच्चों को सच बोलने की, कर्तव्य पालन की, ईमानदारी की सीख देते हैं तब वास्तव में हमारे भीतर का गांधी ही जाग उठा होता है. इसी तरह जब हम स्वच्छता की, बागवानी की, सम्बन्धियों के साथ सहृदयता की सीख अपने बच्चों को देते हैं, तब भी हमारे अन्तःकरण को गांधी ही प्रेरित कर रहे होते हैं. किन्तु, इन शिक्षाओं का दायरा अब पारिवारिक पृष्ठभूमि तक सीमित होता जा रहा है. गांधी को पूरी दुनिया की चिन्ता है, इसी कारण वे इन मानवीय मूल्यों को सामाजिक, आर्थिक, राजनीतिक व्यवहार का भी आधार बनाना चाहते हैं.

की रक्षा ही महत्त्वपूर्ण बन जाती है। इस व्यवस्था का तकाजा यह है कि वह अपने विकास और प्रसार के द्वारा ही मनुष्य की पीड़ा को दूर करना चाहती है। यहाँ बिना उदाहरण के बात पचेगी नहीं, इसीलिए कुछ उदाहरणों से समझने की कोशिश करते हैं। आज बड़े तो क्या बच्चे भी 'बोर' होने लगे हैं, ऐसे में आप क्या करते हैं? माल, रेव, लांग ड्राइव, आउटिंग आदि का सहारा लेते हैं। यह बोरियत दूर करने का 'स्मार्ट' और 'कन्टम्प्रेरी' तरीक़ा है। सप्ताहान्त तक अब लोग घर का भोजन खाते-खाते भी 'बोर' होने लग जाते हैं। यह बोरियत कपड़ों, गाड़ी, जूतों, गहनों, घर की आन्तरिक सजावट, क्रॉकरी, घर के आउटर डेकोरेशन, केश विन्यास आदि सबसे होने लगा है। विचारपूर्वक देखिए तो आप पायेंगे कि इस बोरियत को दूर करने के उपक्रम में आप सबसे अधिक लाभ पूँजीवादी-उदारतावादी अर्थतन्त्र को ही पहुँचा रहे होते हैं। फिर भी आप बोर हो ही रहे हैं तो 'डिप्रेशन' का शिकार होकर डॉक्टर के पास जायेंगे और दुनिया भर के डाक्टरों के पास आज इस 'डिप्रेशन' के दो ही कारगर इलाज हैं। वे आपको तन्द्रा में ले जाने वाली और आपकी जैविक शक्ति को बढ़ाने वाली (ताकि आप और उपभोग कर सकें) दवाई देंगे। परन्तु, यह पूरी की पूरी पूँजीवादी-उदारतावादी व्यवस्था, जिसे गांधी औद्योगिक या आधुनिक सभ्यता कहते हैं, अस्तित्वात्मक समस्याओं का अस्तित्वात्मक निदान नहीं सुझायेगी। वास्तव में, अस्तित्वात्मक समस्याओं का अस्तित्वात्मक निदान पश्चिमी ज्ञानोदय के बाद से विकसित हुई औद्योगिक सभ्यता की ज्ञानमीमांसा में ही नहीं है। इसके विपरीत, गांधी मानव के अस्तित्वात्मक प्रश्नों का अस्तित्वात्मक और आनुभविक प्रश्नों का आनुभविक समाधान खोजते हैं और उस पर चलने का प्रयास करते हैं। गांधी के चिन्तन और '*हिन्द स्वराज*' का यह एक ऐसा पक्ष है, जिसमें गांधी पर भारतीय ऋषि परम्परा[9] एवं संस्कृति का आकण्ठ प्रभाव है और वह है अद्वैत चिन्तन की भारतीय

---

[9]. यहाँ यह भी स्पष्ट कर देना समीचीन होगा कि गांधी या अब तक का कोई भी मानव सम्पूर्ण भारतीय ऋषि परम्परा का अकेले प्रतिनिधित्व करने का दावा नहीं कर सकता है. गांधी भी नहीं, और वे ऐसा कहते भी नहीं थे कि वे भारतीय ऋषि परम्परा के प्रतिनिधि हैं. गांधी के समय में भारतीय ऋषि परम्परा के कुछ अंशों का जो व्यक्ति (स्वामी विवेकानन्द) प्रतिनिधित्व कर रहा था उनसे गांधी की कभी मुलाकात नहीं हो पायी (1902 में ही स्वामीजी का परलोकवास भी इसका कारण है). किन्तु यह आश्चर्यजनक ज़रूर लगता है कि स्वामीजी को गांधी ने कभी पत्र भी नहीं लिखा. जबकि, गांधी यह स्वीकार करते हैं कि विवेकानन्द को पढ़ कर उनके हृदय में देशभक्ति की भावना सैकड़ों गुणा बढ़ गयी. जिस तोलस्तोय की छह पुस्तकों के नाम गांधी (बीस में से) परिशिष्ट-दो में

परम्परा एवं इतिहास-बोध का प्रभाव। वास्तव में, यदि अद्वैत दृष्टि से किसी सभ्यता विमर्श का प्रतिपादन हो सकता है, तब वह *हिन्द स्वराज* में प्रस्तावित सभ्यता-विमर्श के द्वारा ही सर्वोत्तम रूप में सम्भव है।

स्वयं गांधी ने भी इस तथ्य को अवान्तर रूप से उजागर किया ही है। वे लिखते हैं कि हम गीता, रामायण या *हिन्द स्वराज* पढ़ सकते हैं, पर उनमें से जो हमें सीखना चाहिए वह है दूसरों के कल्याण की प्रेरणा।[10] इस उद्धरण में *हिन्द स्वराज* के साथ गीता एवं रामायण का उल्लेख गांधी ने अकस्मात् नहीं कर दिया है और न ही अनियोजित विचारपूर्वक किया है। वे तो यह भी कहते हैं कि मैंने (*हिन्द स्वराज* के बारे में लिखते हुए) राजनीति की भाषा का प्रयोग किया है, किन्तु, वास्तव में, धर्म को उकेरने की कोशिश की है।[11] यह धर्म गांधी की दृष्टि में है क्या? वह है सत्य के रूप में ईश्वर को देखना। सत्य के प्रति यह दृष्टि अद्वैत दृष्टि ही हो सकती है और यही गांधी के सभ्यता-विमर्श का मूलाधार भी है। वास्तव में, जब गांधी यह कहते हैं कि मैंने किसी नवीन सिद्धान्त का आविष्कार नहीं किया है, मैंने सिर्फ़ अपनी तरफ़ से शाश्वत सत्य को अपने दैनिक जीवन और उनकी समस्याओं के समाधान में प्रयोग किया है, तो यह उनकी अकादमिक ईमानदारी ही है।[12] अन्यथा, वे अपने विचारों के बहुतेरे सैद्धान्तिक पक्षों को गांधीवाद का नाम दे सकते थे। बहुधा यह समझ लिया जाता है कि गांधी सिद्धान्तवेत्ता और तत्त्वचिन्तक नहीं थे। स्वयं गांधी भी ऐसा ही प्रतिपादित करते चलते हैं। किन्तु, विचारपूर्वक देखा जाये तो गांधी जैसा क़ानून का गम्भीर अध्येता तर्कों की संरचना को न जानता हो, ऐसा मान लेना हठधर्मिता ही होगी। तर्कों की संरचना का कोई भी जानकर, जो आत्मविश्लेषण एवं विचारों के प्रयोग के बाद यदि कुछ भी व्यवस्थित रूप से भाषा-आधारित अभिव्यक्ति करता है, तो उसे सिद्धान्त क्यों नहीं कहा जायेगा? यहाँ मैंने *हिन्द स्वराज* और प्रकारान्तर रूप

देते हैं, उसमें स्वयं तोलस्तोय *लेटर टू अ हिन्दू* में स्वामीजी की चर्चा करते हैं. यही बात गांधी की महर्षि अरविंद के साथ संवादहीनता में दिखती है. वहीं महर्षि अरविंद ने भारत में गांधी के आगमन के साथ-साथ लगभग आतंकी गतिविधि छोड़ कर संतत्व के मार्ग को अपना लिया था.

10. मोहनदास करमचन्द गांधी (1976), *कलेक्टेड वर्क्स ऑफ़ महात्मा गांधी*, भाग 32, मिनिस्ट्री ऑफ़ इन्फ़ॉरमेशन ऐंड ब्राडकास्टिंग, नयी दिल्ली : 496.

11. मोहनदास करमचन्द गांधी (1976), *कलेक्टेड वर्क्स ऑफ़ महात्मा गांधी*, भाग 32, नयी दिल्ली : मिनिस्ट्री ऑफ़ इन्फारमेशन ऐंड ब्राडकास्टिंग : 489.

12. *हरिजन*, 28/3/1937.

से गांधी को समझने की गांधी-दृष्टि को प्रस्तावित किया है। वस्तुतः, इसी दृष्टि से वे औद्योगिक सभ्यता को समझते हैं, न कि उस दृष्टि से, जिस से औद्योगिक सभ्यता की ज्ञानमीमांसा द्वारा उसे समझने-समझाने की कोशिश की जाती है।

II

हिन्द स्वराज : औद्योगिक सभ्यता के भाषा-विमर्श की गांधीवादी मीमांसा

औद्योगिक सभ्यता की ज्ञानमीमांसा अनुभववाद, प्रत्यक्षवाद, लौकिकतावाद, व्यवहारवाद एवं विवेकवाद में सन्निहित है। इन ज्ञानमीमांसाओं में जिस ज्ञान-रचना के आधार पर औद्योगिक सभ्यता के औचित्य एवं प्रामाण्य को सिद्ध किया जाता है, उसका भाषायी विमर्श संरचनावादी[13] मान्यताओं से स्वयंसिद्ध प्रत्यय की तरह सार्वभौमिक रूप से अपने को प्रस्तुत करता है। संरचनावाद ने भाषा के वैज्ञानिक अध्ययन एवं भाषा के प्रामाणिक विन्यास का ऐसा प्रस्ताव रखा, जिसमें चयन (सेलेक्शन) एवं सम्बन्धन (कॉम्बिनेशन) के माध्यम से संकेतों (साइन) का प्रयोग अर्थोत्पादन करता है। स्वयं संकेतों की विनिर्मिति विभेद (डिफ़रेन्स) पर आधारित है।[14] संरचनावाद में विपरीत गुणधर्मों (बायनरी) द्वारा संकेतों के अर्थान्वयन की जिस विनिर्मिति की स्थापना हुई, उसने भाषायी प्रतीकों को ही दो विपरीत ध्रुवों पर स्थित नहीं कर दिया, अपितु, मनुष्य को ही उसके भीतर से उसे दो भागों में बाँट डाला और इस तरह मनुष्य की चेतना को भी दो भागों में विभाजित कर दिया। प्रभाव की दृष्टि से देखें तो यह 'कार्टेज़ियन डिवीज़न' से भी व्यापक था। जिस तरह न्यूटन की खोजों ने चमत्कृत कर देने वाली वैज्ञानिक प्रगति को सम्भव किया, उसी प्रकार संरचनावाद ने वैज्ञानिक ज्ञान को मात्र भाषायी आधार ही

---

13. सामान्यतः, उत्तर-संरचनावाद एवं उत्तर-आधुनिकतावाद को संरचनावाद के प्रतिगामी विचार के रूप में स्वीकार किया जाता है, किन्तु इसके द्वारा भी उसी पाश्चात्य ज्ञानोदय की स्थापनाओं को आगे बढ़ाना लक्ष्य रहा है जो परा-औद्योगिक समाज के 'एज ऑफ़ हाई मास कन्ज़म्पशन' में अभीष्ट होता जा रहा है. इस विषय को विस्तार से समझने के लिये देखें, विश्वनाथ मिश्र (2013), 'संरचनावाद-उत्तर संरचनावाद', *समाज-विज्ञान विश्वकोश*, राजकमल प्रकाशन, नयी दिल्ली.

14. सुसॉन वनेगा (2001), *स्ट्रक्चरलिज़्म ऐंड नैरेटिव पोयटिक्स*, अन्तर्गत, पैट्रिशिया वॉग (सं.), *लिटरेरी थियरी ऐंड क्रिटिसिज़्म*, ऑक्सफ़र्ड युनिवर्सिटी प्रेस, नयी दिल्ली : 259-262.

प्रदान नहीं किया, बल्कि, उसे एकमात्र ज्ञान के रूप में स्थापित करने हेतु भाषायी एवं सांस्कृतिक मनोविज्ञान की आधारभूमि भी तैयार की। फलतः, लोकभाषा और लोक व्यवहार 'सिमियॉटिक' बनते चले गये और 'सिम्बालिक' की ग्राह्यता एवं श्रेष्ठता स्थापित होती गयी। यदि जूलिया क्रिस्तेवा जैसी उत्तर-आधुनिक नारीवादी विदुषियों ने 'सिमियॉटिक' भाषायी संसार की जो वकालत की है,[15] उसे बृहद् परिप्रेक्ष्य में देखा जाये तो यह वास्तव में पितृसत्तात्मकता के बजाय औद्योगिक सभ्यता के वैज्ञानिक ज्ञान एवं उसके भाषायी संसार के विरोध तक जाती है।

आधुनिक भाषा-विज्ञान के जनक फर्डिनैंड डी सॅस्यूर (1857-1913) गांधी के समकालीन थे। क्या गांधी सॅस्यूर के संरचनावादी अभिविन्यासों के प्रयोजनों से अनभिज्ञ रहते हुए अपनी रचनाओं में आधुनिक पदावलियों के बजाय लोक मानस के हिन्दुस्तानी संप्रत्ययों का प्रयोग कर रहे थे? क्या वे जब प्रत्येक पढ़े-लिखे हिन्दुस्तानी से अपनी भाषा का जानकर होने की अपेक्षा करते हैं[16] तब वे संरचनावाद की उस जकड़न से मुक्ति का मन्तव्य लिये हुए नहीं हैं, जिसकी अन्तिम परिणति मनुष्य का ऐसा भाषायी मानकीकरण करना है, जो सृष्टि के निर्दैवीकरण और औद्योगिक सभ्यता के मानकों को हृदयंगम करने में है? गांधी द्वारा हिन्दुस्तानी भाषा की वकालत हिन्दू-मुस्लिम के मध्य भाषायी संसार के साहचर्य द्वारा आत्मिक सौहार्द की स्थापना तक ही सीमित नहीं है। वे इससे पर्याप्त आगे जाते हैं, जहाँ पहुँच कर बहुभाषिता एवं अंग्रेज़ी का मात्र मजबूरी में ही प्रयोग हिन्दुस्तान को आधुनिक सभ्यता से मानकीकृत होने से बचाना है। इन सब के लिये लोकभाषा एवं लोक मानस के अविकृत स्वरूप को बचाना गांधी के भाषा-विमर्श की एकार्थक अन्विति है।[17] अतः यह कहना अत्युक्ति नहीं होगी कि भाषा

---

15. जूलिया क्रिस्तेवा (1982), *पावर्स ऑफ़ हॉरर,* अनु. लियॉन रुडीज, कोलम्बिया युनिवर्सिटी प्रेस, न्यूयॉर्क : 205-206.

16. *हिन्द स्वराज,* अध्याय-18.

17. इस अन्वित संपृक्तता को गांधी के शब्दों में ही देखिये जो इस प्रकार है–

प्रश्न : तब कैसी शिक्षा दी जाये?

उत्तर : मुझे तो लगता है कि हमें अपनी सभी भाषाओं को उज्ज्वल और शानदार बनाना चाहिए. हमें अपनी भाषा में ही शिक्षा लेनी चाहिए ... जो अंग्रेज़ी शिक्षा काम की है, उनका हमें अपनी भाषाओं में (ध्यान दें भाषा या हिन्दुस्तानी का प्रयोग नहीं है, बहुवचन का प्रयोग है). ... हर एक पढ़े-लिखे हिन्दुस्तानी को अपनी भाषा का, हिन्दू को संस्कृत का, मुसलमान को अरबी का, पारसी

संस्कृति की वाहक है[18] और इस तथ्य से गांधी भली-भाँति वाकिफ थे। इसी नाते वे औद्योगिक सभ्यता की ज्ञानमीमांसा को उसके भाषायी उत्स एवं भाषायी संसार में ही ख़ारिज कर देना चाहते थे। यह गांधी की वह दृष्टि है, जो उन्हें *हिन्द स्वराज* के परिशिष्ट-दो में वर्णित बीस पुस्तकों के तेरह लेखकों से बहुत आगे ले जाती है और जहाँ तक नव-वामपंथी तमाम जद्दो-जेहद के बाद भी अब तक नहीं पहुँच पाये हैं।[19]

को फ़ारसी का और सबको हिन्दी का ज्ञान होना चाहिए. कुछ हिन्दुओं को अरबी और कुछ मुसलमानों तथा पारसियों को संस्कृत सीखनी चाहिए. उत्तरी और पश्चिमी हिन्दुस्तान के लोगों को तमिल सीखनी चाहिए। सारे हिन्दुस्तान के लिये जो भाषा चाहिए, वह तो हिन्दी ही होनी चाहिए। उसे उर्दू या नागरी लिपि में लिखने की छूट होनी चाहिए ....

प्रश्न : आपने जो धर्म की शिक्षा की बात कही, वह बड़ी कठिन है?

उत्तर : फिर भी उसके बिना हमारा काम नहीं चल सकता है. हिन्दुस्तान कभी नास्तिक नहीं बनेगा. ... हिन्दुस्तानी सागर के किनारे पर ही मैल जमा है. हम लोग ऐसे ही हैं और खुद ही बहुत कुछ साफ़ हो सकते हैं. मेरी यह टीका करोड़ों लोगों के बारे में नहीं है (अंग्रेज़ियत का जिन पर भूत सवार है उनके लिये है, जो आगे स्पष्ट भी हो जाता है). हिन्दुस्तान को असली रास्ते पर लाने के लिये हमें ही असली रास्ते पर (जो अन्ततः 'आत्मपूरित ग्रामीण सभ्यता' और सत्याग्रही मानव की मंजिल तक जाता है) आना होगा. बाकी करोड़ों लोग तो असली रास्ते पर ही हैं (जो अंग्रेज़ियत एवं औद्योगिक सभ्यता की चकाचौंध से विकृत नहीं हुए हैं). यहाँ कोष्ठक में दिये गये वाक्य लेखक-द्वय की ओर से स्पष्टीकरण हेतु हैं.

18. मैलविन जे. हर्षकोविट्स (1960), *सांस्कृतिक मानव शास्त्र*, (अनूदित), भारती भवन, देहरादून : 281.

19. नव-वामपंथियों ने अंटोनियो ग्राम्शी की इस थीसिस के इर्द-गिर्द अपने विचारों को गढ़ा है कि अधिसंरचना (सुपर स्ट्रक्चर) में नागर समाज और राजनीतिक समाज दो स्तर होते हैं. इनमें नागर समाज आधार (बेस) के निकट की संरचना है, जो सहमति के ज़रिये, अर्थात् पारिवारिक मूल्यों, संस्कृति, शिक्षा, धर्म आदि के प्रयोग से वैधता उत्पन्न करती है. राजनीतिक समाज शक्ति द्वारा वैधता प्राप्त करता है. परम्परागत मार्क्सवाद में राजनीतिक समाज के रूपान्तर पर ही सारा बल दिया गया है. राजनीतिक समाज के विश्लेषण से क्रान्ति की अवश्यम्भाविता की सम्भावना दिखती है, किन्तु नागर समाज का विश्लेषण इस अवश्यम्भाविता को क्षीण कर देता है. अतः, बदलाव के लिये नागर समाज के आयामों में अनुस्यूत प्रच्छन्न शोषण से जन को परिचित कराना होगा. इसी धारा पर चलते हुए होर्खायमर और एडोर्नो आदि ने संस्कृति, भाषा आदि के उस प्रभाव को समझने का प्रयास किया, जिनसे शासन के प्रति सहमति के तत्त्व विकसित होते हैं. किन्तु, इन सभी ने औद्यौगिक सभ्यता की केन्द्रीकृत उत्पादन प्रणाली, इहलौकिकता, विज्ञान एवं तकनीक का प्रयोग और सबसे बढ़ कर इन सबकी ज्ञानमीमांसा के भाषायी उत्स को ज्यों का त्यों स्वीकार कर लिया. वे व्यवस्था में बदलाव के मार्क्सवादी आधार को ही अपने-अपने प्रयत्नों से विस्तृत करने में लगे रहे और गांधी की तरह औद्योगिक सभ्यता की ज्ञानमीमांसा को उसकी भाषायी जद से बाहर लाये बिना पकड़ने की कोशिश करते रहे.

देशज भाषाओं को अपनाने एवं उनके उन्नयन सम्बन्धी गांधी के विचारों को मात्र इस नज़रिये से देखना कि इससे भारतीय राष्ट्रीय आन्दोलन में विविध भाषा-भाषियों की सहभागिता प्राप्त की जा सकती है और इस सहभागिता से उपनिवेशवाद विरोधी आन्दोलन को संगठित किया जा सकता है, वास्तव में, गांधी को अर्धांश में स्वीकार करना है।[20] गांधी के भाषायी मंतव्य के शेष अर्धांश को हम सोवियत संघ के विघटन के बाद दुनिया भर में आये नृजातिगत उफानों में देख-समझ सकते हैं, जिनमें अपनी जड़ों की ओर लौटने की प्रवृत्ति आधुनिकता की प्रतिगामी है। इन प्रवृत्तियों में भाषायी अस्मिता को अक्षुण्ण रखने का दर्द भी छिपा हुआ है। इस समीकरण को दो अन्य तथ्यों के माध्यम से भी रेखांकित किया जा सकता है। इसमें पहला यह कि आज जो वैश्विक पहुँच रखने वाले प्रकाशक गैर-पाश्चात्य भाषाओं में अपने प्रकाशित ग्रन्थों का अनुवाद प्रकाशित कर रहे हैं, वह जितना मुनाफा प्राप्त करने के उद्देश्य से हो रहा है, उतना ज्ञान के विस्तार के उद्देश्य से नहीं हो रहा है। अन्यथा, क्या वज़ह है कि वही प्रकाशक गैर-पाश्चात्य भाषाओं में लिखी पुस्तकों का पाश्चात्य भाषा में यदा-कदा ही अनूदित ग्रन्थ प्रकाशित करते हैं। दूसरा यह कि गांधी के समय से अब तक जैसे-जैसे औद्योगिक सभ्यता का विस्तार होता गया है, वैसे-वैसे वैज्ञानिक एवं तकनीकी शब्दावलियों से हमारे भाषायी कोश इस तरह से लदते जा रहे हैं कि मानवीय संवेगों की उद्बोधकता और साहचर्यमूलकता की अभिव्यक्ति को भी वे आच्छादित करने लगे हैं।

गांधी के भाषायी विमर्श को हम हैबरमास के विचारों के साथ पढ़ कर इस विषय में कुछ और गहरे उतर सकते हैं। साथ ही, ऐसा करके हम उन अनसुलझे मुद्दों पर भी प्रकाश डाल सकते हैं, जो फ्रैंकफ़र्ट स्कूल को नये मुकाम तक पहुँचाने वाले हैबरमास की पकड़ से छूटते हुए-से नज़र आते हैं। हैबरमास के अनुसार सामान्य

---

20. वास्तविकता तो यह है कि 1917 के कलकत्ता में हुए कांग्रेस अधिवेशन की अध्यक्ष ऐनी बेसेन्ट ने प्रान्तों के भाषायी पुनर्गठन का विरोध किया था. पट्टाभि सीतारमैया लिखते हैं कि कांग्रेस की क्षेत्रीय इकाइयों के लिये या प्रान्तों के भाषायी पुनर्गठन के लिये गांधी ने भी सहमति नहीं दी थी. बल्कि, इस समस्या को कुछ समय तक छोड़ देने और अन्य सुधारों से काम चलाने की बात कही थी. यहाँ गांधी का मंतव्य यह था कि भाषायी पुनर्गठन जिस क्षेत्रीयता की सोच को बढ़ावा देने वाला कारक बन सकता है, उन कारकों की जड़ों को फैलाने वाले तत्त्वों को पहले अन्य सुधारों के माध्यम से, जितना हो सके, दूर कर लिया जाये. विश्वनाथ मिश्र (2006), *भारतीय राजनीति में क्षेत्रवाद एवं नृजातीयता*, विश्वविद्यालय प्रकाशन, सागर : 40-41.

नागरिकों के बौद्धिक विचार-विमर्श पर आधारित 'लोक-विमर्श-नेटवर्क' ध्वस्त हो गया है तथा उससे उपजने वाला लोकमत अब स्वार्थी तत्त्वों की अनौपचारिक राय के रूप में विखण्डित होकर कुछ प्रभावशाली प्रोपेगेन्डा संस्थाओं के अनौपचारिक विचारों में स्थापित हो गया है। अब लोक-विमर्श में लोक का लोप हो गया है और एक सीमित दायरे में होने वाले विमर्श को सशक्त प्रेस एवं जन-संचार के माध्यमों से लोक मत के रूप में प्रस्तुत कर दिया जाता है। वास्तव में, इस लोकमत को अर्धलोकमत ही कहा जाना समीचीन है, क्योंकि इसकी रचना में गैर-संगठित जनता (जो बहुसंख्यक है) की कोई भागीदारी नहीं होती।[21]

यद्यपि, यहाँ हैबरमास के विरुद्ध यह टिप्पणी की जा सकती है कि सशक्त मीडिया का सहारा लेकर जनता को बरगलाना आज उतना आसान नहीं रह गया है, क्योंकि, आज का नागरिक या उपभोक्ता मीडिया के संकेतों को चुपचाप स्वीकार नहीं करता, बल्कि, मीडिया कार्यक्रमों के बारे में विचारों एवं आलोचनाओं का आदान-प्रदान करके अपनी राय भी बनाता है। यद्यपि, इस आक्षेप का उत्तर हैबरमास ने दिया है। वे कहते हैं कि कुछ विशेष परिस्थितियों में मीडिया स्वयं अपने आदर्शों पर चलते हुए राजनीतिक प्रक्रिया में जनता के पक्ष में खड़ा हो सकता है। यहाँ हैबरमास यह भूल कर बैठते हैं कि जब मीडिया ऐसा करेगा तब वास्तव में वह एक कॉरपोरेट घराने के बजाय दूसरे कॉरपोरेट घराने के साथ खड़े होने का उपक्रम भी कर रहा होगा। लेकिन, यदि नागरिक समाज का एजेण्डा ही किसी कॉरपोरेट समूह द्वारा निर्धारित किया गया हो तब क्या होगा?[22] वास्तव में, इसी प्रश्न का उत्तर खोजते हुए 'द थियरी ऑफ़ कम्युनिकेटिव एक्शन' की रचना की गयी है,[23] जहाँ यह बताने का प्रयास किया गया है कि संचारात्मक तर्क (कम्युनिकेटिव रैशनलिटी) द्वारा आधुनिकता की परियोजना अपने को पूर्ण करेगी और कदाचित् इस अवस्था में एक लोकतांत्रिक समाज की परिकल्पना साकार हो पायेगी।

---

21. जोसेफ एल. स्टास (2004), 'हैबरमॉस ऐंड डेमॉक्रेटिक थियरी : द थ्रेट टू डेमोक्रेसी ऑफ़ अनचेन्ज्ड कॉरपोरेट पावर', *पॉलिटिकल रिसर्च क्वार्टरली*, भाग-57, अंक- 4 : 585-594 तथा विश्वनाथ मिश्र (2015), 'उत्तर-आधुनिकतावाद : अ-ऐतिहासिक एवं अ-सामाजिक मानवीय विवेक की तार्किक परिणति', *उन्मीलन*, वर्ष 29, अंक 1.

22. जोसेफ एल. स्टास (2004), उपर्युक्त : 585-594.

23. युरगन हैबरमॉस (1984), द *थियरी ऑफ़ कम्युनिकेटिव एक्शन*, बीकन प्रेस, बोस्टन.

अब जरा गांधी की दृष्टि से हैबरमास की उक्त परिकल्पना पर विचार करें और कुछ प्रश्नों के उत्तर समझने की कोशिश करें तो हैबरमास की पकड़ से जो मुद्दे बाहर रह गये हैं, वे हमारी पकड़ में आ सकते हैं। प्रथम, संचारात्मक तर्क के युग की भाषा कौन सी होगी? द्वितीय, क्या संचारात्मक तर्क के युग तक पहुँचते-पहुँचते लोक मानस वैसा ही रह पायेगा, जैसा कि वह आज है? तृतीय, क्या संचारात्मक तर्क के युग तक पहुँचते-पहुँचते हमारी भाषा में तकनीकी एवं वैज्ञानिक शब्दावलियों का ऐसा आच्छादन नहीं हो जायेगा, जिसमें सम्प्रेषणात्मक एकरूपता ही केन्द्रीय तत्त्व बन जायेगी? चतुर्थ, और क्या तब तक हम वैकल्पिक जीवन-दृष्टियों से जुड़े विमर्शों को बचा कर रख पायेंगे या हमारी जीवन-दृष्टि भी औद्योगिक सभ्यता से तादात्म्यबोधकता को ही एकमात्र सत्य के रूप में स्वीकार कर चुकी होगी?

गांधी की दृष्टि से औद्योगिक सभ्यता 'बिगाड़ करने वाली' और 'शैतानी सभ्यता' है। *श्रीमद्भगवद्गीता* के शब्दों में कहें तो यह मनुष्य में निहित आसुरी सम्पदा पर आधारित सभ्यता है। अतः, संचारात्मक तर्क की अवस्था तक पहुँचते-पहुँचते न तो दैवी सम्पदा से संतृप्त मानव प्रकृति शेष रह जायेगी और न ही भाषा और न ही ऐसे विमर्श अपनी जीवन्तता बचाये रख सकेंगे, जो इस आसुरी सभ्यता के विरोध में उठ खड़े होने का आत्मिक संबल मनुष्य को प्रदान करते हैं। अतः, यदि आधुनिक सभ्यता से मुक्ति अपेक्षित है तो इस सभ्यता के ज्ञान को परिपुष्ट करने वाली भाषा को त्यागना पड़ेगा और लोकमानस तथा लोकभाषा की शरण में जाना होगा। आखिरकार जिस गांधी ने *हिन्द स्वराज* के परिशिष्ट-दो में प्लेटो की रचना 'डिफ़ेंस ऐंड डेथ ऑफ़ साक्रिटीज़' को भी स्थान दिया है, वही गांधी क्या प्लेटो के भाषायी विमर्श से वाकिफ नहीं होंगे? प्लेटो का तो सुझाव है कि जिस ज्ञान से आप अपनी भावी पीढ़ियों को अनभिज्ञ रखना चाहते हैं, उनसे जुड़े शब्दों को ही अपने साहित्य एवं भाषायी प्रयोग से विलोपित कर दें। इस सम्पूर्ण प्रकरण का समाहार गांधी की एक व्यंग्यात्मक उक्ति के साथ किया जा सकता है, जहाँ वे कहते हैं कि यह कितने दुःख की बात है कि हम स्वराज्य की बात भी परायी भाषा में करते हैं।[24]

---

24. *हिन्द स्वराज,* अध्याय-18.

III

हिन्द स्वराज : औद्योगिक सभ्यता के आर्थिक तर्क की गांधीवादी मीमांसा

यहाँ सबसे पहले गांधी के सन्दर्भ में एक भ्रान्ति को दूर कर लेना आवश्यक है। वह भ्रान्ति यह है कि गांधी जिस उत्पादन प्रणाली का समर्थन करते हैं, वह आज की विपुल जनसंख्या वाले युग में आवश्यकताओं की पूर्ति हेतु सक्षम नहीं है। यहाँ भ्रान्ति यह है कि आज के युग में भी अस्सी प्रतिशत संसाधनों का उपभोग दुनिया के बीस प्रतिशत लोग ही कर रहे हैं। अस्सी प्रतिशत लोग तो अधकचरे की ही तरह षड्यन्त्रपूर्वक उसी उत्पादन प्रणाली के अंगभूत हैं, जिनका समर्थन गांधी करते हैं। वास्तव में, उक्त प्रतिज्ञप्ति में जिन आवश्यकताओं की पहचान की जाती है, वे तो बीस प्रतिशत लोगों की ही होती है और उन्हीं आवश्यकताओं की प्रतिपूर्ति हेतु गांधी की आर्थिक प्रणाली को कमतर नहीं, बल्कि, बदतर आँका जाता है। फिर भी इस झूठ को कम-से-कम अमर्त्य सेन ने तब उजागर कर ही दिया, जब उन्होंने यह स्थापित किया कि विभिन्न अकालों के समय लोग अन्न की कमी से भूखों नहीं मर रहे थे, बल्कि, पुनर्वितरण की समुचित प्रणाली एवं कालाबाज़ारी के कारण उत्पन्न हुए अनाज संकट से मर रहे थे। यहाँ हमें यह भी स्मरण रखना चाहिए कि जिन अकालों का सेन महोदय ने अध्ययन किया है, उन अकालों के समय आज की तरह हरित क्रान्ति का परिष्कृत उपयोग भी नहीं हो रहा था। बल्कि, कृषि का ढाँचा एवं पद्धति परम्परागत ही थी। स्वयं गांधी उस ढाँचे एवं पद्धति को यथावत् रखने की सिफारिश नहीं करते हैं, बल्कि, उसमें पैठ जमायी हुई अकर्मण्यता एवं शोषण को दूर करने की व्यापक कार्ययोजना प्रस्तुत करते हैं।

वस्तुतः, आज की दुनिया की अर्थव्यवस्था, जिसे आधुनिक सभ्यता के समर्थक पुरानी सभी अर्थव्यवस्थाओं से परिष्कृत एवं उत्तम बताते हैं, उधारी की अर्थव्यवस्था है। यह कोई मनगढ़ंत या तर्क के लिये तर्क पर आधारित वक्तव्य नहीं है। आप उदाहरण के माध्यम से इसे देख-परख सकते हैं। आज चीन के सकल घरेलू उत्पाद के मुकाबले उसका क़र्ज़ 280 प्रतिशत है। जापान का क़र्ज़ उसके सकल घरेलू उत्पाद के मुकाबले 230 प्रतिशत है और यूनान, जो आज दिवालिया होने के कगार पर है, अपने सकल घरेलू उत्पाद के 175 प्रतिशत के बोझ को ही नहीं उठा पा

रहा है।[25] यही स्थिति दुनिया के लगभग सभी राष्ट्रों की है। यद्यपि औद्योगिक सभ्यता के पक्षपोषकों के पास जो अर्थशास्त्रीय विशेषज्ञ हैं और अपने बचाव के लिये पर्याप्त ज्ञान रखते हैं, कुछ नहीं होने पर यह तो कह ही सकते हैं कि अर्थशास्त्रीय नीतियों में कहीं कोई कमी नहीं है। आगे वे कहेंगे कि वस्तुतः अर्थशास्त्रीय नीतियों में विसंगति तो तब आती है, जब स्वीकृति हेतु वे राजनेताओं के पास जाती है और राजनेता इनमें लोकप्रिय तक़ाज़ों का समावेश कर देते हैं।[26]

इस मामले को समझने के लिये यदि आप आधुनिक अर्थशास्त्र के शब्दजाल में पड़ेंगे तब आप भी यही कहने लगेंगे कि ऐसा था, इसलिए वैसा होना था और वैसा नहीं हुआ, इसलिए ऐसा नहीं हुआ। अतः, सहज बुद्धि और आम भाषा में यहाँ गांधी की दृष्टि से कुछ सवाल प्रस्तावित किये जा सकते हैं कि जिस क़र्ज़ के बोझ तले राष्ट्र-राज्य सर्वसाधारण को दबाते जा रहे हैं, उसका उपभोग वह इसी जीवन में करेंगे या अगले जन्म में, क्योंकि जब सकल घरेलू उत्पाद में प्रतिव्यक्ति वार्षिक आय की भी गणना होती ही है और राष्ट्रों ने उसके मुकाबले दो सौ-तीन सौ गुणा ऋण ले रखा है, तब तो इस ऋण के सुफल को चखने के लिये दो-ढाई सौ वर्ष तो जीना ही होगा। यहाँ यह तर्क भी कारगर नहीं हो सकता है कि हमारी भावी संतति इसका उपभोग करेगी, क्योंकि गांधी की दृष्टि से तो यह भावी संतति को अकर्मण्य बनाना हुआ और दूसरी ओर हम समाज और पर्यावरण को जीने लायक भी तो नहीं छोड़ रहे हैं। दूसरी तरह से देखें तो यह क़र्ज़ होते तो औद्योगिक घरानों एवं राज्य के हैं, परन्तु विडम्बना देखिये कि सब कुछ उन घरानों की मर्जी से ही होता रहा, तब उनके तो करोड़ों-अरबों डॉलर के मुनाफ़े हो जायेंगे, किन्तु उस मुनाफ़े से आमजन को उतना लाभ नहीं होगा, जितना नुकसान उन्हें इन क़र्ज़ों के डूब जाने पर होता है। एक ओर हम मानव-जीवन में 'चान्स फैक्टर' को कम करके 'च्वाइस फैक्टर' को बढ़ाने के लिये निरन्तर प्रयोग कर रहे हैं और हमारा सारा का सारा अर्थतन्त्र 'करे कोई भरे कोई' के तर्क पर ही अड़ा हुआ है। आखिरकार जब आज दुनिया की अधिकांश पूँजी सौ से भी कम औद्योगिक घरानों में ही केन्द्रित है, तब हम 'चान्स

---

25. ये आँकड़े पाँच जुलाई 2015 को प्रायः अधिकांश समाचार पत्रों में छपे स्रोत पर आधारित हैं. यह वही समय है जब यूनान अन्तरराष्टीय मुद्रा कोष को 1.6 अरब डॉलर का क़र्ज़ चुकाने से चूक गया था.

26. जे.ई. स्टिग्लिट्ज़ (2002), *ग्लोबलाइज़ेशन ऐंड इट्स डिस्कन्टेन्ट्स,* डब्ल्यू.डब्ल्यू. नार्टन ऐंड कम्पनी, न्यूयॉर्क.

फैक्टर' को घटाकर 'च्वाइस फैक्टर' को बढ़ाने में कब तक कामयाब होंगे, यह तो सुनिश्चित नहीं है।

वस्तुतः, औद्योगिक सभ्यता का पोषक शास्त्रीय अर्थशास्त्र इस मान्यता पर टिका है कि पृथ्वी पर असीमित विकास की सम्भावना है। यद्यपि इस संभाव्यता को विगत शताब्दी के तीसरे दशक की मन्दी ने ही दिवास्वप्न घोषित कर दिया था। किन्तु, तब समष्टिगत अर्थशास्त्र (मैक्रोइकॉनॉमिक्स) के जादू ने उसी असीमित विकास की सम्भावना को जगाया और इस ढोल को आधुनिक सभ्यता के समर्थकों ने इस कदर पीटा कि लोग आज भी धरती के हर कोने पर न्यूयॉर्क और पेरिस खड़ा हो जाने की उम्मीद लगाये बैठे हैं। यह उम्मीद औद्योगिक सभ्यता के वैज्ञानिक ज्ञान के विशेषज्ञों में आज आम आदमी की अपेक्षा अधिक घर करती जा रही है। इस तथ्य को अर्थशास्त्र के ही एक ज्वलन्त उदाहरण से स्पष्ट करना समीचीन होगा। अमेरिका के अर्थशास्त्रियों के वार्षिक सम्मेलन को सम्बोधित करते हुए 2003 में रॉबर्ट लुकाज (1995 के अर्थशास्त्र के नोबेल पुरस्कार विजेता) ने अपने समय की उपलब्धियों से इस कदर आकण्ठ डूब कर कहा कि अब अर्थशास्त्रियों को मन्दी की अर्थव्यवस्था से माथापच्ची करने के बजाय नवीन क्षेत्रों में कार्य करना चाहिए, क्योंकि यह अब इतिहास का विषय हो चुकी है।[27] यह एक गर्वोक्ति या आधुनिक अर्थतन्त्र पर परम प्राधिकार का विश्वास नहीं तो और क्या था? साथ ही, क्यों उन्हीं के देश से जन्मी और फैली 2007 की महामन्दी का उन्हें अंदाजा तक नहीं था? खैर, इससे आगे बढ़कर देखें तो इस महामन्दी की जिस व्याख्या पर स्वयं क्रुगमैन को नोबल प्राप्त हो गया, उन्होंने क्या बताया। वे हेज फण्ड एवं जार्ज सोरेस की तिकड़म के इर्द-गिर्द महामन्दी की व्याख्या करते हैं और संचयन के कारण पूँजीगत प्रवाह के अवरुद्ध होने (शाब्दिक रूप से बेबी सिटिंग द्वारा कूपन प्राप्त करना और उस कूपन के ज़रिये कार्यस्थल पर प्रवेश का नियम। कूपन की अनिवार्यता के कारण लोगों का कूपन एकत्र करने हेतु प्रेरित होना। कूपन की संख्या निश्चित होने से अन्त में व्यवस्था का चरमरा जाना) को महामन्दी का कारण बताते हैं।

सहज ज्ञान के आधार पर क्रुगमैन की स्थापना में स्वीकार करने योग्य कुछ भी नहीं दिखता है। आखिर क्यों सामाजिक प्रतिष्ठा प्राप्त नौकरी पेशे वाले व्यक्ति को उसकी वार्षिक आय के अनुपात में दो सौ, तीन सौ प्रतिशत ऋण नहीं मिलता है।

---

27. पाल क्रुगमैन (2009), *महामन्दी की वापसी*, वाणी प्रकाशन, नयी दिल्ली : 13.

इसका उत्तर तो यही है कि उनके जीवन एवं ऋण चुकाने की क्षमता की एक सीमा है। यदि यह सत्य है (और है भी) तब इसी सत्य को कॉरपोरेट घरानों के ऋण एवं राज्यों द्वारा लिये गये ऋण के सन्दर्भ में क्यों स्वीकार नहीं किया जाता है? इस 'क्यों' का उत्तर पुनः कई विशेषीकृत ज्ञान की अवधारणाओं पर निर्भर करता है और वह यह है कि राज्य एवं कॉरपोरेट घराने निगम की तरह हैं और निगम की उत्तरजीविता की कोई सीमा नहीं होती। परन्तु, यहाँ यह विचार करें कि निगमों का जीवन भी तो व्यक्तियों के जीवन से ही है। निगम भी जब विश्वास पर आधारित होते हैं तब यह किस प्रकार के विश्वास के निर्माण का तकाजा है कि हमारे क़र्ज़ की भरपायी अगली पीढ़ी करे? पुनश्च, यदि राज्य, समाज आदि सब कुछ संविदा ही है तो हम भावी पीढ़ियों से क्या संविदा करने वाले हैं? सच पूछिए तो इस सन्दर्भ में संविदावादी न्याय की तर्क-प्रणाली भी अत्यन्त खोखली-सी प्रतीत होती है। आज के समय में यदि सामाजिक-सांस्कृतिक पृष्ठभूमि विहीनता की स्थिति[28] से अपवंचित समूहों को न्याय प्राप्त कराने का उपक्रम किया भी जाये तो उस अप्रत्यक्ष क़र्ज़े का क्या होगा, जो व्यक्ति ने लिया तो नहीं था, पर चुकाने में उसका गला भी फँसना ही है– चाहे उसकी पृष्ठभूमि जैसी भी हो।

औद्योगिक सभ्यता की आर्थिक नींव का स्तम्भ केन्द्रीकृत उत्पादन प्रणाली है। यह केन्द्रीकृत उत्पादन प्रणाली क्या तब कारगर हो पायेगी जब पृथ्वी के हर कोने में ऐसी ही उत्पादन इकाइयाँ कार्य कर रही हों? इसका सीधा सा उत्तर 'नहीं' में ही है। क्योंकि, उत्पादित वस्तु की खपत की भी व्यवस्था होनी चाहिए और उत्पादन हेतु कच्चे माल भी सुलभ होने चाहिए। इनमें से प्रथम की पूर्ति के लिये आज का सम्पूर्ण तन्त्र उपभोग के मनोविज्ञान को निर्मित करने में लगा हुआ है और हमें विकास के ऐसे स्तर तक पहुँचा दिया है, जिसे हम 'एज ऑफ़ हाई मास कंज़म्शन' कहने लगे हैं। यद्यपि यह भी एक सच्चाई है कि उत्पादन के मात्रात्मक स्तर को बनाये रखने के लिये उत्पादन की इकाइयों के द्वारा टिकाऊ वस्तु बनाने के बजाय वस्तु को इस प्रकार से बनाया जाता है कि वह आकर्षक हो, 'यूज़र फ्रेंडली' हो, वह 'एनर्जी एफ़िशियेन्ट' हो, उपभोग की रुचि जगाने वाली हो और अपने साथ दूसरी वस्तुओं के उपभोग को बढ़ावा देने वाली हो। पर, इतनी ही टिकाऊ हो कि व्यक्ति अपने जीवनकाल में अनेक ऐसी इकाइयों का उपभोग कर सके। दूसरी ओर उत्पादक

28. जॉन राल्स (1971), *अ थियरी ऑफ़ जस्टिस,* ऑक्सफ़र्ड युनिवर्सिटी प्रेस, लन्दन.

अपने उत्पादों में आज इस तरह नित नये परिष्कार का दावा करता रहता है और उसका इतने सुनियोजित तरीक़े से प्रचार-प्रसार करता है कि उपभोक्ता पुरानी वस्तु के चुकने से पहले ही उसे चुका हुआ मान लेता है। यहाँ थोड़ा रुक कर विचार कीजिए और तमाम उत्पादों के परिष्कार सम्बन्धी दावों की जाँच कीजिए। क्या वे परिष्कार किसी ऐसे ज्ञान के अकस्मात् उदित हो जाने के कारण हुए हैं, जिनसे मानव-जाति अनभिज्ञ थी या परिष्कार के दावे उस ज्ञान पर आधारित हैं, जो दशकों पूर्व और कभी-कभी तो शताब्दियों पूर्व से अनुज्ञात रहे हैं। फिर इस रोज-रोज के परिष्कार सम्बन्धी दावों का औचित्य क्या है? यदि उत्पादन की इकाइयों का उद्देश्य उत्पादक का हित साधन नहीं है, बल्कि, जनकल्याण है, तब तो कदाचित् सर्वोत्तम उत्पाद के निर्माण का प्रयास सम्भव है। किन्तु, यदि उत्पादन इकाइयों का सबसे महत्त्वपूर्ण हित उत्पादक का हित है, तब वह अपने प्रत्येक उत्पादन से लाभ प्राप्त करने का प्रयत्न करेगा और यह बताने का प्रयत्न करेगा कि क्यों अमुक नयी इकाई का उपयोग किया जाना चाहिए।

वास्तव में, आज के बाज़ार में हर कोई ठगा जाता है। पर, यह ठगी आर्थिक मोर्चे पर यदि व्यक्ति में कुछ पुनर्विचार की गुंजाइश पैदा करती है तब वह गुंजाइश प्रदर्शन प्रभाव (डिमॉन्स्ट्रेशन इफ़ेक्ट) से जन्मे उस मनोविज्ञान में पुनः कुंद हो जाती है, जो हमारी पहचान को हमारे द्वारा उपयोग की जाने वाली वस्तुओं से जोड़ देता है। फलतः, ठगे जाने पर भी हममें आत्मसन्तोष का भाव जाग्रत हो जाता है। सच पूछें तो यहाँ उपभोक्ता बाज़ार का सम्प्रभु रह ही नहीं जाता है, भले ही इसके कितने भी दावे क्यों न किये जाते हों। बाज़ार में उपभोक्ता का सम्प्रभु न रह जाना एक गम्भीर दावा है और इस दावे की प्रामाणिकता को सिद्ध किये बिना आगे बढ़ना इस प्रस्थापना को वस्तुतः कमज़ोर बनाना ही होगा। इस दावे पर गहरे उतरने के लिये यह समझना आवश्यक है कि संगठित मानवीय जीवन के प्रत्येक युग में उपभोग के मनोविज्ञान के ज्ञान का कोई-न-कोई प्रामाण्य अवश्य रहता है। आदिम युग में यह प्रामाण्य शक्ति है। कुछ आगे जाने पर यह प्रामाण्य समाज की नैतिकता और धर्म से अनुप्राणित होता है। आधुनिक युग में आकर यह प्रामाण्य राष्ट्र-राज्य द्वारा उत्पादन की स्थिति एवं उसके पुनर्वितरण की क्षमता द्वारा निर्धारित होता है। आज के युग में हमारे उपभोग के ज्ञान का प्रामाण्य कुछ विशेषीकृत संस्थाओं द्वारा निर्धारित किया जाता है, जो प्रत्यक्षतः राज्य की प्रत्यायोजित शक्ति का प्रयोग करते हैं, किन्तु वास्तव में किसी-न-किसी कॉरपोरेट घराने के उद्यम को बढ़ावा देने के उद्देश्य से कार्य

करते हैं। अतः, हम आज किस वस्तु का उपयोग करेंगे, उसके लिये प्रामाणिक ज्ञान के उत्पादन में हमारी भागीदारी नहीं होती है। वह तो 'मैड काउ डिज़ीज़', 'बीटी ब्रिंजल', 'लीड मैगी', 'हाई क्लोराइड टूथपेस्ट', 'हाई लेवल पेस्टीसाइड कन्टेन्ड कोल्ड ड्रिंक्स' जैसे विवाद जब सामने आते हैं तब आज के उपभोक्ता के उपभोग-प्रेरक प्रामाणिक ज्ञान का प्रामाण्य कठघरे में खड़ा होता है। किन्तु, तब तक तो उत्पादकों के लाखों-करोड़ों डॉलर के वारे-न्यारे हो ही जाते हैं।

आधुनिक सभ्यता के उपर्युक्त अर्थशास्त्रीय मकड़जालों के साथ यदि इस सत्य को मिला कर समझें कि पृथ्वी पर मौजूद संसाधन स्वयं ही हमारे आर्थिक विकास की सीमा तय करते हैं, तब गांधी-दृष्टि की व्यवहार्यता स्वयंसिद्ध प्रतीत होती है। इस दिशा में *स्माल इज़ ब्युटीफूल*[29] जैसी रचनाओं ने कुछ हद तक गांधी को आधुनिक सभ्यता के विध्वंसात्मक अर्थशास्त्र और मानव जाति के बीच ला खड़ा करने का कार्य किया है। तथापि, क्योटो प्रोटोकॉल से अमेरिका द्वारा अपने को अलग कर लिया जाना और चीन की हठधर्मिता के पीछे जो तर्क है, वह तो यही है कि जितना आपने पर्यावरण को क्षति पहुँचायी है, उतना मुझे भी पहुँचा लेने दीजिए, फिर बात होगी। *हिन्द स्वराज* के परिशिष्ट-दो में जिन दो भारतीय लेखकों की पुस्तक को गांधी पाठकों से पढ़ने का आग्रह करते हैं, उन पुस्तकों में प्रतिपादित स्थापनाओं के आलोक में *हिन्द स्वराज* और गांधी के आनुषंगिक विचारों को देखने से आधुनिक सभ्यता की आर्थिकी के मकड़जाल का पर्दाफाश हो जाता है। उन पुस्तकों में एक है– दादा भाई नौरोजी की *पॉवर्टी ऐंड अन-ब्रिटिश रूल इन इंडिया* और दूसरी है– रमेश चन्द्र दत्त की *इकॉनामिक हिस्ट्री ऑफ़ इंडिया*। इसमें पहली पुस्तक में जिस 'इकॉनॉमिक ड्रेन थियरी' की स्थापना हुई है, वह आज के युग में इतनी बढ़ चुकी है कि दुनिया की अधिकांश समृद्धि मात्र बीस प्रतिशत लोगों तक ही सीमित होकर रह गयी है। आज के सन्दर्भ में यह कोई छिपी हुई बात नहीं है। पूँजी का सकेन्द्रण तो और भी भीषण पटकथा का संकेत देती है। अब तो 'ब्रेन ड्रेन' एक ऐसी समस्या बनती जा रही है, जो 'इकॉनॉमिक ड्रेन' से कहीं अधिक खतरनाक है। अब हमारे ही समाज के उत्तम मस्तिष्क एक तो अपने देश के विकास के लिये कार्यरत नहीं हैं और वही अब हमारे लिये औद्योगिक सभ्यता के कलुषित चेहरे को चमकाकर

29. ई.एफ़. शुमाकर (1973), *स्माल इज़ ब्यूटीफुल : अ स्टडी ऑफ़ इकॉनॉमिक्स ऐज़ इफ़ पीपुल मैटर्ड*, हार्पर ऐंड रो, न्यूयॉर्क.

हमारे लिये सर्वतोभावेन ग्राह्य बता रहे हैं। इस पुस्तक के शीर्षक में वर्णित 'अन-ब्रिटिश' शब्द एक दूसरी कहानी को भी स्पष्ट करता है और वह यह कि भारत की तत्कालीन दरिद्रता के लिये वह शासन ज़िम्मेदार है, जो अ-ब्रिटिश है। यानी ब्रिटिश अपनी उस चारित्रिक विशेषता एवं न्याय-प्रियता का परिचय यदि भारत में भी दें, जिसका परिचय वे ब्रिटेन के शासन में देते हैं, तभी भारत की दरिद्रता का परिहार हो सकेगा। इसका तात्पर्य यह हुआ कि आधुनिक सभ्यता की आर्थिकी ब्रिटिश चरित्र एवं प्रतिष्ठा का भी नाश करने वाली है। गांधी ने *हिन्द स्वराज* में स्पष्ट लिखा है कि हम मानते हैं कि आप (अंग्रेज़) धार्मिक राष्ट्र की प्रजा हैं ... आज हिन्दुस्तान में आने वाले जो अंग्रेज़ हैं, वे अंग्रेज़ प्रजा के सच्चे नमूने नहीं हैं।[30] इस सभ्यता के कारण अंग्रेज़ प्रजा में सड़न ने घर कर लिया है। ... यह सभ्यता उनके के लिये कोई अमिट रोग नहीं है, लेकिन अभी वे उस रोग में फँसे हुए हैं।[31]

औद्योगिकी सभ्यता की आर्थिकी, जिसमें असन्तुलित विकास, असमान विकास, पर्यावरण क्षरण, जमाखोरी, धन का केन्द्रीकरण आदि अनेक दोष हैं, वह केन्द्रीकृत उत्पादन प्रणाली एवं मशीनी उत्पादन के मेरुदण्ड पर टिकी है। इस प्रणाली ने गुणवत्तापूर्ण एवं किफ़ायती उत्पादन का जो मिथक प्रचारित किया है, वह नौरोजी एवं दत्त के अध्ययन से चकनाचूर हो जाता है। अन्यथा, क्या वजह थी कि मैनचेस्टर एवं लंकाशायर की मिलों की वस्तुओं के होते हुए भी ब्रिटेन में भारतीय कुटीर उद्योगों के उत्पाद भारी पड़ रहे थे। तब ब्रिटेन को यह डर सताने लगा था कि कहीं भारतीय कुटीर उद्योग इंग्लैण्ड के औद्योगिक उत्पादन की रीढ़ ही न तोड़ डाले। पुनः, क्या और वजह थी कि उस जमाने में भी ब्रिटेन ने भारतीय कुटीर उद्योगों के उत्पादों पर तीस से तीन सौ प्रतिशत तक का सीमा शुल्क आरोपित किया था? इन सब तथ्यों से गांधी रूबरू हो चुके थे और तब वे आधुनिक सभ्यता के केन्द्रीकृत उत्पादन प्रणाली की निन्दा करते हैं। यहाँ गांधी को उन्हीं के शब्दों में उद्धृत करना श्रेयस्कर होगा।

> मेरा स्पष्ट मत है और मैं उसे साफ़-साफ़ कहता हूँ कि बड़े पैमाने पर होने वाला सामूहिक उत्पादन ही दुनिया की मौजूदा संकटमय स्थिति के लिये ज़िम्मेदार है। एक क्षण के लिये मान भी लिया जाये कि यन्त्र मानव-समाज की सारी

---

30. देखें, *हिन्द स्वराज* : अध्याय-20.

31. देखें, *हिन्द स्वराज* : अध्याय-6.

आवश्यकताएँ पूरी कर सकते हैं, तो भी उसका यह परिणाम होगा ही कि उत्पादन कुछ विशिष्ट क्षेत्रों में केन्द्रित हो जायेगा और इसलिए वितरण की योजना के लिये हमें द्राविड़ी प्राणायाम करना पड़ेगा। दूसरी ओर, यदि जिन क्षेत्रों में वस्तुओं की आवश्यकता है, वहीं उनका उत्पादन और वहीं उनका वितरण हो, तो वितरण का नियन्त्रण अपने-आप हो जाता है, उसमें धोखाधड़ी के लिये कम गुंजाइश होती है और सट्टे के लिये तो बिल्कुल नहीं। यह तो आप देखते ही हैं कि ये राष्ट्र (यूरोप और अमरीका) दुनिया की तथाकथित कमज़ोर या असंगठित जातियों का शोषण करते हैं। यदि एक बार इन जातियों को इस चीज का प्राथमिक ज्ञान हो जाये और वे इस बात का निश्चय कर लें कि वे सब अपना शोषण नहीं होने देंगी तो फिर वे जो कुछ खुद पैदा कर सकती हैं, उतने से ही सन्तोष कर लेंगी। ऐसा हो तो जहाँ तक मुख्य आवश्यकताओं का सम्बन्ध है सामूहिक उत्पादन मिट जायेगा। जब उत्पादन और उपभोग दोनों किसी सीमित क्षेत्र में होते हैं, तो उत्पादन को अनिश्चित हद तक और किसी भी मूल्य पर बढ़ाने का लोभ नहीं रह जाता। उस हालत में हमारी मौजूदा अर्थव्यवस्था से जो अनेक कठिनाइयाँ और समस्याएँ पैदा होती हैं वे भी नहीं रह जातीं।[32]

ऊपर के उद्धरण पर गम्भीरतापूर्वक विचार करें तो आप पायेंगे कि गांधी जिस केन्द्रीकृत उत्पादन प्रणाली की समीक्षा कर रहे हैं, वह पूँजीपतियों के ख़िलाफ़ तो है ही, वह सर्वहारा के ख़िलाफ़ भी है। वह रूढ़िवादियों एवं सामन्ती मठाधीशों के ख़िलाफ़ भी है। अब इन्हीं समूहों में से किसी के साथ हमारा स्वार्थ जुड़ा हो, तब हम बेशक गांधी को 'सनकी' कह ही सकते हैं।[33] यदि गांधी ने आत्मपूरित ग्रामीण सभ्यता में असली स्वराज का प्रस्ताव किया तो भी यह कहा ही जाता है कि *हिन्द स्वराज* में पश्चिमी सभ्यता की आलोचना तथा ब्रिटिश पूर्व भारत का आदर्शीकरण काफ़ी बढ़ा-चढ़ा कर किया गया है।[34] ऐसे आक्षेप औद्योगिक सभ्यता की भाषा एवं ज्ञान से निर्मित विमर्शों की उपज हैं, जो हमें औद्योगिक सभ्यता के 'सभ्यता की सनक' और 'सभ्यता के काले अध्यायों' के प्रति हमारी आँख कान बन्द कर देते हैं। अन्यथा, गांधी की यह पंक्ति ऐसे समालोचकों को क्यों नहीं सूझती, जिसमें गांधी

32. *हरिजन*, 2/11/1934.

33. इरफ़ान हबीब एवं अन्य (2004), *गांधी एक पुनर्विचार*, सफ़दर हाशमी मेमोरियल ट्रस्ट, नयी दिल्ली : 30.

34. इरफ़ान हबीब एवं अन्य (2004), *गांधी एक पुनर्विचार*, सफ़दर हाशमी मेमोरियल ट्रस्ट, नयी दिल्ली : 32.

कहते हैं कि 'गाँवों में लौट जाने का अर्थ यह है कि शरीर श्रम के धर्म को उसके तमाम अंगों के साथ हम निश्चित रूप से स्वेच्छापूर्वक स्वीकार करते हैं।'[35] इसी लेख में गांधी यह भी कहते हैं कि क्या मनुष्य अपने बौद्धिक श्रम से आजीविका नहीं कमा सकता है? वे उत्तर देते हुए कहते हैं, 'नहीं', शरीर की आवश्यकताएँ शरीर द्वारा ही पूरी होनी चाहिए।[36]

यथार्थतः, औद्योगिक समाज एवं इसकी केन्द्रीकृत उत्पादन प्रणाली का विरोध करके गांधी जिस आत्मपूरित ग्रामीण सभ्यता का प्रस्ताव रखते हैं, उसकी मीमांसा के लिये हमें अरस्तू, रूसो एवं कार्ल मार्क्स के नज़रिये से भी विचार करना होगा। इस विचार के ज़रीये गांधी दृष्टि को एक तो अनावृत किया जा सकता है और दूसरे मैकियावेलियन पद्धति से गांधी को देखने-समझने के चश्मे की जाँच भी की जा सकती है। अरस्तू यह लिखते हैं कि प्रकृति ने दास के शरीर को शारीरिक श्रम हेतु बलवान और स्वामी के शरीर को राजनीतिक (बौद्धिक) कार्यों के लिये सीधा एवं सरल बनाया है। वे यह भी कहते हैं कि स्वामी नैतिक एवं बौद्धिक दृष्टि से दास से श्रेष्ठ होता है।[37]

अरस्तू की इस उक्ति में जिन समानतावादियों को मानवता को विभाजित कर देने वाले बीज दिखाई देते हैं, वे ही गांधी के शारीरिक श्रम की अनिवार्यता को भी ख़ारिज कर देते हैं। वे तो यह भी नहीं बता पाते कि आखिर जब शारीरिक श्रम करने वाले समूह और बौद्धिक श्रम करने वाले समूह बने ही रहेंगे, तब वर्ग विभाजन का अन्त और समानता की स्थापना कैसे होगी? वस्तुतः, आज की औद्योगिक सभ्यता नौकरशाहों, राजनेताओं, अध्यापकों, वकीलों, डॉक्टरों, कॉरपोरेट मालिकों और तकनीकी विशेषज्ञों आदि की जिस फौज पर टिकी हुई है, वे आजीविका के लिये मानसिक श्रम पर ही तो निर्भर हैं और भोजन, वस्त्र, आवास आदि के लिये दूसरों के शारीरिक श्रम पर निर्भर हैं। इस वर्ग विभाजन और इसमें निहित शोषण का अन्त कैसे होगा? आखिरकार श्रमजीवी और बुद्धिजीवी के बीच के फासले का अन्त कैसे होगा? गांधी मानते हैं कि यह फासला मिट नहीं सकता है और न ही क्रान्तिधर्मी प्रगतिशील तबके ने अपने रहे-सहे और अब गये-बीते सत्तर सालों में इसे मिटा सके। अलबत्ता यह कम ज़रूर हो सकता है, पर इसके लिये जब गांधी

---

35. *हरिजन*, 29/06/1935.

36. *हरिजन*, 29/06/1935.

37. अरस्तू, *पॉलिटिक्स*, बुक-1-34.

गाँवों की ओर लौटने का आह्वान करते हैं, तब समानता का घड़ियाली आँसू बहाने वाले इसे अव्यावहारिक करार देने में जुट जाते हैं। परन्तु विचारपूर्वक देखें कि यह व्यावहारिक किसके लिये नहीं है? आधुनिक सभ्यता के परजीवी बुद्धिजीवियों के लिये या फिर श्रमजीवियों के लिये? श्रमजीवी तो श्रम कर ही रहा है, फ़र्क़ बस यह है कि वह शहरों में अपनी ग़ुलामी को नहीं समझ रहा है और गाँवों से पलायन कर रहा है। गाँवों से श्रम का यह पलायन ही शहरों के श्रीमानों के देहधर्म के पालन का आधार बना हुआ है। यह पलायन वास्तव में स्वेच्छा से शरीरधर्म के पालन की प्रवृत्ति के बजाय बाध्यता में शरीरधर्म के पालन की प्रवृत्ति का द्योतक है। क्योंकि, आधुनिक सभ्यता ने मनुष्य को धीरे-धीरे ऐसा बना दिया है और बनाती जा रही है कि यदि मजबूरी न हो तो मनुष्य कोई शारीरिक श्रम ही न करे।

पर, यह समस्या अब और भी आगे बढ़ चुकी है। केन्द्रीकृत उत्पादन प्रणाली की पैरोकार आधुनिक सभ्यता जहाँ लोगों में बेगानगी (ऐलिनियेशन) को बढ़ा रही है, वहीं उसने इस बेगानगी को छलावा देने के लिये 'वर्चुवल स्पेस' उत्पन्न कर दिया है। हक़ीक़त के जीवन की व्यथा को साझा करने का अवकाश इस आधुनिक सभ्यता ने कम कर दिया है। अब यह 'वेब पेज' पर साझा होता है। इस समस्या को क्या हम बड़े समाज, बड़े उद्योग, बड़े संगठन, बड़े राज्य और तीव्र से तीव्रतर होती जा रही हिन्दगी की रफ्तार में सुलझा भी सकते हैं या नहीं? इसका सीधा सा उत्तर तो 'नहीं' ही है। क्योंकि, प्रत्यक्ष सम्बन्धों पर आधारित साहचर्य में जो प्रभाव होता है, वह 'वर्चुवल' सम्बन्धों जैसे अप्रत्यक्ष सम्बन्ध में नहीं हो सकता है। यहाँ यह भी देखिए कि रूसो जब आधुनिक सभ्यता को पतित करने वाला बताते हैं और प्रकृति की ओर लौटने का आह्वान करते हैं, तब वे भी छोटे समाज, छोटे संगठन एवं छोटे राज्य की बात कर रहे होते हैं। यद्यपि वे गांधी की तरह आवश्यकताओं को सीमित करने, शारीरिक श्रम की महत्ता स्थापित करने और मशीनों की दासता से मुक्ति को माध्यम नहीं बना पाते, जिसे गांधी ने प्रस्तावित किया है। वे छोटे समाज एवं छोटे राज्य में उस मूल मानव प्रवृत्ति को स्थापित हो जाने की प्रत्याशा कर लेते हैं, जो 'दम्भ' के बजाय 'आत्मप्रेम' और 'प्रतिस्पर्धा' के बजाय 'सहयोग' में है।[38] गांधी

---

[38]. रूसो ने मानव की मूल प्रकृति में दो प्रवृत्तियों का उल्लेख किया है– 'आत्म-प्रेम' एवं 'सहयोग'. इन मूल प्रवृत्तियों को, जैसा कि वे कहते हैं, व्यक्तिगत सम्पत्ति की धारणा पर आधारित आधुनिक सभ्यता ने 'दंभ' एवं 'प्रतिस्पर्धा' में बदल दिया है.

जिस आत्मपूरित ग्रामीण सभ्यता की बात करते हैं वह इतिहास में निरी पैदल वापसी नहीं है, बल्कि, ग्राम स्वराज्य के बुनियादी बारह सिद्धान्तों पर आधारित है,[39] और ये सब मिल कर आत्मपूरित ग्रामीण सभ्यता को साकार करते हैं।

अब आधुनिक सभ्यता की आर्थिकी की मार्क्सवादी मीमांसा और गांधीवादी मीमांसा का तुलनात्मक अध्ययन कर लेना समीचीन होगा। मार्क्स की प्राक्कल्पना यह रही है कि 'पूँजीवादी उत्पादन प्रणाली के अन्तर्विरोध पूँजीवाद को नष्ट कर देंगे', और पूँजीवाद का वह अन्तर्विरोध है 'अतिरिक्त मूल्य का शोषण।' वे मानते हैं कि औद्योगिक उत्पादन प्रणाली एक सामूहिक उत्पादन प्रणाली है। अतः, अतिरिक्त मूल्य का वितरण भी सामूहिक रूप से होना चाहिए। औद्योगिक उत्पादन की सामूहिक उत्पादन प्रणाली को मार्क्स नहीं बदलना चाहते, बल्कि, वे इसे बनाये रखना चाहते हैं। बदलाव तो वे सिर्फ़ उत्पादन सम्बन्धों में एवं लाभ के पुनर्वितरण में चाहते हैं। इसका तात्पर्य तो यही हुआ कि मार्क्स को बाघ तो चाहिए पर बाघ की प्रवृत्ति नहीं चाहिए। इसके विपरीत गांधी की प्राक्कल्पना यह है कि 'आधुनिक सभ्यता दूसरों का नाश करने वाली और खुद नाशवान है।'[40] *हिन्द स्वराज* के परिशिष्ट-दो में एडवर्ड कारपेन्टर की जिस रचना *सिविलाइज़ेशन, इट्स कॉज़ ऐंड क्योर* की चर्चा गांधी करते हैं, उसी कारपेन्टर ने औद्योगिक सभ्यता को एक रोग बताया है।[41] आखिर यह रोग है क्या, और मार्क्स उसे क्यों समझ नहीं पाये? वस्तुतः, औद्योगिक सभ्यता इस अर्थ में रोग है कि यह लोभ को बढ़ावा देने वाली है। आज खा-खा कर मरने वालों की तुलना में भुखमरी से मरने वालों की संख्या कम होती जा रही है। यदि भुखमरी से लोग मर भी रहे हैं, तब खाद्यान्नों की कमी के कारण नहीं मर रहे हैं, बल्कि, केन्द्रीकृत उत्पादन प्रणाली, असमान विकास, जमाखोरी एवं अनीति के कारण मर रहे हैं। यदि सोवियत संघ के विघटन को मार्क्स की विफलता

---

39. वे बारह बुनियादी सिद्धान्त हैं– (1) मानव का सर्वोच्च स्थान (2) शरीर श्रम (3) समानता (4) संरक्षकता (5) विकेन्द्रीकरण (6) स्वदेशी (7) स्वावलंबन (8) सहयोग (9) सत्याग्रह (10) सब धर्मों की समानता (11) पंचायती राज (12) नयी तालीम. देखें, मोहनदास करमचंद गांधी (2015), *ग्राम स्वराज्य*, नवजीवन प्रकाशन मन्दिर, अहमदाबाद : 35-75.

40. मोहनदास करमचन्द गांधी (2006), *हिन्द स्वराज*, सर्व सेवा संघ प्रकाशन, राजघाट, (*हिन्द स्वराज* : अध्याय-6), वाराणसी.

41. *हरिजन सेवक*, 25/08/1946.

से न भी जोड़ा जाये तो भी मार्क्स अपनी ही कम-से-कम तीन प्रस्थापनाओं के साथ सर्वहारा उत्पादन प्रणाली का तालमेल बैठाने में अक्षम दिखते हैं। उन तीन प्रस्थापनाओं में से प्रथम यह है कि केन्द्रीकृत औद्योगिक-सामूहिक उत्पादन प्रणाली द्वारा सृजित अतिरिक्त मूल्य का सामूहिक वितरण करने के पश्चात् मार्क्स इस उत्पादन प्रणाली को जारी रखने के लिये अपेक्षित पूँजी का केन्द्रीकरण किस प्रकार करेंगे? द्वितीय, जिस मशीनीकरण को मार्क्स सर्वहारा के अस्तित्व संकट (बेरोजगारी को जन्म देने में मशीनों की भूमिका) के रूप में देखते हैं, वह औद्योगिक उत्पादन प्रणाली की आन्तरिक माँग है। अतः, मशीनी उत्पादन के होते हुए वे बेरोजगारी के संकट का समाधान किस प्रकार करेंगे। तृतीय, केन्द्रीकृत औद्योगिक उत्पादन प्रणाली लोभ की प्रवृत्ति को बढ़ावा दिये बिना एवं उपभोग की एकरूपता को प्रोत्साहित किये बिना चल नहीं सकती, तो फिर मार्क्स किस शक्ति द्वारा इन दो कार्यों का सम्पादन करेंगे?

हिन्द स्वराज में उक्त प्रश्नों का उत्तर है। वह उत्तर है कि हमारी ग़ुलामी का कारण पूँजीवाद या उपनिवेशवाद तो है ही नहीं। बल्कि, हमारी ग़ुलामी का वास्तविक कारण है हमारी भोग-वृत्ति। यह वृत्ति हमारे शरीर को ही नहीं, बल्कि, हमारी बुद्धि एवं आत्मा तक को ग़ुलाम बना देती है। हमारी इस ग़ुलामी को बढ़ावा देने में आधुनिक सभ्यता के विशेषज्ञ (*हिन्द स्वराज* में डॉक्टर और वकील की आलोचना का और भी विस्तृत फलक) हमारी सहायता करते हैं। बाहर से देखने पर वे हमारी सहायता कर रहे होते हैं, पर, वास्तव में, वे अपने व्यवसाय को ही चमका रहे होते हैं– उस व्यवसाय को, जो अन्ततः औद्योगिक सभ्यता को ही बढ़ावा देता है, क्योंकि ऐसे सभी विशेषज्ञों के हित औद्योगिक सभ्यता से ही संबल पाते हैं।

गांधी तो मशीनों के झाँसे में नहीं आये और इसकी तुलना साँप के बिल से कर गये।[42] किन्तु, मार्क्स इसके झाँसे में आ गये। जहाँ मशीन होगी वहाँ उद्योग होंगे, जहाँ उद्योग होंगे वहाँ बड़े शहर होंगे, जहाँ बड़े शहर होंगे वहाँ पिछड़े और कुपोषित गाँव होंगे[43] और जहाँ यह सब होगा वहाँ शोषण नहीं होगा, इसकी गारण्टी किस आधार पर मार्क्स और उसके अनुगामी दे सकते हैं? वस्तुतः, मार्क्स की विश्वदृष्टि

42. देखें, *हिन्द स्वराज* : अध्याय-19.

43. देखें, *हिन्द स्वराज* : अध्याय-19.

भी यूरोपीय विश्वदृष्टि ही है। अतः, वे बेचारे भौतिक चकाचौंध को आईना नहीं दिखा सके। औपनिषदिक भाषा में कहें तो इसके लिये अन्नमय, प्राणमय एवं मनोमय कोश से ऊपर उठने की ज़रूरत होती है। पश्चिम की भौतिकता से प्रभावित चेतना भौतिकता का अतिक्रमण करके बिरले ही आनन्दमय एवं विज्ञानमय कोश तक पहुँच पाती है। यहाँ पहुँचे बिना आवश्यकताओं की हदबन्दी अस्तित्व-संकट जैसी प्रतीत होती है। गांधी ने उस उत्क्रमित चेतना को जिया था। तभी वे भोगवादी, अनीतिकर औद्योगिक आर्थिकी के विरुद्ध अपरिग्रह के संबल पर भोगवृत्ति का निषेध करके औद्योगिक सभ्यता का विकल्प प्रस्तुत करते हैं, जबकि मार्क्स ऐसा नहीं कर पाते हैं।

औद्योगिक सभ्यता की आर्थिकी की एक और तस्वीर को उजागर करना यहाँ समीचीन होगा। उस तस्वीर की गिरफ़्त में मार्क्स समर्थक लेनिन एवं माओवादी तो आ गये, पर गांधी ने उससे आकाश-पाताल सी दूरी बनाये रखी। इसके बृहद् परिप्रेक्ष्य में अहिंसा, प्रेम, सर्वोदय, साधनों की पवित्रता आदि अनेक तत्त्व समाहित हो जाते हैं, किन्तु यहाँ सहज बोध और प्रत्यक्ष अनुभव की पद्धति पर ही विवेच्य विषय को प्रस्तुत करना हमारा अभीष्ट है।

आज दुनिया का सबसे बड़ा उद्योग शस्त्र-उद्योग है। यह उद्योग, प्रत्यक्षतः, लोभवृत्ति पर आधारित नहीं है, बल्कि, लोभवृत्ति पर आधारित व्यवस्था के संरक्षण की वृत्ति पर यह टिका है। प्रत्यक्षतः, इस उद्योग का आधार 'डर' है। पाप एवं अनीति से अर्जित की गयी समृद्धि को बचाये रखना अन्ततः डर उत्पन्न करता ही है। यदि हम सौन्दर्य प्रसाधनों और अश्लीलता से जुड़े आज के आर्थिक तन्त्र को एक साथ मिलाकर गणना करें तो यह दूसरे सबसे बड़े उद्योग के रूप में उपस्थित हो जाता है। इन उदाहरणों में जहाँ दूसरा उद्योग 'शरीर' से सम्बन्धित है, वहीं पहला उद्योग इस शरीर को नष्ट करने से सम्बन्धित है। वास्तविकता तो यह है कि ऐसी आर्थिकी 'सनक' को ही 'विज्ञान' बना देने के छद्म ज्ञान के बिना अपने औचित्य को प्रतिपादित कर ही नहीं सकती है। परन्तु, विडम्बना यह देखिए कि इस ज्ञान के प्रभाव में आकण्ठ डूबे विशेषज्ञ किस तरह इसके औचित्य को प्रमाणित करते हैं ! विगत शताब्दी के अन्तिम दो दशकों में दुनिया में बिना किसी प्रत्यक्ष युद्ध के मारे गये लोगों की संख्या दोनों विश्वयुद्धों में सम्मिलित रूप से मारे गये लोगों की संख्या से अधिक रही है। संरचनात्मक हिंसा (स्ट्रक्चरल वायलेंस) नित-नये आयाम ग्रहण करती जा रही है। तथापि, द *बेटर एंगल्स ऑफ़*

ऑवर नेचर में यह प्रतिपादित किया गया है कि सभ्यता के विकास-क्रम में हिंसा का ह्रास हुआ है।[44]

क्या आधुनिक सभ्यता और इसके केन्द्रीकृत उत्पादन पद्धति के रहते हुए एक 'अहिंसक सभ्यता' और 'विश्व एकता' के लक्ष्य को प्राप्त किया जा सकता है? गांधी का उत्तर यहाँ अत्यन्त मूलगामी है। वे ग्लिनिंग्स की भाँति मानते हैं कि सारी दुनिया में युद्ध के लिये शहरी लोग ज़िम्मेदार हैं, देहाती हरगिज नहीं।[45] संसार की एकता में विश्वास और तत्कालीन हालात में इसकी सफलता पर 23 मार्च, 1947 को नयी दिल्ली के *एशियन रिलेशन्स कान्फ्रेंस* में पूछे गये प्रश्न पर गांधी की टिप्पणी उक्त मंतव्य को ही स्पष्ट करती है[46], जहाँ उन्होंने कहा कि 'अगर यह संसार एक न हो सके तो मैं इसमें जीना पसन्द नहीं करूँगा। निश्चय ही मैं यह चाहता हूँ कि यह स्वप्न मेरे जीवनकाल में ही पूरा हो जाये। ... मैं यह कहना चाहता हूँ कि इस तरह की कान्फ्रेंस नियमित रूप से होनी चाहिए और अगर आप मुझसे पूछें कहाँ तो वह जगह भारत है। ... आप लोग शहर में इकट्ठे हुए हैं, परन्तु, भारत शहरों में नहीं है।'[47]

आज औद्योगिक सभ्यता की तकनीकी, आर्थिकी एवं वैचारिकी के ज़ोर पर शान्ति एवं वैश्विक एकता की स्थापना के बहुविध प्रयास हो रहे हैं। अब गाँव में शहर बसते जा रहे हैं। उपभोग, पहनावे एवं विश्वदृष्टि में एकरूपता स्थापित होती जा रही है। फिर भी विशेषज्ञों की बढ़ती हुई फौज कम पड़ रही है। अस्पताल, जेल और न्यायालय कम पड़ रहे हैं। ऊर्जा के स्रोत चुकते जा रहे हैं। प्रकृति का कोप बढ़ता जा रहा है। दवाई और मशीनों के सहारे बेदम होने पर भी हमारी उम्र (औसत आयु का बढ़ना) बढ़ती जा रही है। आज का मानव शरीर से ही बेदम नहीं हो रहा है, बल्कि, वह साथी मनुष्यों से कटते जाने की वजह से भी बेदम हो रहा है। आज की व्यवस्था का तो अपने बचाव के लिये यह उपक्रम ही बनता जा रहा है कि वह प्रत्येक मनुष्य को एक-दूसरे से काट दे, ताकि इस व्यवस्था को चुनौती न मिले।

---

44. पिंकर स्टीवेन (2011), *द बेटर एंग्ल्स ऑफ़ अवर नेचर : व्हाई वॉयलेन्स हैज़ डिक्लाइन्ड*, वाइकिंग, न्यूयॉर्क.

45. मोहनदास करमचंद गांधी (2015), *ग्राम स्वराज्य*, नवजीवन प्रकाशन मन्दिर, अहमदाबाद : 26.

46. लुई फ़िशर (2006), *गांधी की कहानी*, सस्ता साहित्य मण्डल, नयी दिल्ली : 227.

47. लुई फ़िशर (2006), *गांधी की कहानी*, सस्ता साहित्य मण्डल, नयी दिल्ली : 228.

इस उपक्रम में आज के सभी राज्य जिस सहनशीलता को जन्म दे रहे हैं, वह ऐसी सहनशीलता है, जिसमें मनुष्य अपना ही दमन करता जा रहा है। अन्ततः, ये सब हिंसा को ही बढ़ावा देने वाले माध्यम हैं।[48] फिर भी, हम गांधी-मन्त्र की उपेक्षा कर रहे हैं। आखिर हम कब मानेंगे कि प्रत्येक व्यक्ति एक झरना है और प्रत्येक राष्ट्र एक नदी है। उन्हें पूरे प्रवाह के साथ तब तक बहना चाहिए, जब तक कि वे मुक्ति के सागर में, जहाँ सबकी ख़ुशबू एक है, मिल नहीं जाते हैं।[49] उक्त उद्धरण में रोम्याँ रोलाँ ने गांधी की विश्व शान्ति, मानवता एवं विश्व एकता के ही रूपक के रूप में चर्चा की है। किन्तु, इसकी स्थापना उस कृत्रिम एकरूपता द्वारा गांधी को सम्भव नहीं दिखती, जिसे आधुनिक सभ्यता और उसकी केन्द्रीकृत औद्योगिकी पूरी ताकत के साथ आरोपित करती जा रही है। बल्कि, इसकी स्थापना विभिन्न राष्ट्रों की संस्कृति (विकृति नहीं) के स्वैच्छिक उत्थान से ही सम्भव है।

IV

हिन्द स्वराज : आधुनिक सभ्यता की राजनीतिक प्रणाली की गांधीवादी मीमांसा

आधुनिक सभ्यता की राजनीतिक वैचारिकी और आज के अर्थों में इसकी व्यवस्थागत परिणति को जड़ पकड़ने में तीन से अधिक शताब्दियों का समय लगा है। यद्यपि, *हिन्द स्वराज* संसदीय प्रजातन्त्र की मीमांसा के इर्द-गिर्द केन्द्रित दिखता है, किन्तु, इस प्रजातन्त्र के संसदीय, अध्यक्षीय, उदारतावादी, समाजवादी आदि अनेक प्रारूप रहे हैं। फिर भी, इतना तो अवश्य है कि आधुनिक प्रजातन्त्र के विभिन्न प्रारूपों ने व्यवस्थागत एवं प्रक्रियागत प्रेरणा ब्रिटिश संसदीय लोकतन्त्र से ही प्राप्त की है। यह बात दीगर है कि आरम्भ में ब्रिटेन, यूरोप तथा अमेरिका में लोक को तन्त्र से बाहर रखने के वे सारे उपाय किये गये, जो किये जा सकते थे। इस तन्त्र में स्त्रियों एवं अश्वेतों को दुनिया के कई देशों में स्थान तो गांधी के जीवन-काल में नहीं ही मिल पाया था। तमाम तरह के सामाजिक, राजनीतिक, आर्थिक एवं तकनीकी विकास तथा राज्य की सक्षमता में वृद्धि के बाद भी आज का कोई भी लोकतन्त्र अपने को

---

48. हन्ना आरेंट (1970), *ऑन वायलेन्स*, हरकोर्टब्रेस पब्लिशर्स, न्यूयॉर्क.

49. रोम्याँ रोलाँ (2000), *महात्मा गांधी : द मैन हू बिकम वन विद द यूनिवर्सल बीइंग*, सृष्टि पब्लिशर्स ऐंड डिस्ट्रीब्युटर्स, नयी दिल्ली : 101.

सर्वसमावेशी (गांधी के शब्दों में सर्वोदयी, जो वास्तव में सभी के समावेशन से कहीं अधिक अर्थगर्भित है) नहीं बता सकता है। हाँ, इतना ज़रूर है कि इन व्यवस्थाओं ने काफ़ी हद तक सफलतापूर्वक अपनी जनता को यह सब्ज़बाग दिखा रखा है कि एक-न-एक दिन हम ज़रूर कामयाब होंगे। यदि कामयाबी के इस ख़्वाब के तीन सन्दर्भों पर हम यहाँ विचार कर लें तो यह स्पष्ट हो जायेगा कि यह कामयाबी कम-से-कम औद्योगिक सभ्यता के इसी प्रतिमान में कभी भी हासिल नहीं होने वाली है।

इसमें पहला सन्दर्भ तो आज के वे विमर्श हैं, जो एक-दूसरे के विरुद्ध खड़े हुए हैं। समुदायवाद, नारीवाद, बहुसंस्कृतिवाद, पर्यावरणवाद इत्यादि ऐसी माँगें हैं, जो एक-दूसरे के विरुद्ध चली जाती हैं। ऐसे में आज की आधुनिक सभ्यता और उसकी राजनीतिक वैचारिकी किस प्रकार परस्पर विरोधी माँगों को समायोजित कर पायेगी? दूसरा सन्दर्भ यह कि परा-औद्योगिक राष्ट्रों ने उपभोग के जिस स्तर को प्राप्त कर लिया है और जिसे प्राप्त करने की दौड़ में सभी राष्ट्र दौड़ रहे हैं, उस स्तर को प्राप्त करने के लिये किसी दूसरे ग्रह को उपनिवेश बनाना होगा। कम-से-कम पृथ्वी पर उपलब्ध संसाधनों के बूते यह सम्भव नहीं है। इस तथ्य को अब आधुनिक सभ्यता के 'हरित विकासवादी' स्वीकार भी करने लगे हैं। तीसरा सन्दर्भ यह कि यदि हम यह मान भी लें कि एक-न-एक दिन अस्सी प्रतिशत लोगों को भी वही सुखोपभोग एवं आरामदायक जीवन प्राप्त हो जायेगा, जो आज बीस प्रतिशत लोगों तक ही सीमित है, तब भी एक समस्या आ ही जायेगी। वह ऐसे कि उक्त प्रकल्पित अवस्था में ग्रामीण और श्रमजीवी आदि तो होंगे नहीं, क्योंकि यह तो वाँछित लक्ष्य की न्यूनता ही हुई। अतः, मानव जीवन को मशीनों के अधीन रखे बिना उस अवस्था तक पहुँचा ही नहीं जा सकता है, जिसका सब्ज़बाग आज दिखाया जा रहा है।

यहाँ कोई भी यह आक्षेप लगा सकता है कि यह तो अत्यन्त अतिवादी व्याख्या हुई और इस अति तक न तो गांधी जाते हैं और न ही वे विचारक जो *हिन्द स्वराज* के परिशिष्ट–दो में सन्दर्भित किये गये हैं। किन्तु, इस आक्षेप की तार्किक बुनावट की व्याख्या करें तो आप पायेंगे कि इसमें 1909 में लिखे गये *हिन्द स्वराज* के शाब्दिक अर्थों से ही आज की अत्यधिक विकसित हो चुकी (गांधी के समय में पराराष्ट्रीय पूँजी का इतना विकास नहीं हुआ था, जितना आज है) औद्योगिक सभ्यता की मीमांसा का प्रस्ताव होता है। वास्तव में यह अति तक पहुँचना है भी नहीं, बल्कि, आधुनिक सभ्यता के आज की राजनीतिक दुश्वारियों की गांधी-दृष्टि से व्याख्या एवं प्रत्युत्तर का प्रयास है। एक व्यावहारिक उदाहरण के माध्यम से इसके लिये

अन्तर्दृष्टि प्राप्त की जा सकती है। कम-से-कम विश्व व्यापार संगठन, अन्तरराष्ट्रीय मुद्रा कोष एवं विश्व बैंक के प्रभाव से आज दुनिया का कोई भी राष्ट्र अछूता नहीं है। तकनीकी एवं आर्थिकी ने इस विश्व में एकता (गांधी-दृष्टि से भिन्न अर्थों में) उत्पन्न कर दी है। अब गिने-चुने राष्ट्रों को छोड़ कर समस्त राष्ट्रों के राजनीतिक एवं आर्थिक एजेण्डे उनके देश से बाहर गिने-चुने राष्ट्रों के दिशा-निर्देशन में बनते हैं। यदि इस सत्य में कुछ न्यूनता भी है तो वह आने वाले समय में दूर होने की दिशा में ही अग्रसर है। इस स्थिति में क्या यह औचित्यपूर्ण है कि हम स्वतन्त्रता, समानता, न्याय, अधिकार आदि की व्याख्या राष्ट्रीय परिधि में ही करते रहें? अमेरिकी मंदी से जब हम प्रभावित होते ही हैं और वह हमारे नीति-निर्माण को भी प्रभावित करती है, तब हमें क्यों वही सुविधायें और अधिकार नहीं मिलने चाहिए, जो अमेरिकी नागरिकों को प्राप्त हैं? आखिर जिस व्यवस्था ने राष्ट्र-राज्य की अभेद्यता को क्षीण कर दिया है, अपने साथ जुड़ जाने में ही हमारी भलाई का पाठ पढ़ाया है, दुनिया की सुरक्षा का बोझ जो अपने कंधे पर उठाये फिरता है और हमें विश्वबन्धुता का पाठ पढ़ता है, साथ ही जो अपने को सबसे परिष्कृत लोकतन्त्रवादी एवं मानवतावादी बताता है; उनके जैसा ही समृद्ध एवं सुखमय जीवन हमारा क्यों नहीं होना चाहिए?

आधुनिक सभ्यता के गर्भ से उत्पन्न इन प्रश्नों के प्रति आधुनिक राजनीतिशास्त्र के तर्कों का कोई भी जानकार यहाँ यह कहना चाहेगा कि वैसे समृद्ध एवं सुखमय जीवन को उपलब्ध करना हमारे व्यक्तिगत एवं सामूहिक प्रयत्नों एवं राज्य के दायित्वों का विषय है। इसमें अमेरिका या यूरोप क्या कर सकते हैं? बेशक, यही वह तार्किक-अंधता है, जिससे आधुनिक सभ्यता की राजनीतिक वैचारिकी ने इस कदर हमारे विशेषज्ञों को बाँध रखा है कि वे इससे बाहर सोच ही नहीं पाते हैं। यहाँ यह विचार करें कि ब्रिटिश गुलामी के दिनों में हम किस हक से औपनिवेशिक शासकों से अधिकारों की माँग करते थे और किस दायित्व-बोध से वे उन अधिकारों को प्रदान करने की, अनचाहे तरीक़े से ही सही, पहल तो करते ही थे। इसका एक ही उत्तर है और वह है कि तब हम उनकी प्रजा थे। परन्तु, यदि हम उनकी प्रजा थे, तब वे हमारा शोषण क्यों करते थे? इसका भी एक ही उत्तर है– ब्रिटिश प्रजा होने पर भी हम ब्रिटिश नागरिक नहीं थे। अतः ब्रिटिश शासकों से हमारा शक्ति-सम्बन्ध वैसा नहीं था जैसा कि ब्रिटिश नागरिकों का था। जब यह सही है तब आज भी हमें अपने शोषकों से अपने अधिकार क्यों नहीं माँगने चाहिए? इस 'क्यों नहीं' के सूत्र उपनिवेशवाद और नव-साम्राज्यवाद में सूत्रित हैं। नव-साम्राज्यवाद में प्रत्यक्षतः हम

स्वतन्त्र हैं और स्वतन्त्र निर्णय के प्रतिफल को भुगतने के लिये भी स्वतन्त्र हैं। पर, यह स्वतन्त्रता हमारे लिये 'पॉलिटिक्स ऑफ़ चॉइस' का विषय कदाचित् बन गया होता तब तो ठीक था, किन्तु, यह 'पॉलिटिक्स ऑफ़ कम्पल्शन' का विषय बन गया है और बनता ही जा रहा है। यही बात समानता, न्याय, अधिकार आदि सभी पर लागू होती है। फलत:, हालत यह हो गयी है कि हम स्वतन्त्र होने के कारण ऐसे शोषण के लिये अभिशप्त हो गये हैं, जहाँ प्रजा के नाम पर अधिकार भी नहीं माँग सकते हैं, क्योंकि हमारे शोषण का जितना भाग प्रत्यक्ष है, उससे कहीं बहुत बड़ा भाग अप्रत्यक्ष है।

गांधी इस यथार्थ को समझते थे। इसी कारण उन्होंने औद्योगिक आर्थिकी की ही तरह औद्योगिक राजनीतिकी को भी अस्वीकार किया है। आधुनिक राजनीति में दबाव समूहों की षड्यन्त्रकारी भूमिका होती है। इस भूमिका को राजनीति की समाप्ति कहने के बजाय राजनीति का एक विशेष प्रकार कहना ही उचित होगा।[50] ध्यातव्य है कि संसदीय लोकतन्त्र में इन दबाव समूहों की भूमिका का[51] जब व्यवस्थित रूप से अध्ययन प्रारम्भ नहीं हुआ था, तभी महात्मा गांधी ने यह स्पष्ट कर दिया था कि संसदीय प्रजातन्त्र बिना किसी दबाव के अपने-आप कोई अच्छा काम कर ही नहीं सकता है।[52]

आधुनिक सभ्यता की संसदीय राजनीति की एक और ऐसी समीक्षा गांधी करते हैं, जिससे विधायिकाओं के पतन (डिक्लाइन ऑफ़ लेजिसलेचर)[53] की अवधारणा

---

50. हैरी एक्सटीन (1963), *'द डिटरमिनेन्ट्स ऑफ़ प्रेशर पॉलिटिक्स'*, अन्तर्गत, हैरी एक्सटीन एवं डेविड एप्टर (सं.), *कम्परेटिव पॉलिटिक्स*, रीडर, फ्री प्रेस, ग्लेनको, न्यूयॉर्क : 412.

51. दबाव समूहों का अध्ययन आर्थर बैन्टले (1908) की शोधपरक पुस्तक के प्रकाशन के बाद आरम्भ हुआ. कालान्तर में इस क्षेत्र में फ़ाइनर, ब्लोंडेल आदि अनेक नामचीन हस्तियों ने योगदान दिया. इनमें से सबके सब दबाव समूहों को सार्वजनिक हितों के मुकाबले विशेष हितों को प्रश्रय देने वाला बताते हैं. किन्तु, इनकी आवश्यकता को भी स्वीकार करते हैं. वस्तुत:, दबाव समूह विधायिका, कार्यपालिका एवं न्यायपालिका सभी पर दबाव डालते हैं। इस कारण इन्हें लोकतन्त्र का विरोधी कहना असंगत नहीं होगा. यदि इनसे लोकतन्त्र को लाभ पहुँचता भी है, तब इनके आपसी हितों में संघर्ष के कारण अतिवादी हित संरक्षण के बजाय मध्यस्थ हित संरक्षण की सहमति पर बनता है. आर्थर बेंटले (1949), *द प्रॉसेस् ऑफ़ गवर्नमेन्ट*, सैन आन्टेनियो प्रिंसिपिया प्रेस.

52. देखें, *हिन्द स्वराज* : अध्याय-5.

53. व्यवस्थापिकाओं के पतन की अवधारणा में अब न्यायिक सक्रियता के पक्ष को भी जोड़ कर विश्लेषण को विस्तृत किये जाने की आवश्यकता है.

का सूत्र प्रस्तावित होता हुआ दिखाई देता है। इतिवृत्तात्मक रूप से यह अवधारणा भी गांधी के बाद स्थापित हुई है। इसमें विधायिकाओं की गुणवत्ता, संसदीय चर्चा में गम्भीरता इत्यादि के ह्रास को चिन्ता का विषय बताया गया है। साथ ही साथ, संसदीय व्यवस्थापन में बढ़ते हुए खर्च और बैठकों की घटती हुई संख्या, सांसदों में तकनीकी ज्ञान का अभाव, विवाद एवं गुटबन्दी के चलते संसदीय प्रबन्धन हेतु नियत अवधि की बर्बादी और दलीय निष्ठा आदि को भी चिह्नित किया गया है। इन सबके परिणामस्वरूप जिस कार्यपालिका-शक्ति के प्रभाव में वृद्धि की चर्चा की गयी है वह तानाशाही प्रवृत्ति में वृद्धि की संकेतक है। इस सम्पूर्ण प्रकरण को गांधी के निम्नलिखित उद्धरण में देखा जा सकता है–

> 'बड़े सवालों की चर्चा जब पार्लियामेंट में चलती है, तब उसके मेम्बर पैर फैलाकर लेटते हैं या बैठे-बैठे झपकियाँ लेते हैं। उस पार्लियामेंट में मेम्बर इतने ज़ोरों से चिल्लाते हैं कि सुनने वाले हैरान-परेशान हो जाते हैं। मेम्बर जिस पक्ष के हों, उस पक्ष के लिये अपना मत वे बगैर सोचे-विचारे देते हैं, देने को बंधे हुए हैं। ... जितना समय और पैसा पार्लियामेंट खर्च करती है, उतना समय और पैसा अगर अच्छे लोगों को मिले तो प्रजा का उद्धार हो जाये।[54]

उक्त प्रवृत्तियाँ गांधी के सात दशकों के बाद आज भी घटी नहीं हैं, बल्कि, बढ़ ही रही हैं। अब तो सरकार पर दबाव डालने के लिये विशेषीकृत कम्पनियाँ भी स्थापित हो गयी हैं, जो लाखों-करोड़ों का हेर-फेर दबाव बनाने की राजनीति में ही करती हैं। यह धन्धा इतना फल-फूल रहा है कि राष्ट्रीय राजनीति में चुनावों के समय तो इनका उपयोग होता ही है, सरकारें इनका प्रयोग अपनी उपलब्धियों के दावों का जनता के मन-मस्तिष्क पर दबाव डालने के लिये भी करती हैं। ऐसी संस्थाओं का उपयोग कई राष्ट्रीय सरकारें और बड़े औद्योगिक घराने अमेरिकी एवं यूरोपीय सरकारों पर दबाव डालने के लिये भी करते हैं। आधुनिक राजनीतिशास्त्र के मूर्धाभिषिक्त प्रवक्ता तो बड़े सम्मान के साथ इन्हें जनमत निर्माण करने वाले ग़ैर सरकारी संगठनों के रूप में देखते हैं। इसीलिए, जैसा कि रामजी सिंह लास्की को उद्धृत करते हुए लिखते हैं– 'पूँजीवाद और प्रजातन्त्र के बीच भी प्रजातन्त्र गौण पड़ जाता है और पूँजीवाद ही हावी हो जाता है। आज चाहे समाजवाद हो या पूँजीवाद, सब जगह सर्वशक्तिमान राज्य एवं व्यक्तिगत स्वतन्त्रता के बीच ही

54. देखें, *हिन्द स्वराज* : अध्याय-5.

संघर्ष है।'[55] अतः, जब गांधी यह कहते हैं कि आज समाजवाद एवं पूँजीवाद के बीच एक प्रकार का प्रबुद्ध अराजकतावाद ही एकमात्र विकल्प है और सबसे कम शासित राज्य ही सबसे उत्तम राज्य व्यवस्था है[56], तब इसमें अनौचित्यपूर्ण क्या है? पुनः, जब हम आधुनिक राजनीति के विमर्शों एवं व्यवस्थाओं में संविधानवाद, विधि के शासन, शक्ति-पृथक्करण, सामाजिक न्याय, मानवाधिकार, व्यक्ति की गरिमा, राष्ट्रीय आत्मनिर्णय आदि को नीति के रूप में, मूल्य के रूप में स्वीकार करते ही हैं, तब क्या प्रजातन्त्र और हिंसा साथ-साथ चल सकते हैं? यदि नहीं, तो कथित नीतियों और मूल्यों के होते हुए भी हम निरन्तर संगठित शक्तियों की हिंसा की गिरफ़्त में क्यों और किस प्रकार आते जा रहे हैं? यह भी कि क्यों इसके निदान के लिये 'राजनीति के अध्यात्मीकरण' का गांधीवादी मार्ग अभीष्ट नहीं बन पाया है?

उक्त प्रश्नों का उत्तर पाना आसान है, बशर्ते, हम उत्तर पाना चाहते हों। परन्तु, अनुभववादी ज्ञानमीमांसा और अनुभववादी राजनीतिक वैचारिकी को सर्वोपरि मान लेने वाले ज्ञानात्मक आग्रह (वैज्ञानिक ज्ञान) के कारण हम इन प्रश्नों को या तो 'फ़ंडामेंटलिस्ट' कहकर ख़ारिज कर देते हैं या व्यवस्थागत संरचनाओं की परतों को उधेड़कर उत्तर पाना चाहते हैं। ऐसे प्रयासों द्वारा हम वास्तव में क्रियाविधि आधारित लोकतन्त्र (प्रोसीजरल डेमॉक्रेसी) में रहने की अपनी आदत का ही परिचय दे रहे होते हैं। फलतः, हम इस तथ्य की ओर से आँख मूंदे रहते हैं कि दुनिया में 'ट्रू डेमॉक्रेसी' कहीं भी नहीं है। अपने को दूसरों से परिष्कृत लोकतांत्रिक बताने वाले देश भी सही मायने में मात्रात्मक रूप से ही संरचनात्मक एवं प्रक्रियात्मक लोकतन्त्र के मामले में ही एक-दूसरे से आगे हैं, जबकि राजनीति के अध्यात्मिकीकरण की गांधीवादी दृष्टि को ख़ारिज करने की प्रवृत्ति के बीज अहंकेन्द्रित मानव, अणुवादी समाज एवं विज्ञान तथा सेकुलर सोच आधारित विश्व-दृष्टि में निहित हैं।

यदि आप व्यक्ति की अहंमन्यता को तादात्म्य बोधकता से शून्य कर दें (जैसा कि पाश्चात्य रिनैसाँज़ का मानव है) तब शक्तिकाम्यता के अतिरिक्त उसके पास अपने अस्तित्व की रक्षा के लिये कुछ होगा भी नहीं। चूँकि शक्ति की अभीप्सा तब सबमें अनुस्यूत धारणा होगी और तब वास्तव में अपने को शक्तिकामी कहकर कोई भी अपने को जोखिम में डाल लेगा। इसी कारण शक्ति की सफलता उसे छुपा

55. रामजी सिंह (1973), *गांधी दर्शन मीमांसा*, बिहार हिंदी ग्रंथ अकादमी, पटना : 169.

56. *यंग इंडिया*, 5/7/1931.

लेने में जितनी होती है, उतनी प्रकट करने में नहीं।[57] यही वह यथार्थ है, जो आज की राजनीति का आधार है और जिसमें हम सब अपने-अपने शक्ति सम्बन्धों की गुप-चुप और कभी-कभी प्रकट स्वीकृति की प्रत्याशा के साथ दूसरे शक्ति-सम्बन्धों को अधिकांशत: अप्रकट और कभी-कभी प्रकट रूप में स्वीकारते रहते हैं। इस दृष्टि से देखें तो संविधानवाद, विधि का शासन, मानवाधिकार आदि-आदि मूल्य एवं नीतियाँ भी हमारे शक्ति-सम्बन्धों को छुपा लेने के ऐसे माध्यम हो जाते हैं, जिससे हम दोतरफ़ा काम लेते हैं। इनमें से पहला यह कि हमारे शक्ति-सम्बन्धों को यदि बलात् कोई तोड़ना चाहे तो हमें संरक्षण प्राप्त हो जाये और दूसरा यह कि इन साँचों में जो अपना रूपान्तरण कर ले, उन्हें हम अपने शक्ति-सम्बन्धों के दायरे में समाविष्ट कर लें।

अब बताइये कि जो गांधी अहंवादी, आणविक समाज एवं अध्यात्महीन शक्ति-आधारित शक्ति-सम्बन्धों को ही तोड़कर राजनीति करते हैं, उनकी राजनीति किसी को भला कैसे अभीष्ट हो सकती है? सच तो यह है कि यदि लोकनीति एवं लोकहित का संरक्षण एवं संवर्धन राजनीति है, तब तो आज की राजनीति भी राजनीति नहीं है। ऐसी परिभाषा को आधुनिक राजनीति के मर्मज्ञ मानकीय और परम्परावादी परिभाषा बताते हैं। राजनीति की नयी परिभाषा में तो यह 'मूल्यों का आधिकारिक आबंटन' है।[58] अब तो राजनीति ऐसी पड़ताल का विषय है कि कौन, कब, कैसे और क्या प्राप्त करता है।[59] वास्तव में राजनीति, जैसा कि ऑकशाट कहते हैं, एक नौवहन की कला के समान है। अनंत और अथाह सागर में जिस प्रकार नौवहन करते हुए नाविक के लिये सागर शत्रु एवं मित्र दोनों है और जिस प्रकार नाविक को यह पता नहीं होता कि अगले पड़ाव पर मिलने वाले लोग मित्र होंगे या शत्रु, परन्तु हर पड़ाव पर मित्र बनाना और नाव को गंतव्य की ओर गतिमान बनाए रखना ही उसके सफल नाविक होने की निशानी है, उसी प्रकार राजनीति भी मित्र बनाने और समाजरूपी नाव को लक्ष्य की ओर गतिमान बनाए रखने की कला है।[60]

---

57. मिशेल फ़ूको (1990), *द हिस्ट्री ऑफ़ सेक्शुअलिटी*, खण्ड 1, विन्टेज बुक्स, न्यूयॉर्क : 86.

58. डेविड ईस्टन (1953), *द पॉलिटिकल सिस्टम*, अल्फ्रेड अ नॉफ, न्यूयॉर्क.

59. हैरॉल्ड लॉसवेल (1936), *हू गेट्स व्हाट, व्हेन ऐंड हॉउ*, मैक्ग्राहिल, न्यूयॉर्क.

60. माइकल ऑकशॉट (1991), *रैशनलिज्म इन पॉलिटिक्स, ऐंड अदर एसेज़*, लिबर्टी प्रेस, इण्डियानापोलिस : 127.

जब शक्ति की लिप्सा एवं दबाव राजनीति का केन्द्रीय विषय बन गया हो, तब सत्ता प्राप्ति के लिये संघर्ष अनिवार्य है। इस अनिवार्यता को कम करने के लिये आज विभिन्न शक्ति समूहों की पहचान एवं पुनर्वितरण की राजनीति के नये-नये जुमले हम औद्योगिक सभ्यता में आते-जाते हुए देखते हैं। पर, क्या इससे संघर्ष कम हो रहा है? जैसे-जैसे विभिन्न शक्ति-समूहों की ताकत 'शक्ति-संतुलन' को भंग करने की स्थिति में बढ़ती जायेगी, वैसे-वैसे संघर्षों के बढ़ने की सम्भावना और तीव्रता भी बढ़ती जायेगी। गांधी कहते हैं कि हिंसा प्रतिहिंसा को जन्म देती है और फिर हिंसा, प्रतिहिंसा का क्रम चलता रहता है। हिंसा के द्वारा एकाध रावण एवं कंस का नाश सम्भव है, किन्तु फिर उसी रक्त से अनेक रावण एवं कंस पैदा होते रहेंगे।[61] तिस पर आज विडम्बना तो यह भी है कि कोई यदि राम या कृष्ण बनना भी चाहे तो उसे यूरोपीय या अमेरिकी होना पड़ेगा। अन्यथा, वह रावण या कंस ही साबित कर दिया जायेगा। ऐसी स्थिति में क्या औद्योगिक सभ्यता के शस्त्रजीवी (शस्त्रों के निर्माता) यह कभी चाहेंगे कि उनके समाज को छोड़कर और कहीं संघर्षों का मूलोच्छेद हो जाये। वास्तव में, उनके लिये तो अपने समाज को छोड़कर अन्य समाजों में होने वाला संघर्ष उत्सव है। यदि इससे किसी संगठित राज्य व्यवस्था के विच्छिन्न हो जाने की ऐसी सम्भावना हो, जो उन्हें विच्छिन्न हुए राज्य का बाज़ार उपलब्ध करा सके, तो वे इस उत्सव में (संघर्ष में) सभी तरह का योगदान भी करते हैं।

गांधी की विशिष्टता है कि वे निरे आलोचक नहीं हैं। उनके पास अचूक विकल्प भी हैं। गांधी-दृष्टि आधारित राजनीति को यहाँ उस मरहम की तरह देखा जाना चाहिए, जो औद्योगिक सभ्यता के घावों को निर्मूल करके निर्मल कर सकता है। किन्तु, इसकी जो विशिष्टता है, वही उसकी सीमा भी है और वह यह कि गांधीवादी राजनीति के लिये औद्योगिक आर्थिकी को ही बदलना होगा। यहाँ गांधी के प्रति दुराग्रही यह तर्क उपस्थित कर सकते हैं कि यह तो हाथ के फोड़े-फुन्सी को ठीक करने के लिये हाथ को ही काटने जैसा हुआ। निश्चित ही यह ऐसा ही तर्क है, पर, आप मत मानिए और पूरे शरीर को ही सड़ जाने का इन्तजार करते रहिए। अन्यथा, जिस हाथ को काटने की बात आप सोच रहे हैं उसे पूरे शरीर के साथ मनोरम होकर पुनः उग आने के लिये गांधी मार्ग पर चलिए। ऊपर जिसे गांधी के प्रति दुराग्रही तर्क कहा गया है, वह ऐसे तर्कों का आरम्भ बिन्दु है और उसका

---

61. *हरिजन*, 19/09/1934.

प्रस्थान बिन्दु यह है कि न तो औद्योगिक सभ्यता और न ही उसकी राजनीति समाप्त हो सकती है। गांधी की राजनीति ही असंभाव्य यात्रा है। वास्तव में यह वही तर्क है, जो गांधी द्वारा अंग्रेज़ों के भारतीय बनकर रहने के विरुद्ध *हिन्द स्वराज* में पाठक ने पूछा है। यहाँ वास्तव में अंग्रेज़ों के बदलने का व्यापक फलक आधुनिक सभ्यता के आत्मपूरित ग्रामीण सभ्यता में रूपान्तरण से ही सम्बन्धित है। इसके उत्तर में गांधी जो कहते हैं, वह विचारणीय है। उन्होंने कहा कि जो चीज तवारीख़ में नहीं देखी वह कभी नहीं होगी, ऐसा मानना मनुष्य की प्रतिष्ठा में अविश्वास करना है।[62]

सैद्धान्तिक एवं व्यावहारिक दोनों ही स्तरों पर मनुष्य की प्रतिष्ठा में अटूट विश्वास ही वह आधार है, जिसके नाते गांधी सभी से मनुष्य बनने की अपेक्षा करते हैं। यदि यह भी समझ लें कि मनुष्य की प्रतिष्ठा किस नाते है, तब पाश्चात्य ज्ञानोदय का उत्तर होगा कि यह प्रतिष्ठा मानवीय विवेक के नाते है। पर, ज्ञानोदय में यह मानवीय विवेक अहंकेन्द्रित व्यक्ति में है और गांधी के चिन्तन में यह विवेक जैविक बंधनों (पशुता) से ऊपर उठने में निरन्तर संलग्न मनुष्य में है। इसी कारण, पश्चिमी राजनीतिक चिन्तन में व्यक्तिगत नैतिकता और सामाजिक नैतिकता के बीच द्विभाजन पर औद्योगिक सभ्यता की राजनीति अवस्थित है।[63] इसके विपरीत, गांधी राजनीति में व्यक्तिगत नैतिकता एवं सार्वजनिक नैतिकता के साथ-साथ व्यक्तिगत हित एवं लोकहित के बीच द्विभाजनजनित द्वन्द्व को समाप्त करना चाहते हैं। यह शासन की संरचनाओं को समझने, उनकी व्याख्या करने एवं स्थापित करने से अधिक बारीक मामला है, क्योंकि जहाँ और जब तक ऐसे द्वैध बने रहेंगे वहाँ हिंसा, शोषण एवं अन्याय का अन्त नहीं होगा। गांधी को इसका सूत्र मानव-जीवन को अधिक से अधिक पारदर्शी बनाने में मिल गया था। हमारे आज के बुद्धि-कौशल को देखिए कि हम संरचनाओं को पारदर्शी बनाने के लिये अकूत प्रयास करते रहते हैं, पर, कभी मनुष्य को पारदर्शी बनाने की पहल नहीं करते हैं। गांधी इस तथ्य को समझते हैं कि मनुष्य को पारदर्शी बनाये बिना राजनीति सत्ता निर्माण एवं सत्ता अधिग्रहण की कला बनकर ही रह जायेगी। इसीलिए, उन्होंने राजनीति को नैतिक आयाम देकर इसे सम्बन्ध-परिवर्तन की कला बना दिया[64] और

---

62. देखें, *हिन्द स्वराज* : अध्याय-14.

63. रूडोल्फ़ एवं रूडोल्फ़ (2006), *पोस्टमॉडर्न गांधी ऐंड अदर एसेज़*, ऑक्सफ़र्ड युनिवर्सिटी प्रेस, नयी दिल्ली : 209.

64. डी.जी. तेन्दुलकर (1963), *महात्मा*, भाग-7, पब्लिकेशन डिवीज़न, नयी दिल्ली : 29.

सबसे बढ़कर इस राजनीति को प्रत्यक्ष सम्बन्धों की आधारशिला पर खड़ा करने की योजना की विस्तृत रूपरेखा ही नहीं बनायी, बल्कि, इसे व्यवहार में उतार कर दिखाया।

प्रत्यक्ष सम्बन्धों पर आधारित राजनीतिक प्रणाली भी कलुषित हो जाती है। इस कलुष को हम आजकल के पंचायतों के चुनावों और उनकी कार्यप्रणाली में स्पष्ट ही देख सकते हैं। इसी कारण, कुछ विश्लेषक आज के भारत के पंचायती राज की अन्धाधुन्धी के आधार पर गांधी के ग्राम स्वराज की धारणा की खिल्ली उड़ाने लगे हैं। परन्तु ऐसा करते हुए वे भूल जाते हैं कि आज के भारत के पंचायती राज का लक्ष्य औद्योगिक सभ्यता ने ही निर्धारित किया है। यहाँ प्रत्यक्ष सम्बन्धों पर आधारित जिस राजनीति की अभिव्यक्ति होती है, उसमें अहिंसा, सत्याग्रह, स्वावलम्बन, अपरिग्रह, साध्य एवं साधनों की पवित्रता, सहकारिता, न्यासिता और कर्तव्यपरायणता आदि कुछ भी नहीं है। आज की पंचायतें तो बाज़ार की शक्तियों को गाँवों तक पहुँचाने में मददगार हैं। विशेषज्ञों एवं मशीनों के लिये गाँवों को कार्यस्थली बनाने की कड़ी हैं। ऐसी पंचायतों से हम रामराज्य की उम्मीद नहीं कर सकते हैं। वस्तुतः, आत्म-संयम (स्वराज) और आत्मपूरित ग्राम (ग्रामराज) के माध्यम से ही गांधी की संकल्पना में हम राज्यविहीन एवं शोषणविहीन समाज (रामराज्य) के लक्ष्य को प्राप्त कर सकते हैं।

V

हिन्द स्वराज : आधुनिक सभ्यता की ज्ञानमीमांसा की गांधीवादी समालोचना

अकादमिक वृत्तिजीवियों की तरह सिद्धान्तों का निर्माण एवं उनकी व्याख्या गांधी का उद्देश्य नहीं रहा है। वस्तुतः, गांधी की आत्म-गवेषणा और आत्म-क्रियान्वयन से ही उन सिद्धान्तों की एक पुनरीक्षित स्थापना होती है, जिन्हें आज हम गांधी के नाम से जोड़ कर समझने की कोशिश करते हैं। इस प्रकार की तमाम कोशिशों में गांधी के द्वारा व्यक्त शब्दों को पकड़ने की जितनी कोशिश होती है, उतनी ही उनके मनोगत भावों को समझने की चेष्टा नहीं होती है। यह प्रवृत्ति भी वास्तव में आधुनिक सभ्यता की ज्ञानमीमांसा की ही देन है, जो एक-दूसरे को समवायित करने वाले दो कारकों के प्रभाव से उत्पन्न होती है। इनमें से पहला है आत्मिक एवं शारीरिक दुनिया का विभाजन, जो वस्तुतः सेकुलरवाद एवं कार्टेज़ियन डिवीज़न के

संयुक्त प्रभाव के रूप में व्याख्यायित हो सकता है। दूसरा है विज्ञान एवं तकनीक के प्रयोग से जीवन एवं जगत् को समझने की वह प्रवृत्ति, जिसमें शब्दों एवं भाषाओं का ऐसा मानकीकरण हुआ है कि जागतिक जितना बढ़ता जाता है, आत्मिक उतना ही कम हो होता जाता है। यह पक्ष प्रोटेस्टेंटवाद और संरचनावाद के संयुक्त प्रभाव में व्याख्यायित हो सकता है। आधुनिक सभ्यता के उक्त दबावों में जब कोई अध्येता गांधी को समझने का प्रयास करता है, तब वह वास्तव में इन्द्रियानुभववाद की सीमा में ही रहकर गांधी की व्याख्या करता है। ऐसी व्याख्याओं से हमारे सामने गांधी का जितना पक्ष उद्घाटित होता है, उतना छूट भी जाता है। स्वयं इन्द्रियानुभववाद, जो कि आधुनिक सभ्यता की ज्ञानमीमांसीय रीढ़ है, विषय अथवा जगत् को उस अर्थ-सन्दर्भ में ही ग्रहण करता है, जिस अर्थ-सन्दर्भ में वे हमारी इन्द्रियों की पकड़ में आने पर अर्थ-सन्दर्भित होते हैं।

इन्द्रियानुभववाद अकेले ही औद्योगिक सभ्यता की ज्ञानमीमांसा नहीं है और हो भी नहीं सकता है, क्योंकि, अधिकांशतः, यह विषयों अथवा जगत् के इन्द्रियों के सम्पर्क में आने से उत्पन्न होने वाले संवेदनों की व्याख्या से सम्बन्धित है। इन संवेदनों की प्राप्ति के पश्चात् जगत् में स्थित विषय और हमारी इन्द्रियों के विषय रूप में स्थित उसी जागतिक विषय के मध्य अन्तर स्थापित करना आवश्यक है। यह बुद्धि का कार्य है। इसी कारण अनुभववाद एवं बुद्धिवाद सम्मिलित रूप से आधुनिक सभ्यता की ज्ञानमीमांसा है। किन्तु, अनुभववाद और बुद्धिवाद को केवल इसी अर्थ में देखने और समझने का तात्पर्य होगा लॉक से आरम्भ करके काण्ट पर रुक जाना। आज की सच्चाई यह भी है कि लॉक से काण्ट तक के समय में अतीन्द्रिय कहे और समझे जाने वाले अनेक विषयों को वैज्ञानिक एवं तकनीकी प्रगति ने इन्द्रियगोचरता की परिधि में ला दिया है। इस वैज्ञानिक एवं तकनीकी प्रगति ने इन्द्रियों के विषय रूप जगत् की थाह पाने में जहाँ इन्द्रियों की सीमाओं को नये क्षितिज तक पहुँचा दिया है, वहीं बुद्धिसंगत व्याख्या को भी नया आयाम दिया है। इसका प्रभाव इस रूप में समझ में आता है कि अनुभववाद और बुद्धिवाद वास्तव में विज्ञानवाद में पर्यवसित हो गये हैं। यही विज्ञानवाद में पर्यवसित अनुभववाद एवं बुद्धिवाद औद्योगिक सभ्यता की ज्ञानमीमांसा हैं।

गांधी की दृष्टि से यह ज्ञानमीमांसा अपूर्ण है। इसकी अपूर्णता इस कारण से है कि इसमें अनुभव एवं बुद्धिगम्य विषय भी धीरे-धीरे पर्यवेक्षणीय अनुभव के दायरे तक सीमित होते गये हैं। यह विज्ञानवाद के संस्कार के प्रभाव का परिणाम

है। फलतः, पहले की तुलना में इन्द्रियातीत विषयों को अपनी पकड़ में लाने के औद्योगिक सभ्यता की ज्ञानमीमांसा के दावे से इन्द्रियातीत अनुभव जैसे पहले छूटे हुए थे, वैसे ही आज भी छूटे हुए हैं। दूसरे शब्दों में, यह कहना अब अधिक उपयुक्त होगा कि इन्द्रियातीत अनुभवों की उपेक्षा में वृद्धि हुई है। इस उपेक्षा को औद्योगिक सभ्यता के ज्ञान का मानकीकरण करने वाले उपक्रमों (सेकुलरवाद, व्यवहारवाद, प्रत्यक्षवाद, विज्ञानवाद के आलोक में मानविकी एवं समाज-विज्ञानों का नियमन) में देखा जा सकता है, जो मानवीय व्यवहार से अतीन्द्रिय अनुभवों और प्रत्ययों को निष्कासित करने में ही लगे हैं।[65] यदि यह आज के व्यावहारिक जीवन और जगत् का सत्य है, तब तो यह मानना ही होगा कि औद्योगिक सभ्यता का ज्ञान अपूर्ण है। इस स्थिति में हमें उन आधारों को भी आज के ज्ञान को परिपूर्ण करने की दिशा में क्यों समाविष्ट नहीं करना चाहिए, जिससे यह परिपूर्णता की ओर अग्रसर हो सके? यदि यह माना जाये कि औद्योगिक ज्ञानमीमांसा की परिपूर्णता के भी अपने ही दावे हैं, जिन्हें यह ख़ारिज नहीं कर सकती, तब हमें इसे ही क्यों नहीं ख़ारिज कर देना चाहिए? क्यों हमें अमर्त्य सेन की तरह यह तर्क करना चाहिए कि कौरवी सभ्यता (प्रकारान्तर से औद्योगिक सभ्यता) के विनाश के लिये *श्रीमद्भगवद्गीता* एवं *महाभारत* का निर्णय इस तर्क पर आधारित है कि न्याय तो होना चाहिए, भले दुनिया नष्ट हो जाये।[66] आनुषंगिक रूप से सेन का यह तर्क *हिन्द स्वराज* के ख़िलाफ़ खड़ा होता है। वह ऐसे कि आज विश्व के कोने-कतरे तक विस्तृत इस औद्योगिक सभ्यता के विनाश का प्रस्ताव ठीक नहीं है, क्योंकि यह जन-जन तक पहुँच चुका है और वही जन इसके हिमायती बन गये हैं। पर, यहाँ इस बात को संज्ञान में लेना समीचीन होगा कि *महाभारत* के बाद मानव सभ्यता एवं मानव अस्तित्व शेष रह

---

65. अतीन्द्रिय अनुभव आधारित मानवीय व्यवहार के प्रेरक तत्त्व हैं– प्रेम, दया, सहानुभूति, करुणा, त्याग इत्यादि. यहाँ रोचक तथ्य यह है कि जैसे प्रेम, दया, सहानुभूति, करुणा आदि इन्द्रियानुभव के विषय नहीं हैं वैसे ही लोभ, मोह, क्रोध, अहंकार, द्वेष आदि भी नहीं हैं। किन्तु, पाश्चात्य ज्ञानोदय में अहंकेन्द्रित स्वार्थवाद से परिपूरित मानव की प्रतिष्ठा सदैव ऐसे तत्त्वों के प्रवेश के लिये द्वार खोले रहता है. असल में बिना इन प्रवृत्तियों के उपभोक्तावादी मन:स्थिति एवं संस्कार तथा संस्कृति (गांधी के अभिप्राय से विकृति) का निर्माण सम्भव नहीं है और उपभोक्तावादी जन के अभाव में अपार अधिशेष की खपत सम्भव नहीं है. अपार अधिशेष की खपत के बिना न तो केन्द्रीकृत उत्पादन प्रणाली और न ही पूँजीवाद सम्भव है.

66. अमर्त्य सेन (2009), *द आइडिया ऑफ़ जस्टिस*, एलेन लेन, लन्दन : 21-24.

गया था। परन्तु, यदि औद्योगिक सभ्यता मानव अस्तित्व को ही नि:शेष कर देने की ओर अग्रसर हो, तब गांधी के वैकल्पिक सभ्यता-बोध को जन-जन तक क्यों नहीं पहुँचाना चाहिए, जबकि इसमें हिंसा भी नहीं है और रूपान्तरण भी सम्भव है।[67]

औद्योगिक सभ्यता की ज्ञानमीमांसा के रूप में बुद्धिवाद की सीमाओं का उल्लेख करते हुए गांधी कहते हैं कि मानव-जीवन में बुद्धि का महत्त्व तो है, किन्तु, तार्किक बुद्धि ही सत्य को जानने का एकमात्र रास्ता नहीं है। तर्कबुद्धि को ज्ञानप्राप्ति का एकमात्र माध्यम मानना एक ऐसा गम्भीर दोष है, जैसे मूर्तिपूजा के समर्थन के लिये ईश्वर को पत्थर में देखना।[68] गांधी यह मानते हैं कि तार्किक विचारों द्वारा असत्य को जाना जा सकता है। किन्तु, सत्य को जानने के लिये अतार्किक आत्मीय

---

67. अम्बेडकरवादी गांधी पर हिंसा का भी आरोप लगाते हैं. उनका तर्क यह होता है कि उपवास द्वारा भी आत्मोत्सर्ग के दबाव पर यदि किसी निर्णय को लागू किया जाता है, तब यह हिंसा ही है. यद्यपि, यह विचार निराधार है और सत्याग्रह की प्रक्रिया को खण्डश: पकड़ने और उसके प्रभाव के आंकलन के तर्क पर आधारित है. आखिरकार गांधी इस विकल्प को अन्तिम विकल्प के रूप में अपनाते थे, जहाँ अन्यायकर्ता अपने ही पक्ष पर (अर्थात् अपने आधे-अधूरे ज्ञान पर भी) अड़े रहने से डिगता नहीं है. फिर यदि कोई आत्मोत्सर्ग के दबाव में ही सही, किसी सत्य को स्वीकार कर लेता है, तो वह एक मानवीय हृदय का परिचय तो देता ही है. इस आधार पर भी जब कोई आगे बढ़ेगा तब वह गांधी के सत्य की दुनिया का साक्षात्कार कर लेगा और विरोध समाप्त हो जायेगा.साथ ही, गांधी आत्मोत्सर्ग के दबाव को मान लेने का आग्रह भी नहीं करते थे। वास्तव में, वैर भाव रहित आत्मोत्सर्ग अन्यायी की आत्मा को झकझोर देता है. तब वह अपनी ही अन्तरात्मा की आवाज से डरकर (यदि हृदय परिवर्तन नहीं हुआ तब) सत्याग्रही से सहमत होता है. परन्तु यह तो अपने ही प्रति राजनीति हो गयी. यहाँ अमर्त्य सेन के इस तर्क कि न्याय तो होना ही चाहिए, चाहे दुनिया नष्ट हो जाये और अम्बेडकर के इस तर्क कि उपवास द्वारा आत्मोत्सर्ग भी सत्याग्रही के द्वारा दबाव की हिंसा है, परिणामवादी दृष्टि से समरूप तर्क है. इन दोनों ही तर्कों में 'साध्य-साधन विवेक' के पक्ष से आँखें बन्द कर ली गयी है. अमर्त्य सेन कौरवी सभ्यता की हिंसा (प्रकारान्तर रूप से आधुनिक सभ्यता की हिंसा, जिसमें प्रत्यक्ष हिंसा के साथ-साथ संरचनात्मक हिंसा को भी सम्मिलित किया जाना चाहिए) की अपेक्षा महाभारत युद्ध की क्षणिक हिंसा (हर पल और लम्बे समय तक चलने वाली हिंसा की अपेक्षा, जो कौरवी सभ्यता का गुण है) को भयानक मान रहे हैं और द्वेष-धर्म रहित युद्ध (जैसा कि *श्रीमद्भगवद्गीता* का तर्क है) में युद्ध की व्याख्या साधनों की पवित्रता के आलोक में नहीं कर रहे हैं. ठीक उसी प्रकार अम्बेडकर भी आत्मोत्सर्ग में सत्याग्रही के साधन-विवेक पर विचार नहीं करते हैं. अम्बेडकर तो महात्मा बुद्ध के चिन्तन में भी साध्य की पवित्रता ही देख पाते हैं और साधनों की पवित्रता का विवेक बुद्धमत में नहीं है, ऐसी स्थापना करते हैं. भीमराव अम्बेडकर (2009), *बुद्ध और कार्ल मार्क्स*, सिद्धार्थ बुक, नयी दिल्ली : 24.

68. *यंग इंडिया*, 27/06/1939.

मनोभावों का (भी) सहारा लेना पड़ता है। प्रेम, विश्वास, क्षमा आदि प्राथमिक रूप से बुद्धि से नि:सृत तो प्रतीत नहीं होते हैं।[69] मन, बुद्धि, आत्मा का स्पष्ट एवं पारदर्शी विभाजन सम्भव नहीं है, क्योंकि मनुष्य का समग्र व्यक्तित्व इन सबसे मिलकर बनता है, अत:, मात्र बुद्धिजन्य ज्ञान को पूर्ण मान लेना आंशिक ज्ञान को निरपेक्ष ज्ञान बना देने जैसा है। गांधी स्पष्ट कहते हैं कि यदि आपको कुछ महत्त्वपूर्ण करना है, तब आपको मात्र विवेक पर ही निर्भर नहीं रहना होगा, बल्कि, अपने हृदय को भी जगाना होगा।[70]

अब यहाँ यह स्पष्ट कर लेना आवश्यक है कि गांधी ने *हिन्द स्वराज* एवं अन्य रचनाओं में आधुनिक सभ्यता की ज्ञानमीमांसा की जिस दृष्टि से आलोचना की है, उसे क्या नाम दिया जाना उपयुक्त है। क्या जिस तरह से गांधी ने अपने 'सत्य' के अर्थ-सन्दर्भों को परिभाषित किया है, वह अन्तरात्मा की आवाज को पहचानने हेतु कुछ व्रतों के माध्यम से अपने को शून्य करने के इर्द-गिर्द परिभाषित हो सकता है?[71] पुन:, इस शून्य का संधान अपने आप में क्या है? गांधी में वह संधान अद्वैत है। अत:, अपने को शून्य करने का अर्थ ज्ञान की अद्वैत अवस्था को प्राप्त करने की अर्हता अर्जित करना है। वस्तुत:, स्वयं गांधी ने भी यह कहा है कि जो हमारी अन्तरात्मा कहे वही सत्य है, लेकिन जो कोई इस अन्तरात्मा की आवाज की बात करे, उसके पूर्व उन्हें कई बातों का पालन करना चाहिए।[72] गांधी के इस निर्देश को इस दृष्टि से देखा जाना समीचीन होगा कि जिन यम-नियमों, व्रत-उपवासों के सहारे उन्होंने सत्यान्वेषण का मार्ग अपनाया था, वस्तुत:, वे व्यक्ति को सत्यान्वेषण हेतु अर्ह बनाने वाले उपक्रम हैं। जिस तरह आधुनिक सभ्यता की शोधवृत्ति में वैज्ञानिक ज्ञान के लिये अर्हता विशेष प्रकार के प्रशिक्षण से प्राप्त होती है, उसी प्रकार अद्वैत ज्ञान की प्राप्ति के लिये भी प्रशिक्षण आवश्यक है। जिस तरह आधुनिक सभ्यता को पोषित करने वाले वैज्ञानिक ज्ञान की प्राप्ति के लिये वस्तुनिष्ठता आवश्यक शर्त है, उसी प्रकार अद्वैत ज्ञान की प्राप्ति के लिये चित्तवृत्तियों का निरोध एवं

---

69. रोनॉल्ड जे. टरचेक (2000), *गांधी स्ट्रगलिंग फॉर ऑटोनामी*, विस्तार पब्लिकेशन्स, नयी दिल्ली : 80.

70. *यंग इंडिया*, 3/11/1913.

71. आर.के. प्रभु एवं यू.आर. रॉव (1945), *द माइण्ड ऑफ़ महात्मा गांधी*, ऑक्सफ़र्ड युनिवर्सिटी प्रेस, लन्दन : 1.7.

72. *यंग इंडिया*, 31/12/1931.

इन्द्रियों की विषय-वासनाओं से उपरति आवश्यक है।[73] चित्तवृत्तियों के निरोध एवं विषय-वासनाओं से इन्द्रियों की उपरति के आधार पर प्राप्त होने वाला ज्ञान भारतीय परम्परा में अद्वैतोन्मुख ज्ञान है। इसी अद्वैत ज्ञान को गांधी ने *हिन्द स्वराज* एवं अन्य आनुषंगिक लेखन में आधुनिक सभ्यता की समालोचना का आधार बनाया है। दो तथ्यों से यह स्पष्ट भी है। प्रथम, यह कि गांधी स्वयं को अद्वैतवादी कहते थे।[74] द्वितीय, यह कि गांधी अपने को व्यावहारिक आदर्शवादी कहते थे।[75] इन दोनों ही कथनों में अभेद है। बाल-बुद्धि से यह समझ लिया जाता है कि अद्वैतवादी होने का तात्पर्य माया रूपी जगत् से पलायन कर जाना है। ठीक इसके विपरीत श्रीमद्भगवद्गीता में व्यावहारिक आदर्शवादी और अद्वैत के अभेद को स्थापित करते हुए कहा गया है कि–

संन्यासः कर्मयोगश्च निःश्रेयसकरावुभौ।
तयोस्तु कर्म सन्न्यासात्कर्मयोगो विशिष्यते॥

(*श्रीमद्भगवद्गीता* : 5/2)

अर्थात्, कर्मों से संन्यास (जगत् से पलायन) की अपेक्षा कर्मों में संन्यास (राग, द्वेष, मोह, मत्सर आदि से मुक्त होकर कर्म करना) श्रेष्ठ है। यहाँ अनासक्ति भाव 'आदर्श' और उस भाव से कर्म करना 'व्यवहार' है। यही गांधी के व्यावहारिक आदर्शवादी होने का आधार है। इस दृष्टि के विपरीत गांधी की मीमांसा आधुनिक सभ्यता के ज्ञानमीमांसीय आलोक में करने पर व्यावहारिक आदर्शवादी पद को वदतोव्याघाती (कन्ट्राडिक्शन इन टर्म्स) समझ लिया जाता है। ऐसा होना स्वाभाविक ही है, क्योंकि बायनरी दृष्टि इससे अधिक जा भी कहाँ तक सकती है। उक्त उद्धरण

---

73. गांधी ने इस विषय में अपनी आत्मकथा के बीसवें अध्याय में *श्रीमद्भगवद्गीता* के दो श्लोकों का उल्लेख किया है। वे दोनों श्लोक इस पूरे वृतान्त को खोल कर रख देते हैं। मोहनदास करमचंद गांधी (1957), *आत्मकथा : सत्य के साथ मेरे प्रयोग,* नवजीवन ट्रस्ट, अहमदाबाद : 58.

ध्यायतो विषयान्पुंसः सङ्गस्तेषूपजायेते।
सङ्गात्संजायेते कामः कामात्क्रोधोऽभिजायेते॥
क्रोधात्भवति सम्मोहः सम्मोहात्स्मृतिविभ्रमः।
स्मृतिभ्रंशात्द् बुद्धिनाशो बुद्धिनाशात्प्रणश्यति॥

(*श्रीमद्भगवद्गीता* 2 : 62-63)

74. श्रीमन्नारायण (सं.) (1997), *द सेलेक्टेड वर्क्स ऑफ़ महात्मा गांधी,* भाग-6, नवजीवन ट्रस्ट, अहमदाबाद : 107.

75. *यंग इंडिया,* 11/08/1920.

को ही दूसरी दृष्टि से देखें तो राग, द्वेष, मोह, मत्सर आदि द्वैतावस्था के सूचक हैं, इनसे विमुक्त होकर कर्मसंन्यास अद्वैत स्थिति है। अतः, अद्वैतवादी होना और व्यावहारिक आदर्शवादी होना एक ही है। यह कहने में भी कोई संकोच नहीं होना चाहिए कि अद्वैतबोध की भारतीय परम्परा का सुदीर्घ इतिहास होने के बावजूद उसकी लौकिक-राजनीति में सर्वोत्तम अभिव्यक्ति गांधी में ही हुई है। वह भी तब जब उन्हें विदेह की स्थिति प्राप्त नहीं थी। यह गांधी की विशिष्टता है कि उन्होंने आधुनिक सभ्यता को समझने के लिये इसी सभ्यता के प्रशिक्षण तन्त्र से प्रशिक्षण प्राप्त किया था। आधुनिक सभ्यता और उसके ज्ञान की अर्हता की शर्तों के साथ इस सभ्यता को समझ कर वे इसकी आलोचना करते हैं। दूसरी ओर, गांधी के धुर विरोधियों की अशिष्टता देखिए कि वे अद्वैत-ज्ञान की प्राप्ति के प्रशिक्षणों (यम-नियमों एवं व्रत-उपवासों का पालन) से गुजरे बिना अद्वैत-ज्ञान (गांधी-दृष्टि) की आलोचना करते हैं। ऐसे में हठधर्मी, रूढ़िवादी, अंधविश्वासी किसे कहा जाना उचित होगा, यह स्वतः ही समझे जाने का विषय है।

अद्वैत दृष्टि मनुष्य और मनुष्य के मध्य 'सेल्फ़' और 'अदर' का विभाजन नहीं करती है। यह शासकोचित और शासितोचित हित का द्वैध नहीं बनाती है। इसमें प्रकृति तथा संस्कृति के मध्य बायनरी सम्बन्ध नहीं पलते हैं। यह आत्मवत् सर्वभूतेषु की जाग्रत् निष्ठा की व्यावहारिक अभिव्यक्ति है। इसी कारण अस्तित्व की स्वीकार्यता का जितना विराट् हृदय अद्वैत उपलब्ध कराता है, उतना यह अन्य किसी विचार परम्परा में नहीं है। अस्तित्व की स्वीकार्यता का गहन बोध ही महात्मा गांधी को अहिंसा का पुजारी बना देता है। सतत प्रेम और अनंत धैर्य की अभिव्यक्ति को गांधी अहिंसा कहते हैं।[76] पश्चिमी सभ्यता की ज्ञानमीमांसा में स्वतन्त्रता, समानता एवं भ्रातृत्व की तो बात है, पर इसका आधार क्या है? अहंकेन्द्रित व्यक्ति एवं अणुवादी समाज। फलतः, स्वतन्त्रता, समानता और भ्रातृत्व असाधु पुरुषों को ऐसा आवरण प्रदान करता है, जिसमें वे एक-दूसरे की पीड़क अधिकारवादिता से अपना-अपना बचाव कर पाते हैं। यह जागतिक द्वन्द्व-आधारित शक्ति-सम्बन्धों की हिंसा से मानव का बचाव करने में सक्षम नहीं है। फलतः, स्वतन्त्रता, समानता एवं भ्रातृत्व की प्राप्ति के लिये विधियों और विधियों को लागू करने के लिये राजकीय शक्ति की ज़रूरत पड़ती है। जैसे ही राज्य की शक्ति चुकती है, असाधु पुरुषों की

---

76. रोम्याँ रोलाँ (2000), *महात्मा गांधी : द मैन हू बिकम वन विद द यूनिवर्सल बीइंग*, सृष्टि पब्लिशर्स ऐंड डिस्ट्रीब्यूटर्स, नयी दिल्ली : 1.

छद्म साधुता प्रकट हो जाती है। अब यदि क़ानून के भय से सभ्य आचरण करने वालों को सभ्य मान लिया जाये, तो उससे अच्छा तो दुर्जन होना ही है, क्योंकि इसमें कम-से-कम दुराव-छिपाव तो नहीं है। क़ानून के भय से सभ्य हो जाने वालों को गांधी ने कायर कहा है और कायरों को अहिंसा के सर्वथा अयोग्य बताया है। आज की आधुनिक सभ्यता में जो कुछ भी और जितनी भी अहिंसा दिखती है, उसका एक बड़ा भाग कायरों की अहिंसा का ही है। इसके विपरीत, गांधी अहिंसा को वीरों का भूषण मानते थे।

यहाँ यह विचार करना आवश्यक है कि गांधी के अद्वैत-सभ्यता-बोध के प्रस्ताव में सत्य और अहिंसा का इतना महत्त्वपूर्ण स्थान क्यों है? क्यों गांधी यहाँ तक कहते हैं कि अहिंसा मेरा ईश्वर है और सत्य मेरा ईश्वर है, जब मैं अहिंसा की ओर देखता हूँ तो सत्य कहता है कि इसे मेरे ज़रिये प्राप्त करो और जब मैं सत्य की ओर देखता हूँ तो अहिंसा कहती है कि इसे मेरे ज़रिये प्राप्त करो।[77] सत्य और अहिंसा का द्वैत गांधी में क्यों नहीं है? इस प्रश्न के उत्तर में हजारों उद्धरण एवं आख्यान उपलब्ध हैं। उनमें से तार्किक एवं हृदयस्पर्शी यह है कि सत्य के अतिरिक्त कोई और सत्ता नहीं है। यह स्वीकारोक्ति गांधी में इतनी प्रबल है कि पहले उन्होंने ईश्वर को सत्य माना, किन्तु वर्षों के अनुभव के बाद 'सत्य ही ईश्वर है' ऐसी व्याख्या की।[78] जब सत्य ही ईश्वर है, तब जड़-चेतन सभी में उस विराट् सत्य की ही अभिव्यक्ति हुई है। सब के सब सत्य ही हैं, अन्तर सिर्फ़ अंश का है। अतः, किसी भी सत्य के प्रति दुराग्रही होने का कोई आधार नहीं है। परन्तु, जिसने सत्य के व्यापक स्वरूप का साक्षात्कार कर लिया है, उसका यह दायित्व ज़रूर बनता है कि वह आंशिक या सीमित सत्य के साक्षात्कार किये लोगों का मार्गदर्शन करे। इस मार्गदर्शन में दमन कहाँ है? यह तो प्रेममार्गी यात्री का धर्म है। तभी तो गांधी कहते हैं कि यह तो ऐसा स्वराज है कि आपने अगर इसका स्वाद चख लिया तो दूसरों को इसका स्वाद चखाने के लिये ज़िन्दगी भर कोशिश करेंगे।[79]

यहाँ यह प्रश्न उपस्थित किया जा सकता है कि यही बात आधुनिक सभ्यता के समर्थकों के साथ क्यों नहीं लागू की जा सकती? वे भी तो असभ्य लोगों को

---

77. *यंग इण्डिया*, 04/06/1925.

78. *यंग इंडिया*, 31/12/1931.

79. देखें, *हिन्द स्वराज* : अध्याय-14.

सभ्य बनाने के दावे के साथ ही ग्लोब पर फैले थे। इस प्रश्न का उत्तर अब तक मुझे गांधी के लेखों में नहीं मिल पाया है, कदाचित् आगे मिल जाये। यद्यपि गांधी के आचरण में इसका उत्तर एकदम साफ़ रूप में प्रकट हो जाता है। वह उत्तर है, संवाद और निरन्तर सापेक्ष सत्य से निरपेक्ष सत्य की ओर बढ़ते जाने का प्रयास। औद्योगिक सभ्यता के समर्थक अपने ज्ञान को एकमात्र और अन्तिम ज्ञान के रूप में स्थापित करते हैं, फलतः, वहाँ संवाद की गुंजाइश समाप्त हो जाती है। इसके विपरीत, गांधी कभी उस सत्य को पूर्ण नहीं कहते हैं, जिसे उन्होंने आज प्राप्त कर लिया है। वास्तव में, गांधी के *हिन्द स्वराज* की तर्क-प्रणाली वैसी ही है, जैसी कि *श्रीमद्भगवद्गीता* में है। श्रीकृष्ण अर्जुन को सब कुछ समझाकर कहते हैं कि अब जैसा लगे वैसा करो (यथेच्छसि तथा कुरू)। गांधी भी अंत-अंत में ऐसा ही कहते हैं, मैंने जैसा उसे (स्वराज्य) समझा है, वैसा यहाँ बताने की कोशिश की है। इसके विपरीत, आधुनिक सभ्यता अपना विस्तार सभी मानवीय, गैर मानवीय और अमानवीय तरीक़े से करने के लिये कटिबद्ध है। द्वैत पर आधारित सभ्यता का यह अनिवार्य लक्षण है, अन्यथा वह अपने को स्थापित ही नहीं रख सकती।

हिन्द स्वराज में महात्मा गांधी ने जिस सभ्यता का खाका खींचा है वह अद्वैत सभ्यता ही है, जिसमें हम अपनी 'असलियत' को पहचानते हैं। सभ्यता को परिभाषित करते हुए गांधी लिखते हैं कि सभ्यता वह आचरण है, जिससे आदमी अपना फर्ज़ अदा करता है। इसके मानी हैं नीति का पालन करना। नीति के पालन का मतलब है अपने मन और इन्द्रियों को वश में रखना। ऐसा करते हुए हम अपने को पहचानते हैं, यही सभ्यता है।[80] यहाँ ध्यातव्य है कि गांधी ने सभ्यता की पहचान भौतिक उपलब्धियों से नहीं, बल्कि, आत्मोत्थानपरक नीति के पालन एवं इन्द्रियों को वश में रखने के परिणामों से की है। इसके विपरीत, जब गांधी आधुनिक सभ्यता की परिभाषा करते हैं, तब कहते हैं कि इस सभ्यता की सही पहचान तो यह है कि लोग बाहरी दुनिया की खोजों में और शरीर के सुख में धन्यता, सार्थकता और पुरुषार्थ मानते हैं।[81] विचारपूर्वक देखें तो गांधी जिसे अद्वैत सभ्यता कहेंगे, उसमें संस्कृति एवं सभ्यता के बीच और आध्यात्मिकता तथा सामाजिकता के मध्य फासला नहीं है, जबकि आधुनिक सभ्यता के विकास में आध्यात्मिकता एवं सामाजिकता का

---

80. देखें, *हिन्द स्वराज* : अध्याय-13.

81. देखें, *हिन्द स्वराज* : अध्याय-6.

फासला उत्तरोत्तर बढ़ता ही जाता है। गांधी के शब्दों में ही इसकी मिसाल यह है कि भगवान ने मनुष्य की हद उसके शरीर की बनावट के साथ ही बाँध दी, लेकिन मनुष्य ने उस बनावट की हद को लाँघने के उपाय खोज निकाले (आधुनिक सभ्यता की उपलब्धि)। मनुष्य को अक़्ल इसलिए दी गयी है कि उसकी मदद से वह ईश्वर को पहचाने (अद्वैत सभ्यता की विशेषता), पर, मनुष्य ने अक़्ल का प्रयोग ईश्वर को भूलने में किया।[82]

हिन्द स्वराज में वर्णित स्वराज अद्वैत सभ्यता का चित्रण है, ऐसा कहने के पीछे उपर्युक्त तथ्यों के अतिरिक्त *हिन्द स्वराज* के ही अन्य सात तर्क भी उल्लेखनीय हैं। प्रथम, उन सभी लोगों का देश हिन्दुस्तान है, जो आत्मोत्थान के मार्ग के अनुगामी बन कर यहाँ रहना चाहें। यह आत्मवत् सर्वभूतेषु के तर्क की नागरिक गुणों में अपेक्षा है। द्वितीय, आधुनिक सभ्यता में भी यदि कुछ नीतिसंगत है, तो उसे या स्वराज के पूर्ण स्वरूप की प्राप्ति के पूर्व कुछ अनीतिपरक आधुनिक संस्थाओं का सावधानीपूर्वक इस्तेमाल किया जा सकता है, जैसे रामराज्य हेतु आत्मपूरित ग्रामीण सभ्यता के उत्थान के पूर्व ब्रिटिश ढंग की पार्लियामेन्ट्री व्यवस्था। यह आंशिक सत्य के प्रति दुराग्रहविहीनता की अपेक्षा है। तृतीय, चारित्रिक शुद्धता हेतु यम-नियमों एवं व्रत-उपवासों का पालन। यह व्यक्तित्व की एकता की अपेक्षा है। चतुर्थ, शारीरिक श्रम की अनिवार्यता एवं अपरिग्रह। यह साहचर्य एवं आर्थिक शुचिता की अपेक्षा है। पंचम, दलविहीन पंचायती राज। यह प्रत्यक्ष सम्बन्धों पर आधारित शासक को सेवक बनाने की अपेक्षा है। षष्ठ, आत्मपूरित ग्राम। यह स्वावलंबन की अपेक्षा है। सप्तम्, नीतिपरक शिक्षा। यह संस्कार से परिपूर्ण होने की अपेक्षा है। ऐसे सप्तबंधों से युक्त सभ्यता में नीति की प्रतिष्ठा होगी, किसी आरोपित विधि और प्रक्रिया की नहीं। यह कर्तव्यों से अधिकार का सृजन करने वाली सभ्यता होगी।

सत्य, अहिंसा और आत्मशुद्धि की परिचर्चा के साथ गांधी जब अपनी आत्मकथा का समापन करते हैं, तब वहाँ भी वे अद्वैतबोध का परिचय देते हैं। वे कहते हैं कि बिना आत्मशुद्धि के जीवमात्र के साथ ऐक्य सध नहीं सकता है। आत्मशुद्धि के बिना अहिंसा धर्म का पालन सर्वथा असम्भव है। अशुद्ध आत्मा परमात्मा के दर्शन करने में असमर्थ है। अतएव, जीवन-मार्ग के सभी क्षेत्रों में शुद्धि की आवश्यकता है। यह शुद्धि साध्य है, क्योंकि, व्यष्टि और समष्टि के बीच ऐसा निकट का सम्बन्ध है कि

---

82. देखें, *हिन्द स्वराज* : अध्याय-3.

एक की शुद्धि अनेक की शुद्धि के बराबर हो जाती है। व्यक्तिगत प्रयत्न करने की शक्ति सत्य नारायण ने सबको जन्म से ही दी है।[83]

दूसरी ओर, औद्योगिक सभ्यता की देहाभिमानी वृत्तियों में सत्य, अहिंसा, आत्मशुद्धि, आत्मोत्थान आदि शब्दों का कोई ऐसा मोल नहीं है, जो शक्तिकामी व्यक्ति को झंकृत कर सके। यदि कुछ मोल है भी तो वह व्यक्तिगत एवं पारिवारिक जीवन के दायरे तक सीमित है। इसी कारण उनकी दृष्टि में कभी पितृसत्तात्मकता शोषण का कारण बनती है, तो कभी पूँजीवाद। कभी भाषा शोषण का कारण बनती है, तो कभी धर्म और मजहब। कभी सामन्तवादी मनोवृत्ति शोषण का कारण बनती है, तो कभी सुविधाओं का केन्द्रीकरण। ऐसा भी नहीं कि इस औद्योगिक सभ्यता के विरोधी दावे को प्रस्तावित करने वाले मार्क्सवाद ने भी कोई सार्थक विकल्प सुझाया। वह भी, अन्ततः, यूरोपीय विश्व-दृष्टि एवं देहाभिमानी सभ्यता का ही एक समानान्तर (वैकल्पिक नहीं) प्रस्ताव बन कर रह गया।

निष्पक्ष रूप से विचार करें तो औद्योगिक सभ्यता के उदारतावादी प्रतिमान और मार्क्सवादी प्रतिमान में समानताएँ ही अधिक हैं और असमानता अत्यन्त कम।[84] औद्योगिक सभ्यता के इन दोनों प्रतिमानों में सात मूलभूत समानताएँ हैं। प्रथम, दोनों ही इस विश्व के अनाध्यात्मीकरण के प्रस्तावक हैं। औद्योगिक सभ्यता के उदारतावादी प्रतिमान में तो इस ग्लोब के परे ईश्वर जैसी कोई सत्ता हो भी सकती है, किन्तु, मार्क्सवादी प्रतिमान में तो ग्लोब के परे भी ईश्वर नहीं है। द्वितीय, दोनों ही प्रतिमान अनुभववाद, विवेकवाद एवं विज्ञानवाद की ज्ञानमीमांसा को स्वीकार करते हैं। तृतीय, दोनों ही अपने-अपने ज्ञान में सार्वभौमिकता के दावे को प्रस्तावित करते हैं और इसे ही ज्ञान का एकमात्र स्वरूप मानने का कट्टरतावादी आग्रह रखते हैं। चतुर्थ, दोनों ही अतीन्द्रिय ज्ञान एवं अतीन्द्रिय अनुभव को निरस्त करते हैं। पंचम्, दोनों ही साध्य-साधन विवेक के प्रति सिद्धान्ततः साध्यों की पवित्रता और व्यवहारतः इनके प्रति अवसरवादी नज़रिया अपनाते हैं। षष्ठ, दोनों ही औद्योगिक उत्पादन की

83. मोहनदास करमचंद गांधी (1957), *आत्मकथा : सत्य के साथ मेरे प्रयोग*, नवजीवन ट्रस्ट, अहमदाबाद : 432.

84. यद्यपि, इस प्रसंग में इन दोनों के मध्य सात समानताओं का उल्लेख किया गया है, तथापि, इन दोनों में असमानता मात्र एक ही, और वह यह है कि औद्योगिक सभ्यता का उदारतावादी प्रतिमान जिस उत्पादन सम्बन्ध को अपरिहार्य मानता है उसे औद्योगिक सभ्यता का मार्क्सवादी प्रतिमान स्वीकार नहीं करता है.

केन्द्रीकृत प्रणाली का समर्थन करते हैं और इस दृष्टि से दोनों ही शहरीकरण एवं उपभोक्तावाद के समर्थक हैं। अन्तिम, दोनों ही भौतिक संसाधनों की प्रचुरता को ही सामाजिक संघर्षों के निदान का एकमात्र विकल्प मानते हैं। उदारतावादी औद्योगिक सभ्यता के इस तर्क को शास्त्रीय अर्थशास्त्र एवं समष्टिगत अर्थशास्त्र (इसकी चर्चा पहले हो चुकी है) प्रस्तावित करते हैं। मार्क्सवादी दृष्टि के लिये यहाँ मार्क्स एवं एंगेल्स का वक्तव्य उद्धृत करना समीचीन होगा। वे कहते हैं कि अभाव की स्थिति में संघर्षों को समाप्त नहीं किया जा सकता। उत्पादक शक्तियों का सर्वोच्च विकास एक आवश्यक शर्त है। इसके बिना अभाव या कमी को ही बढ़ावा मिलेगा। ऐसी स्थिति में ग़रीबी बढ़ेगी, आवश्यक वस्तुओं के लिये संघर्ष होगा और हानिकर व्यापारों का उदय होगा।[85] इसका निहितार्थ यह हुआ कि उदारतावादी औद्योगिक सभ्यता की ही तरह मार्क्सवादी भी मनुष्य की क्षमता के प्रति निराशावादी हैं। दोनों ही यह स्वीकार नहीं कर पाते कि संघर्षों के समाधान हेतु आवश्यकताओं की हदबन्दी में भी मनुष्य सक्षम है और यही वास्तव में उसके शरीर की सीमा एवं उसका नैतिक दायित्व भी है। व्यवहारत:, दोनों के ही प्रस्तुत दावे खोखले हैं, क्योंकि विगत शताब्दियों में जैसे-जैसे भौतिक संसाधनों की प्रचुरता बढ़ी है, हिंसा, अन्याय एवं आफ़त भी बढ़े हैं।

औद्योगिक सभ्यता के मार्क्सवादी प्रतिमान एवं उदारतावादी प्रतिमान में एक और भी विशिष्ट समानता है। यह दोनों ही अपने-अपने अन्याय को छिपाने के लिये अनेक हथकंडों का सहारा लेते हैं और किसी भी वैकल्पिक सभ्यता-बोध को निर्मूल करने के लिये भी युक्तिगत एवं गैर-युक्तिगत सभी साधनों का प्रयोग करते हैं। औद्योगिक सभ्यता के उदारतावादी प्रतिमान की ऐसी धूर्तता भरी तमाम चालों का आर.सी. दत्त ने भी उल्लेख किया है और दादाभाई नौरोजी ने भी किया है। इन दोनों की रचनाओं में इस सच्चाई को उजागर किया गया है कि किस प्रकार ब्रिटिशपूर्व भारत में कृषि एवं उद्योग का सामंजस्य था, और कैसे इस सामंजस्य को अंग्रेज़ों ने तोड़ा। उन्होंने हमारे आर्थिक ढाँचे ही नहीं तोड़े, बल्कि, हमारे आर्थिक एवं सामाजिक सम्बन्धों के सामंजस्य को भी तोड़ा। परिणामत:, एक सम्पन्न भारत विपन्न भारत में तब्दील हो गया। गांधी ने इस विपन्नता से उत्पन्न विकार को दत्त तथा नौरोजी से आगे बढ़ कर समझा, जबकि उसी युग में भारत की विपन्नता, जो अंग्रेज़ी राज की देन थी, और उस विपन्नता से उत्पन्न विकृति को औद्योगिक

---

85. मार्क्स एवं एंगेल्स (1970), *जर्मन आइडियोलॉजी*, लॉरेन्स ऐंड विशार्ट, लन्दन : 56.

सभ्यता के युक्तिवादी समर्थक भारत की असलियत के रूप में पहचान कर रहे थे। यद्यपि, लगभग उसी युग में महर्षि अरविन्द ऐसे युक्तिवादी समालोचकों का प्रतिकार कर रहे थे[86], तथापि, वह प्रतिकार भारतीय दर्शन एवं भारतीय तर्कशास्त्र द्वारा भारत को समझ कर दिया गया उत्तर है। इसके विपरीत, *हिन्द स्वराज* सम्पूर्ण भारत की उपस्थापना है, जिसमें भारत का अतीत, वर्तमान और यहाँ तक कि भविष्य भी परिलक्षित है। गांधी अपने *हिन्द स्वराज* और महर्षि अरविन्द अपने *फाउन्डेशन्स ऑफ़ इण्डियन कल्चर* में भारत की उपस्थापना के माध्यम से एक अद्वैत सभ्यता का ही चित्रण करते हैं, किन्तु, जहाँ गांधी की दृष्टि राजनीतिक, आर्थिक एवं सांस्कृतिक अधिक है, वहीं महर्षि अरविन्द की दृष्टि में व्यवहार एवं प्रक्रियागत वर्तमान भारत की छवि उभर नहीं पायी है।

हमारे आज के समय में अधिक प्रामाणिक एवं तथ्यात्मक अन्वेषण द्वारा यह स्थापित किया जा चुका है कि औपनिवेशिक शक्तियों ने अपने ज्ञान के राजनीतिक प्रयोग द्वारा पूर्व को एक ख़ास रूप में प्रस्तुत किया। पूर्व का यह ख़ास रूप उसका वास्तविक रूप नहीं था, बल्कि, यह वह रूप था, जिसे पश्चिम ने अपनी आत्मछवि के विपरीत मानकों पर गढ़ा था।[87] यह कार्य पहले प्रतिष्ठित प्राच्यवादियों द्वारा होता था, जिससे औपनिवेशिक शक्तियाँ शासितों को आत्मसात् कराने हेतु कई तरीक़े के हथकण्डे अपनाती थीं। अब हर गली-मुहल्ले में प्राच्यविद् उपलब्ध हैं और उन्हीं आत्मसात् करायी गयी ज्ञान की जुगाली उनके आह्लाद का विषय है। प्राच्यविदों की इस चाल से भी गांधी वाक़िफ़ थे। इसी कारण वे पाठक द्वारा पूछे गये प्रश्नों की पहले मीमांसा करते हैं और तब जा कर प्रश्न का समाधान करते हैं। ऐसा करते हुए गांधी यह उद्घाटित करने का प्रयत्न करते हैं कि जिस कारण और ज्ञान के आधार पर आप अपने भारत को नहीं समझना चाहते हैं, उसकी जड़ें कहीं और हैं।

कम-से-कम मार्क्स से तो यह अपेक्षा की ही जा सकती है कि वे एशियाई उत्पादन प्रणाली की चर्चा के प्रसंग में भारत की चर्चा करते हुए उस सभ्यता का बचाव करेंगे, जहाँ उत्पादन एवं वितरण की प्रणाली में अनुस्यूत साम्यवादी पद्धति का पटाक्षेप औपनिवेशिक शक्तियों ने किया था। यह एक विवादास्पद

---

86. महर्षि अरविन्द (1968), *भारतीय संस्कृति के आधार* (अनूदित), श्री अरविन्द आश्रम, पाण्डिचेरी.

87. एडवर्ड सईद (1985), *ओरिएन्टलिज़म*, पेंग्विन बुक्स, लन्दन : 7.

स्थापना मानी जा सकती है। अत:, इसके बचाव के लिये कुछ तर्कों को उद्धृत करना उपयुक्त होगा। प्रथम, यह कि कार्नवालिस द्वारा 1793 में किए गए स्थायी बन्दोबस्त (ज़मींदारी व्यवस्था) के पूर्व भारत में भू-सम्पदा परिवार, गोत्र, वंश, जाति, जनजाति या ग्राम की होती थी। इस प्रकार के भू-सम्बन्धों में उत्पादन एवं वितरण का सामुदायिक नियमन होता है। इसमें उत्पादक एवं उपभोक्ता के मध्य खाई उत्पन्न करने वाले तन्त्र नहीं होते हैं। द्वितीय, प्राक्-औपनिवेशिक काल में यदि भारतीय उद्योगों के विकास को भी दृष्टिगत करें तो वह कुछ चुनिन्दा शहरों तक केन्द्रित था और भारत में प्राक्-सामन्ती सम्बन्धों को प्रभावित करने की स्थिति में नहीं था। किन्तु, मार्क्स ने इन सामाजिक एवं आर्थिक सम्बन्धों पर आधारित सभ्यता को औद्योगिक सभ्यता से निम्न बताया है। वे लिखते हैं कि अरब, तुर्क, तातार और मुगल, जिन्होंने एक के बाद एक भारत पर विजय हासिल की, शीघ्र ही इतिहास के एक शाश्वत नियम की पुष्टि करते हुए भारतीयों जैसे हो गये, जिसमें बर्बर विजेता अपनी प्रजा की श्रेष्ठ सभ्यता द्वारा परास्त कर लिये गये। अंग्रेज़ पहले विजेता थे, जिनकी सभ्यता श्रेष्ठतर थी और इसलिए हिन्दुस्तानी सभ्यता उन्हें अपने अंदर समेट न सकी। उन्होंने स्थानीय समुदायों को तोड़कर भारतीय सभ्यता को नष्ट कर दिया। स्थानीय उद्योगों को जड़ से उखाड़ फेंका और स्थानीय समाज में जो कुछ उन्नत और श्रेष्ठ था, उसे मटियामेट कर दिया।[88] किन्तु, यही मार्क्स भारत में तथाकथित पूँजीवादी सामाजिक क्रान्ति के परिणामस्वरूप होने वाले कष्टों के बावजूद प्राचीन भारतीय ग्रामीण व्यवस्था के विनाश को भी अपरिहार्य बताते हैं।[89] आखिर ऐसा क्यों है? यदि यहाँ यह कहा जाता है कि मार्क्स ने प्राचीन भारतीय ग्रामीण व्यवस्था में 'प्रतिक्रियावादी' सम्बन्धों को भी देखा था तो इसका आधार क्या है? यह एक बृहद् विवेचना का विषय है। तथापि, इसके दो सबसे महत्त्वपूर्ण सूत्र हैं। प्रथम, यह कि इस सम्पूर्ण पड़ताल में जब भारत की आलोचना का विषय आता है, तब मार्क्स की नज़र में भी ब्रिटिशोत्तर भारत की विकृति आ जाती है और ब्रिटिशपूर्व भारत की जो कुछ भी श्रेष्ठ उपलब्धि थी, वह छूट जाती है। द्वितीय, जिस प्राचीन भारतीय ग्रामीण

---

88. मार्क्स एवं एंगेल्स (1954), *ऑन कॉलोनियलिज़म,* फॉरेन लैंग्वेजेज़ पब्लिशिंग हाउस, मास्को : 28.

89. मार्क्स एवं एंगेल्स (1954), *ऑन कोलोनियलिज़म,* फॉरेन लैंग्वेजेज़ पब्लिशिंग हाउस, मास्को : 41.

व्यवस्था की चर्चा यहाँ मार्क्स कर रहे हैं और प्रकारान्तर से जो *हिन्द स्वराज* में भी उपस्थित है, उसमें मार्क्स पूँजीवादी सम्बन्धों के आगमन को अपरिहार्य मानते हैं। ऐसा नहीं है कि यह अपरिहार्यता इतिहास की शाश्वत गति के कारण है। बल्कि, यह है कि प्राचीन भारतीय ग्रामीण व्यवस्था आवश्यकताओं की पूर्ति हेतु अपने-आप में परिपूर्ण व्यवस्था थी, किन्तु वह विलासिता की पूर्ति के लिये परिपूर्ण नहीं थी। हक़ीक़त यह है कि मार्क्स गांधी की तरह आवश्यकता एवं विलासिता के मध्य अन्तर नहीं कर सके। मार्क्स प्रचुरता में शान्ति की खोज में स्वयं भटकते रहे और अन्ततः पाश्चात्य ज्ञानोदय की ही मुक्तिकाम्यता के दूसरे, किन्तु, विफल प्रस्ताव बन कर रह गये।

परन्तु, वे सभी और अब हम सब भी अपने भीतर के गांधी को रोज़-रोज़ मार कर अपने को धोखा देते हैं और इस भ्रम में रहते हैं कि एक-न-एक दिन यह सभ्यता समस्त दोषों से मुक्त हो जायेगी। यह स्वयं अपने-आप में औद्योगिक सभ्यता के ज्ञान में आकण्ठ डूबे हुए मनुष्य की सोच है और विकल्पहीनता का द्योतक है। आश्चर्य यह कि ऐसी विकल्पहीनता में भी पाश्चात्य ज्ञानोदय के प्रभाव से आच्छादित मस्तिष्क स्वतन्त्रता, विकास और मानव-गरिमा की बात करता है। गांधी की दृष्टि एवं योजना बिल्कुल स्पष्ट है। वे *हिन्द स्वराज* में जिस आत्मपूरित ग्रामीण सभ्यता की बात करते हैं, वह सामाजिक सम्बन्धों का नियमन न तो कार्ल मार्क्स की तरह अर्थ-प्रवृत्ति पर होने देगी और न ही फ्रायड की तरह यौन प्रवृत्ति पर। गांधी सामाजिक सम्बन्धों के नियमन का सूत्र उसी से निकालेंगे, जिससे यह जगत् नियमित होता है और यही अद्वैत सभ्यता की विश्व-दृष्टि भी है।

हिन्द स्वराज और कम्युनिस्ट मैनिफ़ेस्टो

मनुष्य एवं मशीन पर गांधी, मार्क्स और हाइडेगर

सभ्यता के आरम्भ से ही मनुष्य जीवन और जगत् के विषय में आदर्श दृष्टिकोण और परिकल्पनाएँ प्रस्तुत करता रहा है। मानव-स्तर पर आत्मचेतन हुई चेतना के लिये यह अस्वाभाविक भी नहीं है। भारतीय परम्परा में भी सभ्यता, संस्कृति और नीति विषयक आदर्श दृष्टिकोणों का न केवल समृद्ध, बल्कि, प्राचीनतम इतिहास मिलता है। रामायण, महाभारत, मनु, कौटिल्य, भीष्म और शुक्र तथा विदुर-कामन्दक इत्यादि में एतद्विषयक चिन्तन के आदर्शवादी गुण-सूत्र स्पष्ट रूप से देखे जा सकते हैं। सही अर्थों में इन्हें 'नो प्लेस' के अर्थ में यूटोपियन भी नहीं कहा जा सकता, बल्कि, 'गुड प्लेस' के अर्थ में इन्हें इयूटोपियन कहना ज़्यादा उचित होगा। परन्तु, विडम्बना यह है कि सभ्यता, संस्कृति और नीतिविषयक पश्चिमी चिन्तन का जिस तरह प्रचार-प्रसार हुआ, उसमें भारतीय चिन्तकों की बुनियादी और आदर्शवादी संकल्पनाओं के लिये आज कोई स्थान ही नहीं है। इसके लिये पश्चिम के प्राच्यविदों के ओरियण्टलिस्ट मिशन को ही एक बारगी ज़िम्मेदार नहीं ठहराया जा सकता। ज़िम्मेदार तो हम सभी हैं, जिन्होंने योग्य उत्तराधिकार भाव से अपनी वाङ्‌निधि के मूल्यवान तत्त्वों को दुनिया के सामने उस तरीक़े से प्रदर्शित ही नहीं

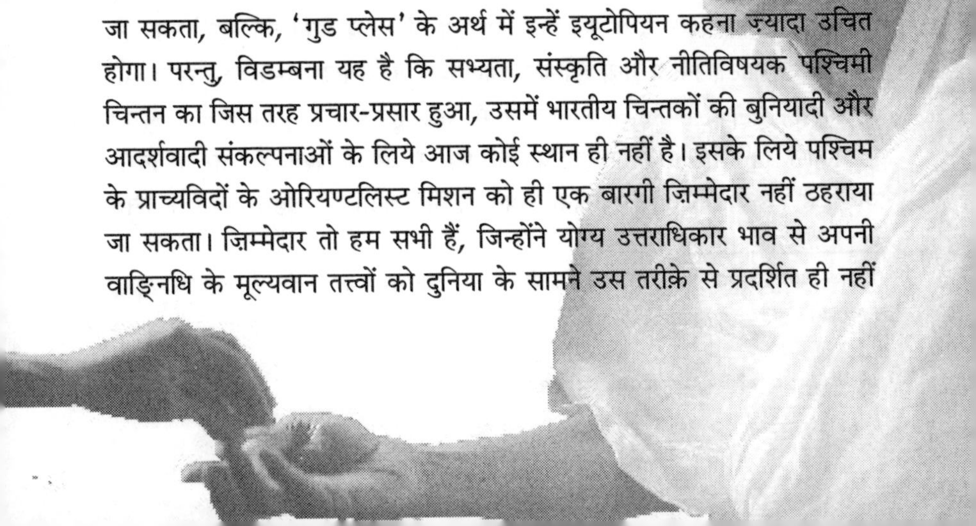

किया। ध्यातव्य है कि 2000 यानी सहस्राब्दी वर्ष के उपलक्ष्य में याक बारज़ून ने *फ्रॉम डाउन टु डिकेडेन्स : 500 हण्ड्रेड इयर्स ऑफ़ वेस्टर्न कल्चरल लाइफ* नामक एक महत्त्वाकांक्षी विश्व इतिहास ग्रन्थ का प्रकाशन किया था।[1] इस विशाल ग्रन्थ में नब्बे वर्षीय लेखक ने सभ्यता, संस्कृति के वैश्विक सन्दर्भों पर अपने लम्बे अनुभवों को बड़े विस्तार से प्रतिपादित किया है। इस ग्रन्थ में एक लम्बा और रोचक अध्याय है– 'द यूटोपियंस', जिसमें दुनिया भर के युटोपिया चिन्तन की खोज-खबर ली गयी है, परन्तु कहीं भारतीय चिन्तकों का नामोनिशान भी नहीं है। याक बारज़ून ने इस अध्याय में मार्क्स-ऐंगेल्स के *कम्युनिस्ट मैनिफ़ेस्टो* पर विस्तार से चर्चा की है, लेकिन, गांधी के *हिन्द स्वराज* को सन्दर्भित भी नहीं किया है। द्रष्टव्य है कि 19वीं-20वीं शताब्दी में आदर्श परिकल्पना की दृष्टि से *हिन्द स्वराज* को *कम्युनिस्ट मैनिफ़ेस्टो* से किसी भी तरीक़े से कम नहीं आँका जा सकता, चाहे दोनों दस्तावेज़ों पर उनकी कार्य-योजनाओं अथवा सैद्धान्तिक विवेचन की दृष्टि से ही क्यों न विचार किया जाये। अतएव, यहाँ हम *कम्युनिस्ट मैनिफ़ेस्टो* और *हिन्द स्वराज* को आमने-सामने रखकर दोनों दस्तावेजों की कार्य-योजना और उससे सम्बन्धित कुछ उद्दिष्ट संकल्पनाओं के सन्दर्भ में तुलनात्मक विमर्श करने का प्रयास करेंगे। अवधेय है कि मार्क्स-ऐंगेल्स का *कम्युनिस्ट मैनिफ़ेस्टो* अपनी विचार परम्परा की एक उत्तरवर्ती रचना है, जिसकी अवधारणात्मक आधारशिला पहले से ही स्पष्ट की जा चुकी थी, लेकिन, गांधी का *हिन्द स्वराज* उनकी एक प्रारम्भिक रचना है और उसके निहितार्थों का स्पष्टीकरण वे आजीवन करते रहे। इसलिए, दोनों दस्तावेजों पर तुलनात्मक विमर्श के लिये न केवल मार्क्स और गांधी के सम्पूर्ण चिन्तन को परिप्रेक्ष्य में रखना होगा, बल्कि, कुछ समकालीन और बदलते हुए वैचारिक परिदृश्यों के सन्दर्भ में भी विचार करना अपेक्षित होगा। इन दोनों महान् विचारकों एवं भविष्यद्रष्टाओं के द्वारा आधुनिक सभ्यता और तकनीकी की आलोचना को गहरे में उद्घाटित किया गया है। यह आलोचना न केवल साभ्यतिक महत्त्व की है, बल्कि, मानव सभ्यता के भविष्य से भी जुड़ी हुई है। ऐंड्रयु फ़िनबर्ग ने उचित ही कहा है कि औद्योगिक सभ्यता का भविष्य इस अंतिम प्रश्न के उत्तर पर निर्भर करता है कि विज्ञान और तकनीक अपने ही निर्माताओं की बेहतर सेवा के लिये

---

1. याक बारज़ून (2002), *फ्रॉम डाउन टु डिकेडेन्स : 500 इयर्स ऑफ़ वेस्टर्न कल्चरल लाइफ़*, हार्पर कोलिंस.

निर्दयी मशीनी तर्क में किस तरह का रूपांतरण कर पाती है।[2] आज यह प्रश्न मनुष्य को अपने-आप से भी पूछना होगा और विज्ञान एवं तकनीकी के समक्ष अर्जी भी लगानी होगी। हम अपने इस छोटे से प्रयास में, गांधी की अध्यर्द्धशतवार्षिकी के उपलक्ष्य में यथासम्भव ऐसा ही करने का प्रयास करेंगे।

I

कार्ल मार्क्स और ऐंजिल्स द्वारा जब पहली बार 1848 में जर्मन भाषा में *मैनिफ़ेस्टो ऑफ़ द कम्युनिस्ट पार्टी* प्रकाशित हुई तो दुनिया को बदलने वाली पुस्तक के रूप में इसका व्यापक प्रचार-प्रसार हुआ। इसने उस समय संसार की सबसे अधिक बिकने वाली पुस्तक के रूप में स्थान प्राप्त किया। वस्तुतः, जिस आह्वान के साथ मार्क्स ने इसे प्रस्तुत किया था, तत्कालीन यूरोप में इसके स्वागत का मनस्तत्त्व पहले से ही तैयार हो चुका था। इसकी सैद्धान्तिक पृष्ठभूमि पहले से ही एक सशक्त विचारधारा का स्वरूप ले चुकी थी। इसके विपरीत गांधी ने 1909 में जब प्रथमतया *हिन्द स्वराज* को गुजराती भाषा में पुस्तकाकार रूप में प्रस्तुत किया तो भारतीय जनमानस में यह उतना प्रचारित नहीं हुआ, बल्कि, कुछ अंग्रेज़ शासकों को ऐसा अवश्य ही प्रतीत हुआ कि यदि इस छोटी सी पोथी का अधिक प्रचार-प्रसार हुआ तो भारतीय जनमानस में ब्रिटिश साम्राज्य के विरोध की आग तेजी से भड़क सकती है। इसी अन्देशे में तत्कालीन बम्बई सरकार ने इस पुस्तक को प्रतिबन्धित कर दिया था। इस प्रतिबन्ध के प्रत्युत्तर में और कैलेन बैक के पढ़ने के लिये गांधी ने 1912 में इसका अंग्रेज़ी अनुवाद प्रस्तुत किया। वस्तुतः, इस पोथी में हिन्दुस्तान के स्वराज के आधारभूत ढाँचे को एक वैकल्पिक सभ्यता-बोध के रूप में जिस सहजता और मौलिकता के साथ गांधी ने प्रस्तुत किया था, वह तत्कालीन भारतीय जनमानस को उतने गहराई से प्रभावित कर भी नहीं सकता था। अंग्रेज़ों के सम्पर्क में आने से भारतीयों में जिस राजनीतिक अस्मिता की चेतना जगी थी, उसमें अपनी सभ्यता और संस्कृति के क्षरण की चेतना सम्मिलित ही नहीं थी। गोखले ने तो *हिन्द स्वराज* पर टिप्पणी करते हुए यहाँ तक कहा था कि इस पोथी में गांधी के विचार इतने अनगढ़ हैं कि एक साल के बाद वे इसे स्वयं ही नष्ट कर देना चाहेंगे। दूसरी तरफ़ जिराल्ड हर्ड ने कहा था कि यह गांधी के द्वारा एक प्रयोग की शुरुआत है और इसका महत्त्व युगों तक कायम रहेगा।

---

2. ऐंड्रयु फिनबर्ग (2002), *ट्रांसफॉर्मिंग टेक्नोलॉजी,* प्रीफेस-V, ऑक्सफ़र्ड युनिवर्सिटी प्रेस.

इस प्रकार जो भी हो, ये दोनों दस्तावेज अपने प्रस्तुत होने के साथ ही एक युगान्तरकारी दस्तावेज़ होने के संकेत देने लगे थे। ये दोनों दस्तावेज़ अपनी बनावट में सैद्धान्तिक विवेचन होने के साथ-साथ उसे क्रियान्वित और चरितार्थ करने की कार्य-योजनायें भी प्रस्तुत करते हैं। इनमें सैद्धान्तिक विवेचन पार्श्व में है और कार्य-योजना मुखर रूप से सामने आई है। इस कारण ये दोनों दस्तावेज़ प्रथम दृष्टया सामान्य अदीक्षित व्यक्तियों को सम्बोधित करते हुए प्रतीत होते हैं। मैनिफ़ेस्टो के पार्श्व में जो सैद्धान्तिक दृष्टि कार्य कर रही थी, वह द्वन्द्वात्मक ऐतिहासिक भौतिकवाद के रूप में पूरे तौर से अनावृत हो चुकी थी, लेकिन *हिन्द स्वराज* के पार्श्व में जो दार्शनिक दृष्टि कार्य कर रही थी, वह स्पष्ट रूप से अनावृत नहीं थी। वह तो एक बोधि के रूप में मानो बुद्ध-पुरुष के मुख से सहज ही प्रस्फुटित हुई थी। आज भी गांधी के *हिन्द स्वराज* को उसके सम्पूर्ण निहितार्थों और निष्पत्तियों के साथ उद्घाटित करने के लिये एक ऐसे व्याख्याकार की ज़रूरत है, जो वास्तव में उस पर एक महाभाष्य लिख सके। यद्यपि गांधी ने अपने जीवन में जो कुछ भी कहा और लिखा, वह सब-कुछ *हिन्द स्वराज* की व्याख्या ही कही जा सकती है, लेकिन, फिर भी वह गांधी वाङ्मय स्वयं गांधी की सम्पूर्ण अभिव्यक्ति नहीं।

द्रष्टव्य है कि *कम्युनिस्ट मैनिफ़ेस्टो* और '*हिन्द स्वराज*' के उद्देश्य, साधन और फल में कितनी भी भिन्नता क्यों न रही हो, लेकिन दोनों में अपने-अपने नज़रिये के प्रति अखण्ड प्रामाणिकता और प्रचंड आत्मविश्वास दिखाई पड़ता है। इसलिए, तमाम टीका-टिप्पणियों के बीच और बदलती हुई परिस्थितियों के बावजूद मार्क्स अपने मैनिफ़ेस्टो और गांधी अपने *हिन्द स्वराज* में किसी प्रकार के संशोधन, परिवर्द्धन के लिये तैयार नहीं थे। मैनिफ़ेस्टो के विविध अनुवादों और अन्यान्य संस्करणों की भूमिकाएँ मार्क्स और एंगेल्स ने ही लिखी थीं। मार्क्स के जीवनकाल में मैनिफ़ेस्टो का अंतिम संस्करण 1882 में प्रकाशित हुआ था। द्रष्टव्य है कि 1848 से 1882 तक यानी इन 34 वर्षों में लेखक-द्वय के द्वारा मैनिफ़ेस्टो में कोई परिवर्तन नहीं किया गया। 1872 में मैनिफ़ेस्टो के एक जर्मन संस्करण की भूमिका में लेखक द्वय ने यह लिखा भी है कि 'मैनिफ़ेस्टो तो अब एक ऐतिहासिक दस्तावेज़ हो गया है, जिसे बदलने का अब हमें कोई अधिकार नहीं रह गया है।' यह बात अलग है कि मार्क्स के बाद लेनिन और माओ ने मार्क्सवाद में कुछ सैद्धान्तिक एवं कार्य-योजनागत परिवर्द्धन किये हैं। ऐसे ही उल्लेखनीय है कि गांधी ने भी *हिन्द स्वराज* में किसी प्रकार के परिवर्तन की आवश्यकता कभी भी महसूस नहीं की। 1921

में *हिन्द स्वराज* के हिन्दी अनुवाद की प्रस्तावना लिखते हुए उन्होंने कहा था कि 'यह पुस्तक मैंने 1909 में लिखी थी। आज 12 वर्ष के मेरे अनुभव के बाद भी मेरे विचार जैसे उस समय थे, वैसे आज भी हैं। हाँ, मिलों के सम्बन्ध में मेरे विचारों में इतना परिवर्तन हुआ है कि हिन्दुस्तान की आज की हालत में मैन्चेस्टर के कपड़े के बजाय हिन्दुस्तान की मिलों को ही प्रोत्साहन देकर अपनी ज़रूरत का कपड़ा अपने देश में ही तैयार कर लेना चाहिए।' पुनः 1938 में गांधी ने अपने द्वारा भेजे गये एक सन्देश[3] में कहा था कि '*हिन्द स्वराज* पुस्तक अगर आज मुझे फिर से लिखनी हो तो कहीं-कहीं मैं उसकी भाषा बदलूँगा। इसे लिखने के बाद जो तीस साल मैंने अनेक आंधियों में बितायें हैं, उनमें मुझे इस पुस्तक में बताये विचारों में फेरबदल करने का कुछ भी कारण नहीं मिला।' वस्तुतः, अपने विचारों के प्रति अडिग रहना और अपने विचारों में अच्छे परिवर्तन के लिये तैयार रहना, दोनों ही अपने-अपने तरीक़े की बौद्धिक ईमानदारी है, लेकिन मार्क्स और गांधी दोनों ही सामान्य जन की अकादमिक ईमानदारी से ऊपर की बोधभूमि के व्यक्ति थे। गांधी ने तो *हिन्द स्वराज* के बाद भी बहुत लिखा और अवान्तर प्रसंगों में बहुत कुछ कहा, लेकिन, उनकी प्रारम्भिक रचना *हिन्द स्वराज* को सन्दर्भ बनाकर उनके हिन्द स्वराजोत्तर विचारों में किसी प्रकार का अन्तर्विरोध दिखा पाना असम्भव जैसा है। आज गांधी के विषय में बहुत कुछ ऐसा भी लिखा जा रहा है, जो उन्हें निंदित रूप में प्रस्तुत करता है। वस्तुतः चेतना की उच्च भूमि पर स्थित व्यक्ति का मूल्यांकन जब साधारण चेतना के धरातल की कसौटियों पर किया जाता है, तो ऐसी भूलें स्वाभाविक रूप से हो जाया करती हैं। हम यह भूल जाते हैं कि चेतना के दो भिन्न धरातल पर उन्मीलित दृष्टियों की अर्थवत्ता और तदनुरूप कर्म की कर्मवत्ता एक जैसी नहीं होती, भले वे ऊपर से देखने में कितने भी समान क्यों न लगें।

II

कम्युनिस्ट मैनिफ़ेस्टो और *हिन्द स्वराज* दोनों के विचार-वितान और अपनी बातों के कहने के ताने-बाने बहुत कुछ मिलते-जुलते हैं। समकालीन परिस्थितियों के विश्लेषण, उनका कारणात्मक विवेचन और उनसे त्राण पाने के उपायों का संकेत दोनों विचार-प्रबंधों की शैलीगत विशेषता कही जा सकती है। परन्तु, दोनों दस्तावेज़ों

---

3. *आर्यन पथ* (1938), *हिन्द स्वराज्य* विशेषांक, सितम्बर.

के निदानपरक कार्य-क्षेत्रों का सन्दर्भ अलग-अलग रहा है। मैनिफ़ेस्टो का सन्दर्भ-कार्यक्षेत्र मुख्य रूप से यूरोप है तो *हिन्द स्वराज* का हिन्दुस्तान। इस प्रसंग में यहाँ एक उल्लेखनीय बात यह है कि दोनों दस्तावेज़ों में अपनी कार्य-योजना को चरितार्थ करने के लिये द्विस्तरीय लक्ष्यों का निर्धारण किया गया है। इस दृष्टि से देखने पर मैनिफ़ेस्टो का सन्दर्भ 'यूरोप' और *हिन्द स्वराज* का सन्दर्भ 'हिन्दुस्तान' उनके प्राथमिक लक्ष्य से सम्बन्धित है। इनका दूसरा लक्ष्य बहुत व्यापक है, जो किसी देश-काल और राष्ट्र-राज्य की सीमा का अतिक्रमण करता हुआ पूरी मानवता को अपने में समेट लेता है।

कम्युनिस्ट मैनिफ़ेस्टो का प्राथमिक रूप से घोषित लक्ष्य है[4]– 'प्रथम चरण में श्रमिक वर्ग द्वारा क्रान्ति के माध्यम से सर्वहारा का शासक के स्तर पर पहुँचना, जिससे कि सही अर्थों में जनतन्त्र की विजय सम्भव हो।' इसका उत्तर लक्ष्य है[5]– 'सर्वहारा यदि बोज़्र्वा वर्ग के साथ संघर्ष में परिस्थितियों के दबाव के कारण अपने को एक वर्ग-रूप में गठित करने को विवश होता है, यदि क्रान्ति के माध्यम से वह अपने को शासक वर्ग बना लेता है और इस प्रकार बलपूर्वक उत्पादन की पुरानी परिस्थितियों को समेट लेता है तो वह इन परिस्थितियों के साथ-साथ वर्ग-विद्वेष और वर्गों के सामान्य अस्तित्व को भी समेट लेगा और तब स्वयं अपने वर्ग की प्रभुता को भी विनष्ट कर देगा।' इस तरह एक ऐसे संघ की स्थापना साकार हो सकेगी, जिसमें प्रत्येक व्यक्ति का स्वतन्त्र विकास सबके स्वतन्त्र विकास का अनुषंगी होगा। मार्क्सवादी विचारधारा में इसी को चरम लक्ष्य कहा गया है, जहाँ राज्य सत्ता स्वयं अपना काम कर समाप्त हो जायेगी, और वर्ग-विहीन, राज्य-विहीन समाज की स्थापना होगी।

अब यदि मैनिफ़ेस्टो के प्राथमिक लक्ष्य के क्रियान्वयन पर विचार किया जाये तो कहा जा सकता है कि वह कुछ टेढ़े-मेढ़े ढंग से अथवा राज्यवादी ढंग से पूरा हुआ। टेढ़े-मेढ़े इसलिए कि मार्क्स ने 1882 में मैनिफ़ेस्टो के एक रूसी संस्करण की भूमिका लिखते हुए यह आशा व्यक्त की थी कि यदि रूस में क्रान्ति होती है तो पश्चिम में सर्वहारा क्रान्ति के लिये यह कार्य संकेत होगी, जिससे दोनों एक-दूसरे के पूरक हो सकेंगे। परन्तु, द्रष्टव्य है कि मार्क्स की आशा के अनुरूप ही लेनिन

4. *मेनिफ़ेस्टो ऑफ़ द कम्युनिस्ट पार्टी* (1948) : 70, फॉरेन लैंग्वेजेज पब्लिशिंग हाउस, मास्को.

5. वही : 72.

के नेतृत्व में रक्तरंजित रूसी क्रान्ति तो हुई, लेकिन, स्वयं रूस में ही उसका प्रभाव और अस्तित्व लगभग सात दशकों तक ही बना रह पाया। पश्चिम में मार्क्स की भविष्यवाणी के अनुरूप कोई सर्वहारा क्रान्ति नहीं हुई, और पूर्वी यूरोप के देशों में मार्क्सवाद का प्रभाव जो फैला था, वह भी जल्दी ही सिमट कर रह गया। इस तरह कहा जा सकता है कि मैनिफ़ेस्टो का प्राथमिक लक्ष्य ही यदि अल्पायु सिद्ध हुआ तो उसके चरम लक्ष्य को यथार्थ से बहिष्कृत परिकल्पना के रूप में ही स्वीकार करना होगा। वास्तविकता भी यही है कि पूँजीवादी राज्य-व्यवस्था के विकल्प के रूप में कम्युनिज़्म आज मृत अथवा मृतप्राय ही है, परन्तु इसमें दो राय नहीं कि एक विचार-व्यवस्था के रूप में उसका स्थान मनुष्य की आदर्शोन्मुखी चेतना में सदैव सुरक्षित रहेगा।

अब आइये *हिन्द स्वराज* के द्विस्तरीय लक्ष्यों पर विचार करें। इसे स्वयं गांधी के शब्दों में उपस्थापित करना ज़्यादा उचित होगा। 1921 के *यंग इण्डिया* के जनवरी अंक में गांधी ने एतद्विषयक अपने अभिप्राय को बड़े अच्छे ढंग से स्पष्ट किया है– 'मैं पाठकों को एक चेतावनी देना चाहता हूँ। वे ऐसा न समझें कि *हिन्द स्वराज* सें जिस 'स्वराज' की तस्वीर मैंने खड़ी की है, वैसा स्वराज कायम करने के लिये आज मेरी कोशिश भी चल रही है। मैं जानता हूँ कि अभी हिन्दुस्तान उसके लिये तैयार नहीं है। ऐसा कहने में शायद ढिठाई का भास हो, लेकिन मुझे तो पक्का विश्वास है कि *हिन्द स्वराज* में जिस स्वराज की तस्वीर मैंने खींची है, वैसा स्वराज पाने की मेरी नितान्त निजी कोशिश ज़रूर चल रही है। परन्तु, इसमें कोई दो राय नहीं कि आज मेरी सामूहिक प्रवृत्ति का ध्येय तो हिन्दुस्तान की प्रजा की इच्छा के मुताबिक पार्लियामेण्टरी ढंग का स्वराज पाना है। रेलों और अस्पतालों का नाश करने का ध्येय मेरे मन में नहीं है, अगरचे उनका कुदरती नाश हो तो मैं उसका स्वागत करूँगा।' गांधी के इस स्पष्टीकरण से स्वत: स्पष्ट है कि *हिन्द स्वराज* का प्राथमिक लक्ष्य हिन्दुस्तान में पार्लियामेण्टरी ढंग का राजनीतिक स्वराज पाना था, जिस पार्लियामेण्टरी व्यवस्था को (ब्रिटिश पार्लियामेण्ट) गांधी ने *हिन्द स्वराज* के प्रथम संस्करण में वेश्या एवं बाँझ पदों से अभिहित किया था और बाद के संस्करणों में इन शब्दों को कुछ महिलाओं के एतराज करने पर उन्होंने हटा दिया था। *हिन्द स्वराज* का दूसरा अर्थात् उत्तर लक्ष्य था– वास्तविक अर्थों में स्वराज यानी सत्य, अहिंसा, प्रेम, करुणा इत्यादि सनातन मूल्यों पर आधारित एक पूर्ण सभ्यता-बोध को धरती पर उतारना और इसके अवतरण के लिये प्रथम और उपयुक्त भूमि भारत को

बनाना, क्योंकि गांधी की स्वराज-परिकल्पना के मूल में जो व्यक्ति खड़ा है, वह पूरे तौर से विशुद्ध भारतीय धर्म-बोध से युक्त व्यक्ति है। यह एक व्यापकतर लक्ष्य था, क्योंकि गांधी को इस सत्य का अभ्रान्त बोध था कि हिन्दुस्तान की पराधीनता वास्तव में भौगोलिक सीमाओं में आबद्ध किसी एक देश की पराधीनता नहीं, बल्कि, एक सम्पूर्ण सभ्यता और संस्कृति की पराधीनता है। वह भी ऐसी सभ्यता और संस्कृति, जिसके लिये उन सभी मानव प्रवृत्तियों (काम, क्रोध, लोभ, मान, मोह, मद, मत्सरादि) से भी मुक्ति काम्य है, जिन्हें अन्य सभ्यताएँ न्यूनाधिक रूप से मानव स्वभाव अथवा मनुष्य का सत्य समझती हैं। यूरोपीय सभ्यता मानव-सत्य के ऐसे ही दृष्टिकोण पर टिकी हुई सभ्यताओं में अग्रणी है और पराधीन भारत इसी 'ऐन्द्रिक सभ्यता' की चपेट में चतुर्दिक् रूप से दमित हो रहा था। अपने इसी बोध के कारण गांधी हिन्दुस्तान के स्वाधीनता आन्दोलन को भारत की राजनीतिक आज़ादी मात्र का आन्दोलन नहीं मानते थे, बल्कि, अपने व्यापकतर लक्ष्य के सन्दर्भ में मानव मुक्ति की लड़ाई कहते थे।

इस प्रकार, अब यदि *हिन्द स्वराज* के द्विस्तरीय लक्ष्यों के क्रियान्वयन पर विचार किया जाये तो उसका प्राथमिक लक्ष्य यानी पार्लियामेण्टरी ढंग का राजनीतिक स्वराज तो 1947 में प्राप्त हुआ और वह *कम्युनिस्ट मैनिफ़ेस्टो* के प्राथमिक लक्ष्य की तुलना में अधिक टिकाऊ भी सिद्ध हुआ है, क्योंकि 1947 से लेकर आज तक पार्लियामेण्टरी डेमोक्रेसी की जड़ें भारत में उत्तरोत्तर गहरी ही होती जा रही हैं। गांधी की इच्छा थी कि स्वतन्त्र भारत का राष्ट्रपति कोई हरिजन स्त्री हो, वह भी निकट भविष्य में कभी-न-कभी पूरी ही हो जायेगी। परन्तु, गांधी की एक गहरी चिन्ता, जो गोरे साहबों के बाद भूरे साहबों से थी, वह आज भी बनी हुई ही नहीं, बल्कि, अपनी हद को पार कर चुकी है। अब जहाँ तक *हिन्द स्वराज* के उत्तर लक्ष्य का प्रश्न है, तो आजाद भारत में पार्लियामेण्टरी स्वराज को जिस तरह लागू किया गया वह गांधी के सच्चे स्वराज की परिकल्पना को चरितार्थ करने का सोपान नहीं बन पाया। गांधी पार्लियामेण्टरी व्यवस्था को आजाद भारत में 'ग्राम स्वराज' के रूप में अपनाकर उसे अपने उत्तर लक्ष्य 'सम्पूर्ण स्वराज' का सोपान बनाना चाहते थे। परन्तु, एक विडम्बना ने सब कुछ को अन्यथा करके रख दिया। मुझे यह कहने में तनिक भी, संकोच नहीं कि पंडित नेहरू ने, जिन पर स्वयं गांधी फिदा रहते थे, जब इस देश की बागडोर सम्हाली तो उन्होंने *हिन्द स्वराज* की कार्य-योजना को ही मिटाकर नहीं, बल्कि, स्वाधीनता आन्दोलन की उस वैचारिक विरासत को भी, जो

पश्चिमी अन्तराय से मुक्त थी, भुलाकर आधुनिक भारत को बिलकुल अपनी आवक्ष प्रतिमा के रूप में गढ़ने का प्रयास किया। हाँ, पण्डित नेहरू ने गांधी के आदर्शों का कहीं उपयोग भी किया तो केवल 'इण्टरनैशनल पीस पॉलिटिक्स' के मुखौटे के तौर पर। यशदेव शल्य ने पंडित नेहरू की इस सूरत पर टिप्पणी करते हुए उचित ही कहा है कि 'अवश्य उन्हें (पंडित नहेरू) देश से प्रेम था, किन्तु राजनीतिक देश से, सांस्कृतिक देश से नहीं। उनका सांस्कृतिक देश तो आधुनिक पश्चिम था– वैज्ञानिक प्रौद्योगिकी संस्कृति का पश्चिम।'[6] इस प्रकार कहा जा सकता है कि मार्क्स का उत्तर लक्ष्य (वर्गविहीन-राज्यविहीन समाज) जैसे इतिहास का सत्य नहीं बन पाया, वैसे ही गांधी का उत्तर लक्ष्य स्वयं गांधी के स्वराज के रूप में तो पूर्णत: चरितार्थ हुआ, लेकिन वह हिन्दुस्तान का स्वराज नहीं बन पाया। अतएव, *कम्युनिस्ट मैनिफ़ेस्टो* और *हिन्द स्वराज* का केवल प्राथमिक लक्ष्य ही प्रयोगभूत हुआ।

III

यद्यपि *कम्युनिस्ट मैनिफ़ेस्टो* का प्राथमिक लक्ष्य 'सर्वहारा का शासन' और *हिन्द स्वराज* का प्राथमिक लक्ष्य 'पार्लियामेण्टरी ढंग का राजनीतिक स्वराज' को प्राप्त करने के तरीक़ों को लेकर मार्क्स और गांधी के बीच प्रकटत: ही बहुत विरोध है, जिसे खूनी क्रान्ति और अहिंसक क्रान्ति (सत्याग्रह) के मध्य अवधारणात्मक विरोध के रूप में समझा जा सकता है। गांधी मार्क्स के 'साम्य' को 'सौम्य' की शर्त पर ही न्यूनाधिक रूप में स्वीकार करने के पक्षधर थे और इस शर्त पर उन्हें मार्क्स की बहुत सी बातों को यथावत् मान लेने से कोई परहेज नहीं था, लेकिन स्वयं मार्क्स गांधी के स्वराज की संकल्पना और उसे प्राप्त करने के उपायों को किस रूप में और किस सीमा तक अनुमोदन करते, इस प्रश्न के उत्तर से इतिहास वंचित रह गया। यहाँ द्रष्टव्य है कि एक ओर जहाँ दोनों दस्तावेज़ों में प्राथमिक लक्ष्य को प्राप्त करने के उपायों को लेकर गहरा मतभेद है, वहीं उत्तर लक्ष्य से सम्बन्धित उसके एक विशिष्ट पूर्वपक्ष की समझ और उसकी आलोचना को लेकर दोनों में गहरी समानता भी है। वह विशिष्ट पूर्वपक्ष है– तकनीकी विश्व-दृष्टि और मशीनी सभ्यता की आलोचना, जो अपने हृदय में वैकल्पिक सभ्यता-बोध को छिपाये हुए है। यद्यपि मार्क्स ने इस पूर्वपक्ष को उतनी गम्भीरता से नहीं लिया

---

6. यशदेव शल्य (2004), *समसामयिक चिन्ताएँ*, राका प्रकाशन, इलाहाबाद : 72.

है, जितनी गहराई और गम्भीरता से गांधी ने उसकी पड़ताल की है। गांधी स्वयं इस बात को स्वीकार भी करते हैं कि 'इस किताब में (*हिन्द स्वराज* में) आधुनिक सभ्यता की सख़्त टीका की गयी। 1909 में लिखी इस किताब में जो मेरी मान्यता प्रकट की गयी है, वह आज पहले से ज़्यादा मजबूत हो गयी है। मुझे लगता है कि अगर हिन्दुस्तान 'आधुनिक सभ्यता' का त्याग करेगा, तो उसे लाभ ही होगा।'[7] अतएव, यह कहना अनुचित नहीं होगा कि यन्त्रप्रधान आधुनिक सभ्यता की आलोचना तो दोनों करते हैं, लेकिन, *कम्युनिस्ट मैनिफ़ेस्टो* में जहाँ यह आलोचना हाशिये पर है, वहीं '*हिन्द स्वराज*' में यह केन्द्र में है। मार्क्स यन्त्रप्रधान वैज्ञानिक तकनीकी दृष्टि की आलोचना करते हुए किसी वैकल्पिक सभ्यता-बोध की बात नहीं करते, बल्कि, वे आधुनिक सभ्यता में यन्त्रों के अत्याचार और तज्जन्य सभ्यता की अधिकायकता से उसे मुक्त करना चाहते हैं। गांधी आधुनिक मशीनी सभ्यता को उसकी पूरी ज्ञानमीमांसा के साथ निरस्त करते हैं और हमारे सामने एक वैकल्पिक सभ्यता-बोध को प्रस्तावित भी करते हैं। कम्युनिस्ट मैनिफ़ेस्टो में यन्त्रप्रधान उद्योगों का वर्णन करते हुए कहा गया है कि 'आधुनिक उद्योगों ने पैतृक पद्धति से चलने वाले उस्ताद कारीगरों की छोटी सी कार्यशाला को औद्योगिक पूँजीपति के एक बड़े कारखाने में बदल कर रख दिया है। कारखाने में भरी मजदूरों की भीड़ सिपाहियों की तरह व्यवस्थित की जाती है। औद्योगिक सेना के रंगरूटों की तरह उन्हें अफसरों और सार्जेण्टों की सुघड़ व्यवस्था के अन्तर्गत रखा जाता है। वे न केवल बोज़्वा वर्ग और उस बोज़्वा राज्य के ग़ुलाम हैं, बल्कि, दैनिक और घण्टावार हिसाब से मशीन के दास बना दिये गये हैं।'[8] पुनः, कुछ भिन्न आशय से मशीनी सभ्यता की आलोचना करते हुए *कम्युनिस्ट मैनिफ़ेस्टो* में कहा गया है कि 'संकट के इन क्षणों में एक महामारी फैली है, जो पिछले युगों में एक अनर्थकता सी लगती थी– अति उत्पादन की महामारी। समाज एक बारगी अपने को एक क्षणिक बर्बरता की स्थिति में धकेला हुआ पाता है। ऐसा लगता है, जैसे किसी दुर्भिक्ष, सार्वभौम युद्ध के ध्वंस ने जीवनयापन के सभी साधनों को नष्ट कर दिया है, उद्योग व्यापार समाप्त हुए लगते हैं। यह सब क्यों? क्योंकि,

---

7. मोहनदास करमचन्द गांधी, '*हिन्द स्वराज* के बारे में', जनवरी 1921, *यंग इण्डिया* (गुजराती अनुवाद से)

8. *मेनिफ़ेस्टो ऑफ़ द कम्युनिस्ट पार्टी*, वही : 51.

सभ्यता की अधिकायत हो गयी है, जीवनयापन के साधन बहुत अधिक हैं, बहुत अधिक उद्योग हैं, बहुत अधिक व्यापार।'[9]

कम्युनिस्ट मैनिफ़ेस्टो के उपर्युक्त दोनों सन्दर्भों से यह बात स्पष्ट रूप में समझी जा सकती है कि मार्क्स का मशीन और मशीनी सभ्यता से विरोध पूँजी के केन्द्रीकरण, उत्पादन की प्रचुरता और तज्जन्य सभ्यता की अधिकायकता को लेकर है। इसे 'हायपर इन्डस्ट्रियलायज़ेशन' और 'मेगा टेक्नोलॉजी' के प्रति अन्तत: एक परिसीमनवादी दृष्टिकोण के रूप में समझा जा सकता है। दूसरे शब्दों में कहें तो मशीन और मशीनीकृत औद्योगिकीकरण की मार्क्सवादी आलोचना इस बात से सम्बन्धित नहीं है कि किस प्रकार की वस्तुओं का उत्पादन होता है, बल्कि, इस बात से सम्बन्धित है कि किस तरह से वस्तुओं का उत्पादन किया जाता है। इसके विपरीत, इस सम्बन्ध में गांधी की आलोचना यन्त्रारूढ़ उत्पादन के प्रकारों और उत्पादन के तरीक़ों दोनों से सम्बन्धित है। यन्त्रारूढ़ उत्पादन के तरीक़े पूँजीवाद को, अमीर-ग़रीब की खाई को, एक वर्ग-विशेष के शोषण को बढ़ाती है। गांधी को इन सभी बातों को स्वीकार करने में कोई आपत्ति नहीं हो सकती है। परन्तु, गांधी की आपत्ति मूलगामी प्रकार की है और वह यह कि यन्त्रारूढ़ उत्पादन का प्रकार, अन्तत: मनुष्य की मनुष्यता को ही बिगाड़ देता है। इसीलिए गांधी बारम्बार यह कहते थे कि आधुनिक सभ्यता और आधुनिक मशीनों का प्रयोग मनुष्य को बिगाड़ने वाला है। कुल मिलाकर मार्क्स के लिये यन्त्रजनित सभ्यता की अधिकायकता एक महामारी है, जिसका उपचार किया जाना चाहिए, परन्तु गांधी की दृष्टि में जो सभ्यता आधुनिक मशीनों के साथ पूरी दुनिया में आताल-पाताल तक फैल रही है, वह 'महापाप' है और उसका सर्वथा त्याग ही किया जाना चाहिए।[10]

IV

आधुनिक सभ्यता की आलोचना *हिन्द स्वराज* के केन्द्र में है, इसे स्पष्ट करने के लिये प्रकृत प्रश्न पर थोड़े विस्तार से विचार करने की आवश्यकता है। द्रष्टव्य है कि *हिन्द स्वराज* में प्रारम्भ से लेकर अन्त तक गांधी ने आधुनिक सभ्यता की आलोचना

---

9. वही : 48-49.

10. गांधी ने इस सन्दर्भ में 'महापाप' शब्द का प्रयोग *हिन्द स्वराज* के 'मशीनें' नामक उन्नीसवें अध्याय में इस तरह से किया है– 'यन्त्र आज की सभ्यता की मुख्य निशानी है और वह महापाप है, ऐसा मैं तो साफ़ देख सकता हूँ।'

बहुआयामी रूप से और विभिन्न प्रसंगों में की है। इसके अतिरिक्त *हिन्द स्वराजोत्तर* लेखन में भी वे विभिन्न सन्दर्भों में अपने आशय को स्पष्ट करते रहे हैं। यद्यपि, उनकी आलोचना में एकस्वरता और वैचारिक दृढ़ता दोनों दिखाई पड़ती है, लेकिन, उनकी सीधी और सपाट शैली से न तो उसका अन्तरार्थ प्रकट हो पाता है और न ही उसके पीछे का सैद्धान्तिक आधार। अतएव, गांधी के तात्पर्य को खोलने के लिये उनकी आलोचनाओं पर द्विपक्षीय ढंग से विचार किया जाना चाहिए। एक पक्ष आधुनिक सभ्यता की आलोचना और दूसरा आधुनिक सभ्यता और तकनीकी के अन्त:सम्बन्ध का पक्ष। साथ ही साथ, यह भी देखा जाना चाहिए कि इन दोनों पक्षों पर कितने दृष्टिकोणों से विचार किया जा सकता है।

अब यदि गांधी की आलोचना के प्रथम पक्ष पर विचार किया जाये तो प्रथमदृष्टया कोई यह कह सकता है कि *हिन्द स्वराज* में गांधी ने आधुनिक सभ्यता की आलोचना जिस रूप में की है, उससे ऐसा प्रतीत होता है कि वे इस आलोचना के द्वारा भारतीय जनमानस में अपनी सभ्यता और संस्कृति के प्रति स्वाभिमान जगाना चाहते थे। वे भारतीयों के मन में यह बैठाना चाहते थे कि हम जिस पश्चिमी सभ्यता को उत्कृष्ट मानकर अभिभूत हो रहे हैं, वह, वस्तुत:, अभिभूत होने लायक ही नहीं है। इसीलिए, वे अपनी आलोचना को सर्वथा नवीन नहीं कह कर यह मानते थे कि कुछ पश्चिमी विद्वानों (तोलस्तोय, कार्पेंटर, थोरो और रस्किन) ने भी हम से पूर्व में ही आधुनिक सभ्यता की आलोचनाएँ की हैं। अत:, गांधी की आलोचना अपने आप में पश्चिमी सभ्यता की स्वतन्त्र और स्वायत्त आलोचना नहीं है। इसका उद्देश्य हम भारतीयों में अपनी सभ्यता और संस्कृति के प्रति (अंग्रेज़ों के सम्पर्क में आने से) उपजी हीन भावना से उबारना था। यह बात श्रीअरविन्द द्वारा लिखी गयी *फाउण्डेशन्स ऑफ़ इण्डियन कल्चर* से भी समर्थित की जा सकती है, जो *हिन्द स्वराज* के आस-पास ही लिखी गयी थी। श्रीअरविन्द ने जहाँ पाश्चात्य प्राच्यविदों के भारतीय संस्कृति विषयक दुष्प्रचार के विरोध में अकादमिक ढंग से भारतीय संस्कृति के गुणों को उद्घाटित किया है, वहीं गांधी ने सीधे-सपाट शब्दों में पश्चिमी सभ्यता की आलोचना की है। अत:, इन दोनों ग्रन्थों का ध्येय भारतीय नवजागरण और स्वाधीनता आन्दोलन की सांस्कृतिक चेतना को पुष्ट करना था।

परन्तु, *हिन्द स्वराज* में गांधी कृत आधुनिक सभ्यता की आलोचना का इस रूप से मूल्यांकन कि वह अपने-आप में स्वायत्त आलोचना नहीं, बल्कि, किसी अवान्तर उद्द्देश्य की पूर्ति का निमित्त मात्र है, उसके अकादमिक मूल्य का अवमूल्यन करना है।

गांधी की आलोचना की यह प्रतिध्वनि तो हो सकती है, लेकिन, उसकी ध्वनि नहीं। *हिन्द स्वराज* की ध्वनि तो यह देखने में है कि हिन्दुस्तान किस तरह एक ऐसी सभ्यता की चपेट में आत्मविस्मृति को प्राप्त हो रहा है, जिसे पैग़म्बर मुहम्मद की पदावली में शैतानी सभ्यता और हिन्दू धर्म की शब्दावली में निरा कलियुग कहने में भी कोई दोष नहीं।[11] स्वयं *हिन्द स्वराज* पोथी की पुस्तकीय संरचना से भी इस बात को समर्थन मिलता है कि गांधी की आलोचना कोई अन्तरिम आलोचना नहीं, बल्कि, पूरे तौर से आत्मचेतन आलोचना है, क्योंकि इसके अन्तर्गत आधुनिक सभ्यता के उन सभी पहलुओं की आलोचना की गयी है, जिनके माध्यम से कोई सभ्यता मनुष्य के जीवन-संस्थान को चतुर्दिक् रूप से व्याप्त करती है। उदाहरण के लिये *हिन्द स्वराज* में 'इग्लैंड की हालत' का चित्रण करते हुए गांधी विशेष रूप से पार्लियामेण्टरी शासन-व्यवस्था की आलोचना करते हैं और अन्त में कहते हैं कि यह अंग्रेज़ों का दोष नहीं, बल्कि, उनकी आधुनिक यूरोपीय सभ्यता का कसूर है। इससे यह भी तात्पर्य निकलता है कि गांधी की दृष्टि में पार्लियामेण्टरी शासन-व्यवस्था अर्थात् संसदीय जनतन्त्र, जो बहुमत पर आधारित होती है, वह आधुनिक सभ्यता को बनाये रखने का शासनतन्त्र है, क्योंकि इसके अन्तर्गत सत्यासत्य और हेयोपादेयता का एकमात्र मानदण्ड बहुमत से समर्थित होना होता है। इसके अतिरिक्त गांधी रेलगाड़ी, वकील, डॉक्टर, गोला-बारूद और मशीनों की आलोचना करते हुए, वस्तुतः, आधुनिक सभ्यता की क्रमशः यातायात-व्यवस्था, न्याय-व्यवस्था, चिकित्सा व्यवस्था, सामरिक-व्यवस्था और अभियान्त्रिकी की भी आलोचना करते हैं, तथा, साथ ही साथ, विकल्प के रूप में 'सच्ची सभ्यता' को परिभाषित करने का प्रयास करते हैं। यद्यपि, गांधी ने सच्ची सभ्यता की रूपरेखा को विस्तार से निरूपित नहीं किया है, तथापि, उनके वैकल्पिक सभ्यता-बोध में धर्म-नीति पर आधारित हिन्दुस्तानी सभ्यता-दृष्टि की श्रेष्ठता का भाव मूल रूप से निहित है।'[12] अपनी

11. गांधी *हिन्द स्वराज* के तेरहवें अध्याय में एक प्रश्न (सभ्यता कहें तो किसे कहें) के उत्तर में कहते हैं कि 'मैं यह मानता हूँ कि जो सभ्यता हिन्दुस्तान ने दिखाई है, उस तक दुनिया में कोई नहीं पहुँच सकता. जो बीज हमारे पुरखों ने बोये हैं, उनकी बराबरी कर सके, ऐसी चीज देखने में नहीं आई. रोम मिट्टी में मिल गया, ग्रीस का सिर्फ़ नाम ही रह गया, मिस्र की बादशाही चली गयी, जापान पश्चिम के शिकंजे में फंस गया और चीन का कुछ कहा नहीं जा सकता. लेकिन हिन्दुस्तान गिरा टूटा जैसा भी हो, आज भी अपनी बुनियाद में मजबूत है.'

12. गांधी ने *हिन्द स्वराज* के छठे अध्याय 'सभ्यता का दर्शन' नामक अध्याय में आधुनिक सभ्यता को शैतानी और कलियुगी पद से सम्बोधित किया है.

सभ्यता-दृष्टि और आधुनिक सभ्यता के नैतिक बलाबल को रेखांकित करते हुए गांधी कहते हैं कि *हिन्द स्वराज* में जिस सभ्यता-बोध को प्रस्तावित किया गया है, वह द्वेष धर्म की जगह प्रेम-धर्म को सिखाती है, हिंसा के स्थान पर आत्मबलिदान को रखती है, पशुबल से टक्कर लेने के लिये आत्मबल को खड़ा करती है।'[13] इस प्रकार कहा जा सकता है कि *हिन्द स्वराज* में गांधी ने आधुनिक सभ्यता की मूलगामी आलोचना करते हुए उसकी हेयोपादेयता की जाँच-पड़ताल के लिये एक व्यापक रूप-रेखा प्रस्तुत की है। यह कोई कामचलाऊ अन्तरिम आलोचना नहीं। इसे बाद के सभ्यता-समीक्षा विमर्शों से भी परिपुष्ट किया जा सकता है।

द्रष्टव्य है कि *हिन्द स्वराज* में गांधी न केवल विभिन्न सभ्यताओं के तुलनात्मक अध्ययन के पुरस्सर आधुनिक पश्चिमी सभ्यता की तीव्र आलोचना प्रस्तुत करते हैं, बल्कि, भारतीय सभ्यता की श्रेष्ठता का प्रतिपादन भी करते हैं। गांधी ने विभिन्न सभ्यताओं की तुलना करते हुए जिस तरह पश्चिमी सभ्यता के पतनोन्मुख चरित्र को स्पष्ट किया था, वह बाद के स्पेंगलर, टॉयनबी आदि के अध्ययनों से और पुष्ट हुआ। गांधी के ही मॉडल पर स्पेंगलर ने अपनी पुस्तक *डिक्लाइन ऑफ़ द वेस्ट* में इतिहास के अध्ययन की इकाई सभ्यताओं को बनाया। स्पेंगलर मानव-इतिहास को आठ प्रमुख संस्कृतियों-सभ्यताओं में विभाजित करते हैं। ये आठ सभ्यताएँ हैं– मिस्त्री, चीनी, सामी, भारतीय, ईरानी, यूनानी, रोमन तथा पाश्चात्य। इन आठ सभ्यताओं के इतिहास का विवेचन कर वे इस निष्कर्ष पर पहुँचते हैं कि पश्चिमी सभ्यता काल के इस बिन्दु पर पहुँच गयी है, जहाँ से उसका पतन ही होना है। आगे अपनी दस जिल्दों के ग्रन्थ *अ स्टडी ऑफ़ हिस्ट्री* में टॉयनबी ने स्पेंगलर के समान ही इतिहास के अध्ययन की इकाई सभ्यता को माना और उसका प्रयोजन सभ्यताओं की उत्पत्ति, विकास तथा पतन का तुलनात्मक अध्ययन बताया। टॉयनबी ने भी एक तरह से स्पेंगलर के निष्कर्ष से ही सहमति जतायी कि पश्चिमी सभ्यता अवनति के कगार पर है। टॉयनबी विश्व इतिहास को आठ सभ्यताओं के बजाय तेईस सभ्यताओं में विभाजित करते हैं। वास्तव में, स्पेंगलर, टॉयनबी आदि इस मत के पोषक हैं कि इतिहास के अध्ययन का केन्द्र राष्ट्र या जाति न होकर संस्कृति या सभ्यता होनी चाहिये। यह एक तरह से 'राजनीतिक इतिहास' की अवधारणा से व्यामोह ही था। यहाँ ध्यातव्य है कि *हिन्द स्वराज* के सत्रहवें अध्याय 'सत्याग्रह-आत्मबल' में गांधी

---

13. देखें, '*हिन्द स्वराज के बारे में*', जनवरी 1921, *यंग इण्डिया*।

'इतिहास' और 'हिस्ट्री' के बीच महत्त्वपूर्ण अन्तर करते हुए 'हिस्ट्री' की इसलिये आलोचना करते हैं कि यह सिर्फ़ दुनिया के कोलाहल की कहानी प्रस्तुत करती है। गांधी के अनुसार जो 'हिस्ट्री' है, वह वस्तुतः दुनिया के कोलाहल की कहानी है, राजाओं-बादशाहों के सत्ता हस्तान्तरण का वृत्तान्त और उनके संघर्षों की कहानी है। 'हिस्ट्री' स्वाभाविक बातों को दर्ज नहीं करती है, वह अस्वाभाविक बातों को ही दर्ज करती है। अतः, आश्चर्य नहीं होना चाहिये कि यदि हिस्ट्री सत्याग्रह को 'नोट' नहीं करती है, क्योंकि सत्याग्रह स्वाभाविक है, प्रेम, सौमनस्यता और शान्ति स्वाभाविक है। हजारों वर्षों से लोग मेल-जोल से रहते आ रहे हैं, 'हिस्ट्री' इसको 'नोट' नहीं करती। हाँ, जहाँ यह प्रेम की धारा टूटती है, रुकती है वह 'हिस्ट्री' का विषय हो जाती है। 'हिस्ट्री' का भारतीय अनुवाद 'इतिहास' है, जिसका अर्थ 'ऐसा हो गया' है। यदि 'हिस्ट्री' को इतिहास के रूप में लें तो सत्याग्रह के कई प्रमाण दिये जा सकते हैं, ऐसा गांधी का मानना है।

अतः, हम देख सकते हैं कि इतिहास-दर्शन की दृष्टि से *हिन्द स्वराज* कितना महत्त्वपूर्ण है। गांधी न केवल इतिहास और हिस्ट्री के बीच के अन्तर को स्पष्ट करते हैं, जिस पर बाद के भारतीय विद्वानों ने बार-बार बल दिया है, अपितु इतिहास (हिस्ट्री के अर्थ में) के केन्द्र में आम जन को रखते हैं, उसकी सभ्यता और संस्कृति को रखते हैं। सभ्यता-विमर्श को अपने अध्ययन का केन्द्र बना कर गांधी इतिहास के उस भावी स्वरूप की पटकथा लिखते हैं, जिसमें उसका उद्देश्य सभ्यताओं की उत्पत्ति, विकास और पतन का तुलनात्मक अध्ययन करना हो जाता है। *हिन्द स्वराज* में गांधी विश्व की छह सभ्यताओं की तुलना में भारतीय सभ्यता को श्रेष्ठ बताते हैं। भारतीय सभ्यता के अतिरिक्त जिन छह सभ्यताओं की वे चर्चा करते हैं, वे हैं– रोम, ग्रीस, मिस्र, जापान, चीन और पश्चिमी सभ्यता, जो उनके लिये यूरोपीय सभ्यता या आधुनिक सभ्यता के ही अपर नाम हैं। गांधी मुख्य रूप से आधुनिक पश्चिमी सभ्यता और भारतीय सभ्यता के तुलनात्मक विमर्श द्वारा पश्चिमी सभ्यता के पतनोन्मुख स्वरूप को स्पष्ट करते हुए उसकी तीव्र आलोचना प्रस्तुत करते हैं और तुलना में भारतीय सभ्यता को श्रेष्ठतर पाते हैं।

अब गांधी की आलोचना का दूसरा पक्ष अर्थात् 'आधुनिक सभ्यता और तकनीकी का अन्तःसम्बन्ध' उनके विचार का अत्यन्त ही महत्त्वपूर्ण पहलू है। उनकी दृष्टि में यन्त्र आज की सभ्यता की मुख्य निशानी है और वह महापाप है। इसलिए, गांधी की आज सर्वाधिक आलोचना भी इसी बात को लेकर होती है।

द्रष्टव्य है कि गांधी-चिन्तन में आधुनिक यन्त्रों की भर्त्सना का मूल उनके साधन की पवित्रता के सिद्धान्त में ही निहित है, क्योंकि यन्त्र प्रथम दृष्टया साधन ही हैं। यह बात अलग है कि यन्त्र अपने मौलिक स्वरूप में तटस्थ साधन नहीं कहे जा सकते। यदि यन्त्रों को तटस्थ साधन मानकर विचार किया जाये, तो उनके दुष्परिणामों का प्रमुख दायित्व प्रयोक्ता की नैतिक चेतना पर चला जाता है, लेकिन यन्त्र यदि अपने-आप में तटस्थ साधन मात्र नहीं हैं, तो उसके दुष्परिणामों को यन्त्रों के स्वरूप से ही सम्बन्धित मानना पड़ेगा। अतएव, गांधी ने आधुनिक सभ्यता में मशीनों की भूमिका पर विभिन्न प्रसंगों में विचार करते हुए, उपर्युक्त दोनों ही दृष्टियों से मशीनों की आलोचना की है। प्रथमत:, यान्त्रिक उपकरणों की बेबाक आलोचना करते हुए वे कहते हैं कि 'यन्त्र तो साँप का ऐसा बिल है, जिसमें एक नहीं सैकड़ों साँप रहते हैं।' पुन: वे कहते हैं कि यन्त्र मरते-मरते यह कह जाता है कि मुझसे आप बचिये, होशियार रहिये। मुझसे अन्तत: आपको कोई फायदा होने का नहीं।[14] ऐसे वक्तव्यों की प्रतीकात्मकता से स्पष्ट ही प्रतीत होता है कि गांधी यन्त्रों को स्वरूपत: उनके प्रत्यय में ही नकारने का विचार रखते थे। द्वितीयत:, उनके कुछ वक्तव्यों से ऐसा प्रतीत होता है कि वे यन्त्रमात्र के विरोधी नहीं थे, बल्कि, यन्त्रों के स्वरूप और उनके उपयोग की सीमा (हद) बाँधने के पक्षधर थे। इसलिए, वे कहते थे कि विज्ञान का विकास और यन्त्रों के आविष्कार को लोभ का साधन नहीं बनना चाहिए।[15] तृतीयत:,[16] उनके कुछ उत्तर-*हिंद स्वराज* स्पष्टीकरणों से ऐसा अभिप्राय निकलता है कि वे यन्त्रों के उपयोग के प्रति चयनधर्मी और परिसीमनवादी दृष्टिकोण रखते थे। उनकी इस दृष्टि में चयनधर्मिता का विशेषार्थ यन्त्रों की प्रकृति और उनके प्रकार विषयक भेद में प्रतिफलित होती हुई प्रतीत होती है। उदाहरण के लिये वे शरीर, चरखा और दाँत कुरेदनी को भी एक प्रकार का यन्त्र मानते हैं और पुन: आगे ज़ोर देकर यन्त्रों को परखने की भी बात कहते हैं। उनकी दृष्टि में ऐसे यन्त्र नहीं होने चाहिए जो काम न करने की स्थिति में आदमी के अंगों को जड़ अथवा बेकार बना दे। इसका तात्पर्य यह है कि गांधी मनुष्य के सहयोगी यन्त्र के विरोधी नहीं थे। उनका विरोध ऐसे यन्त्रों से था, जो मनुष्य को विस्थापित कर अपनी स्वायत्तता स्थापित

---

14. सन्दर्भित दोनों वक्तव्य *हिन्द स्वराज* के 'मशीन' नामक अध्याय में द्रष्टव्य हैं.

15. 1924 में रामचन्द्रन और गांधी के बीच हुए संवाद से.

16. वही.

कर लेते हैं। इसलिए, वे कहते थे कि टेढ़े तकुवे को सीधा करने वाले यन्त्र का मैं स्वागत करता हूँ, लेकिन लुहार के तकुवे बनाने का काम ही समाप्त हो जाये, यह मेरा उद्देश्य नहीं हो सकता। चतुर्थतः, अन्त में हम यह कहना आवश्यक समझते हैं कि गांधी सदैव इस बात को लेकर असन्तुष्ट प्रतीत होते हैं कि आधुनिक सभ्यता और यन्त्रों की आलोचना द्वारा जिस बात को वे लोगों के मन में बैठाना चाहते थे, उसे बैठा नहीं पाते थे। इसलिए, वे महसूस करते थे कि आधुनिक सभ्यता ने बहुतायत लोगों को अपने मोह-जाल में इस तरह जकड़ लिया है कि लोगों को उससे मुक्त कर उनकी दृष्टि को सच्ची सभ्यता की ओर उन्मीलित करना बड़ा ही दुष्कर कार्य है। मानो पश्चिमी विज्ञान ने मनुष्य को आधुनिक सभ्यता का वरदान देकर उसे अपने नागपाश में बाँध दिया हो।

V

अब यदि आधुनिक सभ्यता और यन्त्रों की आलोचना के सन्दर्भ में मार्क्स और गांधी के विचारों की तुलना करें तो स्पष्ट तौर पर कहा जा सकता है कि मार्क्स की आलोचना आधुनिक सभ्यता के अन्तर्गत पनपी एक व्यवस्था (पूँजीवादी व्यवस्था) की आलोचना है, जबकि गांधी की आलोचना पश्चिमी विज्ञान के नेतृत्व में विकसित हो रही पूरी आधुनिक सभ्यता की आलोचना है। ऐसा भी नहीं कि गांधी *हिन्द स्वराज* में आधुनिक सभ्यता के प्रति कोई सुधारवादी दृष्टिकोण रखते हैं, बल्कि, उनकी आलोचनाओं की ध्वनि उसे एक सिरे से ख़ारिज करने की प्रतीत होती है। इसके विपरीत, मार्क्स अपने *कम्युनिस्ट मैनिफ़ेस्टो* में आधुनिक सभ्यता का ही एक साम्यवादी संस्करण प्रस्तावित करते हैं। जहाँ तक आधुनिक सभ्यता और यन्त्रों के अन्तःसम्बन्ध का प्रश्न है, तो एतद्विषयक मार्क्स और गांधी की आलोचनाओं से कुछ बिन्दु, जो उभर कर सामने आते हैं, वे हैं तकनीकीकरण की अतिवादिता और सभ्यता की अधिकायकता का विरोध तथा मनुष्य और मशीन के मध्य मुक्त सम्बन्ध का प्रश्न। ये तीनों बिन्दु दोनों की आलोचनाओं में निहित समान और साझे महत्त्व के कहे जा सकते हैं, लेकिन तब भी दोनों की आलोचनाओं के फलितार्थ को एक नहीं कहा जा सकता।

द्रष्टव्य है कि मार्क्स ने यन्त्रों की भूमिका पर आलोचनात्मक रूप से विचार आधुनिक सभ्यता के एक ऐसे घटक के रूप में किया है, जिसके अतिचार से पूँजीवाद को बढ़ावा मिलता है। पुनः मार्क्स अपने ई.पी.एम. में जहाँ चार प्रकार

के बेगानेपन की बात करते हैं वहाँ भी बेगानेपन के मूल कारण को वे आधुनिक सभ्यता की जीवन-दृष्टि में न देखकर पूँजीवादी उत्पादन की पद्धति और तज्जन्य उत्पाद्य-उत्पादक सम्बन्ध में ही देखते हैं, जिसे आधुनिक अभियान्त्रिकी और भी बढ़ा देती है। परन्तु, गांधी यन्त्रों के उपयोग और उनके स्वरूप की आलोचना जिस तरह से करते हैं, उसमें मार्क्स की आलोचना के सभी पक्ष समाहित तो हैं ही, लेकिन, उससे आगे उसमें पश्चिमी विज्ञान की अतिवादिता की आलोचना भी पूर्वगृहीत है, जो अन्ततः एक वैकल्पिक विज्ञान[17] की सम्भावना में प्रतिफलित होती हुई प्रतीत होती है। पश्चिमी विज्ञान की अतिवादिता से गांधी के अभिप्राय को इस तरह समझा जा सकता है कि मनुष्य के जैव भाव में ही अपने शरीर को सन्दर्भ बनाकर प्रकृति को विनियोजित करने की प्रवृत्ति मनुष्य के अविकसित से अविकसित अवस्था में भी न्यूनाधिक रूप से देखी जा सकती है। यह प्रवृत्ति भी एक प्रकार की वैज्ञानिक प्रवृत्ति है और इस वैज्ञानिकता का मनुष्य के जीवन के अन्य आयामों से कोई विरोध नहीं है।[18]

परन्तु, पश्चिमी विज्ञान ने आज मनुष्य के शरीर, मन और आत्मा इन तीनों आयामों पर अपना आधिपत्य स्थापित कर लिया है, जबकि उसे शरीर-सेवा तक ही अपने कार्यक्षेत्र को सीमित रखना चाहिए और मन तथा आत्मा के आयाम, जो सत्यान्वेषण और अभीप्सा के स्वतन्त्र आयाम हैं, उन्हें अपने हस्तक्षेप से मुक्त रखना चाहिए। आज पश्चिमी विज्ञान ने मनुष्य के तन, मन और आत्मा को सत् विषयक अपनी नितान्त भौतिकवादी अवधारणा में घटित कर एक जीवन-दृष्टि का रूप ग्रहण कर लिया है और इस तरह वह सभी प्रकार के धार्मिक-सांस्कृतिक जीवन-दृष्टियों का विस्थापक हो गया है। आधुनिक विज्ञान, यदि अपनी भूमिका शरीर-सेवा तक सीमित रखे, तो धार्मिक-सांस्कृतिक जीवन-दृष्टियों से उसका कोई विरोध ही नहीं होगा। इस प्रकार कहा जा सकता है कि गांधी का विरोध वैज्ञानिक दृष्टि से नहीं,

---

17. 'वैकल्पिक विज्ञान' विषयक गांधी-दृष्टि के लिये देखें, आशिस नन्दी (1983), *द इन्टीमेट एनिमी : लॉस ऐंड डिस्कवरी ऑफ़ सेल्फ अण्डर कोलोनियलिज़म,* ऑक्सफ़र्ड युनिवर्सिटी प्रेस.

18. गांधी विज्ञान के इसी स्वरूप को ध्यान में रखते हुए विज्ञान की प्रशंसा उसकी तीन महान् उपलब्धियों के लिये करते हैं, जिसमें पहली है– अन्वेषण की वैज्ञानिक प्रवृत्ति, दूसरी है– प्रकृति की गहरी समझ, और तीसरी है– जीवन के संगठनात्मक पक्ष का विकास. परन्तु, इस प्रशंसा को आधुनिक पश्चिमी विज्ञान के उस स्वरूप की प्रशंसा नहीं समझनी चाहिए, जो मूलगामी रूप से ही जीवन और जगत् के प्रति एक तकनीकी समझ को लेकर विकसित हुआ है.

बल्कि, वैज्ञानिक जीवन-दृष्टि से है। द्रष्टव्य है कि जीवन-दृष्टि अपने-आप में वैज्ञानिक दृष्टि से व्यापक होती है, अतएव, वैज्ञानिक दृष्टि को जीवन-दृष्टि का एक अंग होना चाहिए, न कि सम्पूर्ण जीवन-दृष्टि। पश्चिमी विज्ञान के प्रति गांधी की ऐसी ही परिसीमनवादी दृष्टि में वैकल्पिक विज्ञान का सूत्र निहित है और इसी परिसीमा में मनुष्य और विज्ञान के तकनीकी उपकरणों के मध्य मुक्त सम्बन्ध की सम्भावना भी निहित है। आधुनिक यन्त्रों को पहचानने और उनकी हद बाँधने से गांधी के तात्पर्य का मार्क्स से भिन्न यही गूढ़ार्थ है।

VI

गांधी के अतिरिक्त बीसवीं शताब्दी में कोई दूसरा व्यक्ति यदि आधुनिक विज्ञान और तकनीकी की ऐसी मूलगामी आलोचना करता हुआ दिखाई पड़ता है तो वह है– मार्टिन हाइडेगर। एक सभ्यता-विज्ञानी के रूप में आधुनिक विज्ञान और तकनीकी के सारतत्त्व की गहरी समझ हाइडेगर के दार्शनिक चिन्तन का बहुत ही महत्त्वपूर्ण पक्ष है। मार्क्स और गांधी, जहाँ तकनीकी को आधुनिक सभ्यता के एक महत्त्वपूर्ण उपकरणात्मक घटक के रूप में देखते है, वहीं हाइडेगर की दृष्टि में तकनीकी अपने-आप में एक नये प्रकार की विश्व-सभ्यता की उद्‌भाविका है। ऐसी विश्व-सभ्यता, जो मनुष्य को उसके ही घर से बेघर कर देने वाली, दुनिया से दैवी दीप्ति को उड़ा देने वाली है।[19] इसका उद्‌देश्य 'रीज़न' की अगुआई में जीवन और जगत् का पूरे तौर से लौकिकीकरण कर देना है और लौकिकीकृत जगत् के रंग-रोगन के लिये तकनीकी को विश्वकर्मा बना देना है। हाइडेगर के अनुसार तकनीक का अपना स्वरूप या निजी अर्थ स्वयं तकनीकी नहीं है। ऐसा माना जाता है कि तकनीक एक मानुषी कृति है, उसके उद्‌देश्यों की पूर्ति का एक तटस्थ साधन मात्र है। परन्तु, यह सही नहीं है और न ही इससे तकनीक के मूलतत्त्व का पता ही चलता है। गणितीय विज्ञान और तकनीकी को प्रयोग मात्र मान लेना दोनों के तात्त्विक स्वरूप और अन्तर पर पर्दा डालना है। विज्ञान स्वयं में प्रायोगिक है। वह वस्तुजगत् का साधारण निरपेक्ष ज्ञान नहीं है। वैज्ञानिक ज्ञान में जिज्ञासा का स्वरूप विशुद्ध ज्ञानमात्र के लिये नहीं, बल्कि, सत्ता का एक विशेष रूप में आविर्भाव

---

19. देखें, मार्टिन हाइडेगर की कृति *लेटर ऑन ह्यूमेनिज़म,* जहाँ उन्होंने 'सत्ता' के इतिहास में तकनीकी के द्वारा मनुष्य के घर-से-बेघर होते जाने को आधुनिक विश्व की नियति के रूप में प्रस्तुत किया है.

और वस्तुओं का एक विशेष प्रकाश में ग्रहण है। तकनीकी, वस्तुतः, सत्ता के उसी विशेष रूप को आविर्भूत करने और वस्तुओं को उसी प्रकाश में ढालने का साँचा बनती है। इसलिए, तकनीक का सारभूत अर्थ है– 'जगत् को एक विशेष साँचे में मढ़ देना', जिसे हाइडेगर अपनी शब्दावली में 'गेस्टेल' अथवा 'इनफ्रेमिंग' कहते हैं। हाइडेगर के दर्शन का मूलभूत प्रश्न है कि 'ऐसा क्यों है कि वस्तुएँ हैं, ऐसा क्यों नहीं है कि वस्तुएँ नहीं हैं?' यह प्रश्न वस्तुओं के होने की, उनकी भवितव्यता का प्रश्न है। तकनीक वस्तुओं के होने की निजता को ही अन्यथा कर इतिहास की एक अभूतपूर्व गति को जन्म देती है और इसकी परिणति, अन्ततः, मनुष्य द्वारा सत्ता की विस्मृति में होती है। तकनीक के लिये यह सारा जगत् जैसे एक संसाधन मात्र है, वैसे ही मनुष्य भी एक वस्तु ही है। तकनीक का कार्य दोनों को एक विशेष साँचे में ढाल कर एक-दूसरे के सम्मुख प्रस्तुत होने के लिये विवश कर देना है। हाइडेगर विश्व के निर्बाध तकनीकीकरण को एक प्रकार की नास्तिकता (टेक्नोलॉजिकल निहिलिज़्म) से अभिहित करते हैं और इस नास्तिकता से जो सर्वाधिक ख़तरे में है, वह है मनुष्य की प्रकृति। इसने मनुष्य की समझदारी को इस कदर बदल दिया है कि उसकी मनुष्यता ही विलुप्तप्राय हो रही है। हाइडेगर हमें आगाह करते हैं कि सबसे बड़ा जोखिम परमाणविक युद्ध का नहीं और न ही इसी प्रकार के किसी अन्य विध्वंसकारी तकनीक का है, बल्कि, वास्तविक ख़तरा इस बात में निहित है कि कहीं एक दिन ऐसा न हो जाये कि जीवन और जगत् की वैज्ञानिक तकनीकी समझ को ही समझ का एकमात्र प्रकार स्वीकार कर लिया जाये।[20] आधुनिक सभ्यता के वर्तमान दौर में वस्तुतः ऐसी ही समझ एकरेखीय रूप से स्वीकार्य हो रही है। आज मनुष्य तकनीकी के अधिभार के समक्ष असहाय-सा हो कर रह गया है। यह मनुष्य की रुचि, प्रवृत्ति, प्रेरणा और समस्त अभीप्साओं को अपने ही साँचे में ढालने लगा है और उसके साँचे से जो बाहर है, वह सिर्फ़ बकवास।

अतएव, हाइडेगर तकनीक के सारतत्त्व को समझने के उपरान्त विश्व के निर्बाध तकनीकीकरण को मनुष्य की समझदारी की समस्या के रूप में देखते हैं और उनकी दृष्टि में इसका समाधान भी मनुष्य की समझदारी में ही निहित है। इसलिए, हाइडेगर के दार्शनिक चिन्तन का एक विशेष लक्ष्य विश्व के अप्रतिहत

---

20. मार्टिन हाइडेगर (1969), *मेमोरियल एड्रेस, डिस्कोर्स ऑन थिंकिंग,* अनु. जॉन एम. ऐंडरसन और ई. हान्स फ्रेयूड, हारपर कोलोफोन बुक्स, न्यूयॉर्क : 56.

तकनीकीकरण के निहितार्थों का विश्लेषण कर तद्विषयक मनुष्य की समझदारी को बदलना है और इसके द्वारा मनुष्य को तकनीकी के साथ मुक्त सम्बन्ध के लिये तैयार करना है। हाइडेगर अपने एक महत्त्वपूर्ण आलेख 'दी क्वेश्चन कन्सर्निंग टेक्नोलॉजी'[21] में मनुष्य और तकनीकी के मध्य मुक्त सम्बन्ध को स्पष्ट करते हुए इस निष्कर्ष पर पहुँचते हैं कि यद्यपि विज्ञान और तकनीकीजन्य विकास की अनदेखी नहीं की जा सकती, लेकिन, उसे इस मूल्य पर स्वीकार भी नहीं किया जा सकता कि वह मनुष्य के मनुष्य होने को ही अर्थहीन बना दे। मनुष्य और तकनीक के मध्य मुक्त सम्बन्ध का मतलब तकनीकी संसाधनों को मिटाना नहीं है, बल्कि, उनका प्रयोग उसी सीमा तक किया जाना चाहिए, जिस सीमा तक उन्हें अत्यावश्यक ठहराया जा सके। तकनीकी के प्रति ऐसी परिसीमनवादी दृष्टि से ही तकनीकी के अनावश्यक बोझ से मुक्त जीवन की कला विकसित की जा सकती है। हाइडेगर ने अपने एक विश्वप्रसिद्ध साक्षात्कार[22] में इस बात को ज़ोर देकर कहते हैं कि 'तकनीकी नास्तिकता' मनुष्य की कोई ऐसी नियति नहीं, जिससे मुक्त होना सम्भव ही नहीं। परन्तु, इससे वांछित मुक्ति किसी राजनीतिक कार्य-योजना के द्वारा सम्भव न हो कर 'प्रोजेक्ट ऑफ़ थॉट' के द्वारा सम्भव है। क्योंकि, तकनीकी ने हमारे सोच को ही बदला है, इसलिए उस सोच को ही बदलकर जीवन और जगत् के मौलिक (ओरिजिनल) स्वरूप को आत्मसात् किया जा सकता है। इस प्रकार के वैचारिक बदलाव की सम्भावना हाइडेगर जापान, रूस, चीन और भारत की प्राचीन बौद्धिक परम्परा और जीवन शैली में देखते हैं, जिसे वे अपने-अपने तरीक़े से क्रियान्वित कर सकते हैं। परन्तु, यह कहते हुए उनका यह भी मानना है कि पश्चिमी मन किसी पौर्वात्य अनुभव के सहयोग से अपने दृष्टिकोणों में इस प्रकार का आमूल परिवर्तन नहीं कर सकता, जिससे कि वह निरंकुश तकनीकी नास्तिकता के चक्रव्यूह से उबर सके। यह सही है कि विचार के द्वारा विचार को बदला जा सकता है, लेकिन चिन्तन की प्रकृति ही ऐसी है कि उसमें रूपान्तरण स्वकीय विचार परम्परा के अन्तर्गत ही घटित होकर सार्थक होता है। अस्तु, पाश्चात्य मन की दुर्बलता और तकनीकी

---

21. देखें, सी.बी.के. जॉर्ज (2008) का आलेख *टेक्नोलॉजी ऐंड दी मॉडर्न : प्रेडिकामेंट : हाइडेगर ऑन दी सेविंग ग्रेस, जे.आई.सी.पी.आर.* अंक XXV-1 जनवरी-मार्च : 95.

22. देखें, मार्टिन हाइडेगर (1993), *ऑनली गौड कैन सेव अस : डेर स्पायगल्स इन्टरव्यू विद मार्टिन हाइडेगर कॉन्ट्रोवर्सी : अ क्रिटिकल रीडर,* सम्पादक-रिचर्ड वोलिन, एम.आई.टी. प्रेस, कैम्ब्रिज : 111-113.

नास्तिकता के प्रतिरोध की अपरिहार्यता को भाँपते हुए हाइडेगर ने उचित ही कहा है कि 'इन्हें कोई ईश्वर ही बचा सकता है।'

VII

इस प्रकार उपर्युक्त विवेचना का उपसंहार करते हुए हम कह सकते हैं कि मार्क्स, गांधी और हाइडेगर तीनों ही आधुनिक सभ्यता और उसके तकनीकी पक्ष की आलोचना अपने-अपने ढंग से करते हैं। इसमें मार्क्स की आलोचना जहाँ पूँजी को केन्द्र में रखकर की गयी है, वहीं गांधी की आलोचना मानवीयता-केन्द्रित है और हाइडेगर की आलोचना मानव विषयिता-केन्द्रित है। अपनी आलोचना द्वारा हाइडेगर मर्मस्पर्शी दार्शनिक तरीक़े से यह बता पाने में सफल होते हैं कि आधुनिक तकनीकी सभ्यता की उपलब्धियों की चकाचौंध में मनुष्य ने अपने स्वत्व को किस प्रकार खोया है। वह यह भी मानते हैं कि संसदीय जनतन्त्र का राजनीतिक एजेण्डा और साम्यवाद आधुनिक सभ्यता की तकनीकी निरंकुशता का प्रतिरोध करने के लिये पर्याप्त नहीं, जबकि यह अपरिहार्य रूप से अपेक्षित है।[23] यदि उनकी इस टिप्पणी को मान भी लिया जाये तो इस संकेतित अपर्याप्तता को गांधी की आलोचना और उनके वैकल्पिक सभ्यता-बोध पर लागू नहीं किया जा सकता। वस्तुतः, मार्क्स और हाइडेगर दोनों ही आधुनिक तकनीकी की आलोचना करते हुए विकल्प रूप में जीवन और जगत् की प्राक् वैज्ञानिक समझ को ही प्रस्तावित कर सकते हैं। यह उनके भारतीय न होने, अर्थात् पाश्चात्य होने की सीमा है।

परन्तु, यहाँ अवधेय है कि उनके इस प्रस्ताव के मूल में मनुष्य के जीवन का संवेगात्मक पक्ष ही पुनरोद्घाटित होता है, जिसे आधुनिक युग को नेतृत्व प्रदान करने वाली 'सार्वभौम बुद्धि' के द्वारा समता और स्वतन्त्रता के नाम पर दबा दिया गया था। परन्तु, गांधी आधुनिक सभ्यता की आलोचना करते हुए विकल्प रूप में जिस सभ्यता-बोध को प्रस्तावित करते हैं और अपने 'आत्मपूरित ग्राम स्वराज्य' की संकल्पना में उसकी एक स्पष्ट रूपरेखा प्रस्तुत करते हैं, उसमें एक ओर आधुनिक तकनीकी की निरंकुशता का दबदबा नहीं है तो दूसरी ओर उसके आधार में मनुष्य का संवेगात्मक पक्ष न होकर एक उदात्त आध्यात्मिक प्रज्ञा है। गांधी के इस सभ्यता-बोध में मनुष्य द्वारा मनुष्य का शोषण, प्रकृति का विदोहन और तकनीकी द्वारा

---

23. वही : 105.

मनुष्य का वस्तुकरण तथा विस्थापन के लिये कोई अवकाश ही नहीं है। अतएव, निष्कर्षात्मक रूप में यह कहा जा सकता है कि हाइडेगर ने आधुनिक तकनीकी के मूलतत्त्व को जिस दार्शनिक गहराई से समझा है और उसकी आलोचना की है, उससे गांधी की आलोचना को और अधिक समृद्ध किया जा सकता है, लेकिन, मार्क्स और हाइडेगर बदले में जिस विकल्प को प्रस्तावित करते हैं, अथवा कर सकते हैं, वह गांधी के वैकल्पिक सभ्यता-बोध से सम्पुटित होकर ही सम्पूर्ण हो सकता है।

अतिरेकों के युग में गांधी और उनकी अहिंसा

पहचान, प्रतिनिधित्व और पुनर्वितरण की अतिवादी धाराएँ

हम आज अतिरेकों के युग में जी रहे हैं। इस युग की एक सच्चाई यह है कि 1914 से 1991 की अवधि में मानवीय निर्णयों के परिणामस्वरूप 18 करोड़ 70 लाख लोग मारे जा चुके हैं।[1] इससे भी अधिक लोगों की मृत्यु शीतयुद्धोत्तर विश्व में नृजातिगत संघर्षों, आतंकी हमलों, कुपोषण, चिकित्सा सुविधाओं के अभाव एवं भुखमरी से हुई है। हम तेज़ी से 'डे जीरो' की ओर बढ़ते जा रहे हैं।[2] परम्परागत सुरक्षा-ख़तरों के स्थान पर गैर-परम्परागत सुरक्षा के ख़तरे विकराल होते जा रहे हैं।[3] फिर भी हमारी दुनिया की विसंगति यह है कि हम सबसे अधिक

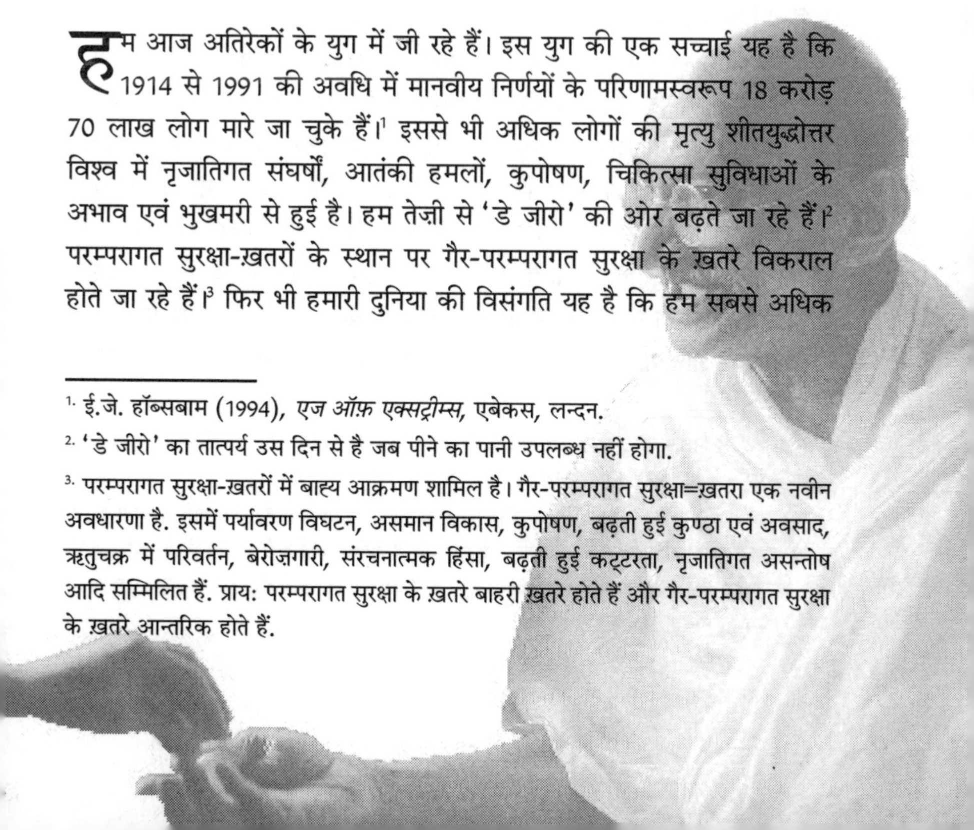

1. ई.जे. हॉब्सबाम (1994), *एज ऑफ़ एक्सट्रीम्स*, एबेकस, लन्दन.

2. 'डे जीरो' का तात्पर्य उस दिन से है जब पीने का पानी उपलब्ध नहीं होगा.

3. परम्परागत सुरक्षा-ख़तरों में बाह्य आक्रमण शामिल है। गैर-परम्परागत सुरक्षा=ख़तरा एक नवीन अवधारणा है. इसमें पर्यावरण विघटन, असमान विकास, कुपोषण, बढ़ती हुई कुण्ठा एवं अवसाद, ऋतुचक्र में परिवर्तन, बेरोज़गारी, संरचनात्मक हिंसा, बढ़ती हुई कट्टरता, नृजातिगत असन्तोष आदि सम्मिलित हैं. प्राय: परम्परागत सुरक्षा के ख़तरे बाहरी ख़तरे होते हैं और गैर-परम्परागत सुरक्षा के ख़तरे आन्तरिक होते हैं.

खर्च शस्त्रों के निर्माण, सौन्दर्य प्रसाधन और अश्लीलता के बाज़ार और चाँद को छू लेने की कशिश में करते हैं। अतिरेकों और अन्तर्विरोधों की यह दुनिया अचानक नहीं बन गयी है। यह तब जाकर बनी है जब धीरे-धीरे दुनिया के एक प्रतिशत लोगों की मुट्ठी में उससे अधिक धन-सम्पदा जमा हो गयी है, जितनी निन्यानवे प्रतिशत लोगों के पास भी नहीं है। यह दुनिया तब जाकर बनी है, जब जीवन की तेज गति में मानवता की चीत्कार कानों से टकराती तो ज़रूर है, परन्तु, आत्मा और मस्तिष्क में कोई हलचल उत्पन्न नहीं कर पाती।

भगत सिंह ने पूरी दुनिया के एक छोटे भूखण्ड भारत में बहरे हो चुके लोगों तक आवाज पहुँचाने के लिये एसेम्बली की खाली कुर्सियों पर बम फेंका था।[4] आज पूरी दुनिया में मस्तिष्क ही बन्द होते जा रहे हैं और आत्मा मरती जा रही है। क्या ऐसे विश्व को किसी बम या हिंसा-दर्शन से जगाया जा सकता है? यदि हाँ, तो इस दुनिया में बम और हिंसा-दर्शन की आवश्यकता सबसे अधिक वंचित समूहों को है या उन एक प्रतिशत लोगों को है, जो शक्ति एवं सत्ता प्रतिष्ठानों के केन्द्र में हैं। यदि हिंसा-दर्शन को जीवन-मूल्य के रूप में स्वीकार कर लिया जाये, तो इसकी ज़रूरत दोनों तरफ़ के लोगों को पड़ेगी। एक प्रतिशत लोग अपने वर्चस्व को बनाये रखने के लिये हिंसा का प्रयोग करना चाहेंगे, और निन्यानबे प्रतिशत लोग एक प्रतिशत की जमात में शामिल हो जाने के लिये हिंसा करना चाहेंगे। कार्ल मार्क्स एवं फ्रांज फ़ानो जैसे विचारक वंचित समूहों के लिये हिंसा-दर्शन का समर्थन करते हैं, और हिगेल जैसे विचारक साधन सम्पन्न समूहों के पक्ष में हिंसा-दर्शन की वकालत करते हैं। परन्तु, दोनों तबकों में से कोई भी अपने प्रतिपक्षी को हिंसा का वैसा ही अधिकार नहीं देना चाहता है जैसी हिंसा करने के अधिकार की वे अपनी लिए माँग करते हैं। इसका परिणाम यह होता है कि हिंसा करने का अधिकार एक नैतिक नियम के रूप में विकसित नहीं हो पाता है।[5] हिंसा को ढाल की, चेहरा छुपाने की और सबसे बढ़ कर भ्रम को ज्ञान मान लेने की भी ज़रूरत होती है। इसी कारण हिंसा को संवाद

---

4. भगत सिंह ने सेशन कोर्ट में अपने बचाव के लिये जो बयान दिया था, उसमें 'बहरे कानों तक आवाज़ पहुँचाने के लिये' उल्लिखित है.

5. यहाँ नैतिक नियम को कांट द्वारा निरूपित अर्थों में ग्रहण किया गया है. कांट की मान्यता है कि नैतिक वह है, जो सार्वभौमक है. जो किसी एक के लिये स्वीकार्य है वही सबके लिये स्वीकार्य हो और जो सबके लिये स्वीकार्य है वही किसी एक के लिये भी स्वीकार्य हो. इस शर्त को पूरा करने वाले नियम ही नैतिक नियम होते हैं.

से, सत्यान्वेषण से, विवेक से और सबसे बढ़कर प्रेम से भयभीत होते हुए देखा जा सकता है।

I

मानवीय इतिहास में सुकरात से हिंसा को भयभीत होते हुए देखा गया है। हिंसा ईसा के प्रेम से भी सहमी थी। परन्तु, हिंसा सबसे अधिक गांधी से विचलित हुई है, क्योंकि गांधी में सत्य भी है, प्रेम भी है, विवेक भी है और निर्भ्रान्त ज्ञान भी है। अन्यथा, हिंसा में यदि साहस होता तो जब गोडसे ने पहली बार 22 जुलाई, 1944 को छुरा ले कर गांधी पर हमले की कोशिश की थी और गांधी ने उसे छोड़ देने का निर्देश देते हुए अपने साथ एक सप्ताह रुक जाने का आग्रह किया था, तब गोडसे इसके लिये तैयार क्यों नहीं हुआ?[6] इसलिए कि गोडसे भ्रम के टूट जाने का जोखिम नहीं लेना चाहता था, जबकि गांधी अहिंसा का जोखिम उठाने के लिये तैयार थे। हम और आप अतिरेकों और अन्तर्विरोधों के ऐसे युग में जी रहे हैं, जहाँ नैतिक नियमों के अनुपालन के लिये जोखिम उठाना पड़ती है और जो अनैतिक है, वह असहज नहीं रह गया है। अन्यथा, हिंसा जब नैतिक नियम नहीं है तब हम अतिमारकता के युग में पहुँच कैसे गये हैं?[7] ठीक इसके विपरीत, अस्तेय, अपरिग्रह, क्षमा आदि मानवीय मूल्य हैं। ये दुनिया के सभी धर्मों एवं सभ्यताओं में स्वीकृत होने के कारण सार्वभौमिक नैतिक मूल्य हैं, परन्तु, व्यावहारिकता के नाम पर कालबाह्य होते जा रहे हैं। इतिहास साक्षी है कि जिन सभ्यताओं ने भोग और विलास के लिये अपने मूल्यों से समझौता किया, वे अतीत की क़ब्र में दफ़्न हो गये। आज के समय में भी सभी सभ्यताएँ जहाँ व्यावहारिकता के नाम पर मूल्यों को तिलांजलि देने का मार्ग अपनाती हैं, वहाँ व्यावहारिकता के नाम पर भोग-विलास की प्रवृत्ति का ही पक्ष-पोषण किया जाता है।

---

6. कुमार प्रशान्त (2019), 'छठी सफलता से पहले', *गांधी मार्ग* : 61, अंक-अकथनीय सत्य का ताप.

7. अतिमारकता के युग का तात्पर्य हमारी आज की उस क्षमता से है, जिसमें आणविक, रासायनिक आदि हथियारों के ज़रिये पूरी मानवता को अनेक बार समाप्त किया जा सकता है. पूरी मानवता को एक ही बार समाप्त कर देने के बाद हथियारों का प्रयोगकर्ता भी नहीं बचेगा, फिर भी हमारे पास उससे अधिक हथियार हैं. इसी कारण हथियारों की कुल मारक क्षमता के आधार पर इस युग को अतिमारकता का युग कहते हैं.

भोग-विलास की प्रवृत्तियों को सनातन परम्परा में आसुरी प्रवृत्ति कहा गया है। *महाभारत* में कौरव इस प्रवृत्ति के प्रतीक हैं। *वाल्मीकि रामायण* एवं तुलसीकृत *रामचरितमानस* में रावण की लंका इसकी प्रतीक है। *मारकण्डेय पुराण* में शुम्भ-निशुम्भ से लेकर महिषासुर तक उसी आसुरी प्रवृत्ति के द्योतक हैं। सनातन परम्परा ने इन आसुरी प्रवृत्तियों को सदैव दैवी प्रवृत्तियों से पराभूत होते हुए दिखाया है। दैवी प्रवृत्तियों को धर्मानुरागी, धर्म-रक्षक और धर्मवेत्ता कहा गया है। इसके विपरीत, आसुरी प्रवृत्तियों को धर्मद्रोही, धर्मनिंदक एवं धर्मभ्रष्ट कहा गया है। *मनुस्मृति* में धर्म के दस लक्षण बताये गये हैं।[8] धर्म के इन दस लक्षणों में से किसी एक का भी पालन हिंसक हो कर नहीं किया जा सकता है, जबकि अहिंसक होकर धर्म के सभी लक्षणों को आचरित किया जा सकता है। इसी कारण सनातन परम्परा ने 'अहिंसा परमो धर्मः' का उद्घोष किया है। बहुतेरे ऐसे विचारक मिल जायेंगे जो आज यह कहते हुए पाये जा सकते हैं कि 'अहिंसा परमो धर्मः' सनातन परम्परा का प्राकृतिक उद्घोष नहीं है, अपितु यह बुद्धमत के समावेशन की प्रक्रिया से उत्पन्न विजातिगत मत है। इस मत का परिहार *श्रीमद्भगवद्गीता* के दृष्टांत से किया जा सकता है। विचार करें कि हिंसा का अधिष्ठान क्या है? उत्तर मिलेगा कि क्रोध हिंसा का अधिष्ठान है। इस क्रोध के सन्दर्भ में *श्रीमद्भगवद्गीता* का महान् सन्देश यह है कि 'क्रोधाद्भवति सम्मोहः सम्मोहात्स्मृतिविभ्रमः। स्मृतिभ्रशांद् बुद्धिनाशो बुद्धिनाशात्प्रणश्यति।'[9] इस महान् सन्देश में क्रोध से स्वयं अपने ही विनाश की ज्ञानमीमांसा प्रस्तुत की गयी है।

अब यदि हिंसा का अधिष्ठान क्रोध है तब हिंसा स्वयं के लिये भी विनाशक है। हम अपने आत्मा की आवाज के विरुद्ध जाकर ही हिंसा कर सकते हैं। सनातन परम्परा में शरीर, मन और मस्तिष्क के ऊपर आत्मा को रखा गया है। आत्मा और ब्रह्म में अभेद सम्बन्ध स्थापित किया है। 'तत्त्वमसि' अर्थात् तुम भी वही हो और 'सोऽहम् ' अर्थात् मैं भी वही हूँ– यह वेदान्त की स्थापना है। वेदान्त मत के आधार पर हिंसा-दर्शन के लिये कोई स्थान नहीं है। यदि ऐसा होता तो बादरायण सूत्रों के भाष्यकार तथा अद्वैत वेदान्त दर्शन के प्रवर्तक आचार्य शंकर बड़ी आसानी से

---

8. धृतिः क्षमा दमोऽस्तेयं शौचमिन्द्रिय निग्रहः।
धीर्विद्या सत्यमक्रोधो दशकं धर्म लक्षणम् ॥ *मनुस्मृति,* 6:92.

9. *श्रीमद्भगवद्गीता,* 2:63.

श्रीमद्‌भगवद्‌गीता के प्रथम अध्याय का कुरुक्षेत्र के युद्ध के रूप में भाष्य कर सकते थे। परन्तु, उन्होंने *श्रीमद्‌भगवद्‌गीता* के भाष्य में प्रथम अध्याय की कोई व्याख्या न करते हुए कहा कि इस अध्याय को मन की प्रवृत्तियों के सन्दर्भ में समझा जाना चाहिये। इसका तात्पर्य यह हुआ कि गीता युद्ध-भूमि का उपदेश नहीं है, बल्कि, चित्त की विरोधी वृत्तियों के मध्य संघर्ष में सद्-प्रवृत्तियों की विजय हेतु योगनिष्ठ होने का उपदेश है। इसी कारण आचार्य शंकर ने गीता को ज्ञानयोग का ग्रन्थ बताया। परन्तु, बालगंगाधर तिलक गीता को कर्मयोग का ग्रन्थ बताते हैं और इसे कुरुक्षेत्र की युद्ध-भूमि से जोड़ते है।[10] निश्चय ही उपनिवेशवाद के विरुद्ध संघर्ष को अतिवादी धार देने में तिलक के इस भाष्य की अहम भूमिका रही है। परन्तु, विचारणीय यह भी है कि इस तरह की व्याख्या में हमारे मिथकीय पात्रों को जब ऐतिहासिक पात्र के रूप में प्रदर्शित किया जाता है, तब किस तरह के अतिरेकों और अन्तर्विरोधों का जन्म होता है। मिथकीय पात्रों का कद ऐतिहासिक पात्रों के कद की अपेक्षा काफ़ी बड़ा होता है। ऐतिहासिक पात्रों में देवत्व का आरोपण सम्भव नहीं है। वस्तुतः ऐतिहासिक पात्रों में देवत्व का आरोपण मिथकीय चरित्र के आरोपण से होता है। वह मिथकीय चरित्र ही उन्हें मानवीय सीमाओं से परे अतिमानवीय और दैवी स्वरूप प्रदान करता है। इसी में उनकी न्यूनताएँ छिप जाती हैं। परन्तु, मिथकीय पात्रों को ऐतिहासिक पात्रों के रूप में निरूपण से वे जाति, गोत्र, वंश, सम्प्रदाय आदि की श्रेणियों में भी अपघटित होते हैं और देश-काल की सीमाओं में बँध जाते हैं। वे सत्ता-प्रतिष्ठान और सत्ता के लिये शक्ति-संघर्ष में उलझे हुए सामान्य मानव से शायद ही कुछ अधिक रह पाते हैं। द्रष्टव्य है कि मिथकीय पात्रों को ऐतिहासिक पात्रों की तरह प्रस्तुत करने की प्रवृत्ति मराठी राष्ट्रवाद में कुछ अधिक ही रही है। इसकी शुरुआत दो खेमों से होती है। इसमें एक ओर बाल गंगाधर तिलक और विनायक दामोदर सावरकर हैं, तो उनके प्रतिरोध में ज्योतिबा फुले एवं अम्बेडकर खड़े दिखाई देते हैं। इन चारों ने ही सनातन परम्परा के मिथकीय दैवी पात्रों को ऐतिहासिक जामा ही नहीं पहनाया, अपितु, ऐसा करके उन्हें हिंसा के पक्ष में भी उतार दिया।

उक्त स्थापना को ज्योतिबा फुले की रचना *गुलामगीरी* में बेहद स्पष्ट रूप से देखा जा सकता है। जहाँ वे मत्स्य, कुर्म, वाराह, वामन और परशुराम को ईरान से

---

10. इस मत का प्रतिपादन बाल गंगाधर तिलक ने गीता-भाष्य की भूमिका में स्पष्ट रूप से कर दिया है। देखें, *बाल गंगाधर तिलक* (1933), *गीता रहस्य अथवा कर्मयोगशास्त्र*, वैभव प्रेस, बम्बई : 25.

आये हुए ऐसे ब्राह्मण आक्रान्ता के रूप में प्रदर्शित करते हैं, जिन्होंने भारत के मूल निवासियों पर नृशंस अत्याचार किया और उनके भू-भाग तथा राज्य पर आधिपत्य स्थापित कर लिया। फुले ने सबसे अधिक निन्दा वामन और परशुराम के कृत्यों की की है। वामन ने छल से बलि के राज्य को हड़प लिया और परशुराम तो हिंसा की सभी सीमाओं को पार कर गये। उन्होंने यहाँ के मूल निवासियों, जो उनके महा अरि थे (महार), के साथ ऐसा वीभत्स अत्याचार किया कि उनकी गर्भवती स्त्रियों के गर्भ से भी शिशुओं को निकाल कर मार डाला।[11] भीमराव अम्बेडकर ने भी *रिवोल्युशन ऐंड काउन्टर रिवोल्युशन इन एंशियेन्ट इंडिया* में *श्रीमद्भगवद्गीता* को धर्मोपदेश या ईश्वरीय वाणी (गॉस्पेल) मानने से इन्कार किया है। यद्यपि फुले की अपेक्षा अम्बेडकर का लेखन अकादमिक है, इसलिए वे *श्रीमद्भगवद्गीता* में हिंसा को अधिक गहरे तक उतर कर खोलते हैं और इस ग्रन्थ को संरचनात्मक हिंसा के समर्थन में खड़ा कर देते हैं कि गीता की रचना चाहे कर्मयोग की रक्षा के लिये हुई है, (तिलक से तुलना करें) किन्तु, यहाँ कर्मयोग चतुर्वर्ण व्यवस्था के जैमिनी कर्मकाण्ड की रक्षा के लिये हुआ है। यह ग्रन्थ बौद्धमत के प्रतिवाद के लिये लिखा गया है और यह जाति संरचना को रूढ़ करने के अभीष्ट को सिद्ध करता है। यह एक ऐसा षड्यन्त्र है, जो वंचित तबकों को अपने जातिगत पेशों में बँधे रहने का प्रस्ताव करता है।[12] मिथकीय आख्यानों के ऐतिहासिक पात्रों के रूप में दस्तावेज़ीकरण और उसमें हिंसा के भयंकर ज्वार को कुछ हालिया लेखन में भी उजागर किया गया है। इनमें ए. कंगाली एवं प्रमोद रंजन जैसे ओबीसी विमर्शकारों का लेखन सम्मिलित है। इन विमर्शों में महिषासुर को जनजातियों के लोकप्रिय नायक के रूप में स्थापित किया गया है। वह सिंधु सभ्यता का अधिपति है, और दुर्गा या पार्वती आर्यों की ऐसी नायिका, जो महिषासुर को योग-भ्रष्ट कर देती हैं। यह महिषासुर वास्तव में शंभुसेक नामधारी है और आर्यों ने इसे शिव का चरित्र प्रदान कर दिया है, जिसमें दुर्गा का वह समस्त योगदान है, जिसके चलते कोई स्त्री वेश्या कही जाती है।[13] इस व्याख्या में भी हिंसा एवं प्रतिहिंसा की अभिव्यक्ति होती है।

---

11. ज्योतिराव फुले, *स्लैवरी,* क्रिटिकल क्वेस्ट, नयी दिल्ली : 21-42.

12. भीमराव अम्बेडकर (2014), *राइटिंग्ज़ ऐंड स्पीचेज़,* भाग-3, मिनिस्ट्री ऑफ़ सोशल जस्टिस ऐंड इम्पावरमेंट, नयी दिल्ली, : 351-380.

13. संजय जोठे, 'महिषासुर-विमर्श', *प्रतिमान समय समाज संस्कृति,* वर्ष 4, अंक 7 : 107-130.

तिलक एवं सावरकर के प्रयत्नों से मिथकीय आख्यानों की ऐतिहासिक व्याख्या की जिस धारा की शुरुआत होती है, उसमें आगे चलकर सावरकर अधिक सशक्त हस्ताक्षर सिद्ध होते हैं। अपनी पुस्तक *हिन्दुत्व* में वे लिखते हैं कि 'हम लोगों में से कुछ लोग रामचन्द्र को ईश्वर का अवतार मानते हैं। कुछ उन्हें एक महापुरुष मानते हैं और कुछ उन्हें वीराग्रणी मानते हैं। बाकी 'सब लोग उन्हें अपनी जाति का अत्यन्त प्रसिद्ध सार्वभौम राजा मानते हैं।'[14] यही सावरकर 24 अक्टूबर, 1909 को विजयदशमी के दिन भारत की स्वतन्त्रता और उसकी रणनीति पर विमर्श करने के लिये इंडिया हाउस में एक परिसंवाद करते हैं। इस परिसंवाद में गांधी भी आमन्त्रित थे, जिसमें सावरकर ने दुर्गा और राम का सन्दर्भ लेकर हिंसक साधनों द्वारा भारत की आज़ादी की वकालत की।[15] इसके उलट, गांधी ने राम की शक्ति को भौतिक शक्ति और हिंसा से समझने के बजाय तुलसी की इस चौपाई से समझाया– सौरज धीरज जेहि रथ चाका, सत्य शील दृढ़ ध्वजा पताका।[16]

राम के प्रति और रामायण के प्रति गांधी की यह आध्यात्मिक दृष्टि है, जिसमें पात्र के भौतिक सत्यापन की अपेक्षा बेमानी हो जाती है। गांधी का यह पक्ष शंकराचार्य का पक्ष है, जो सबसे अधिक स्पष्ट रूप से गांधीकृत गीता-भाष्य में प्रकट होता है। *श्रीमद्भगवद्गीता* के प्रथम अध्याय की व्याख्या करते हुए गांधी कहते हैं कि 'कुरुक्षेत्र का युद्ध तो निमित्त मात्र है, सच्चा कुरुक्षेत्र हमारा शरीर है। यही कुरुक्षेत्र भी है और यही धर्मक्षेत्र भी है।'[17] परन्तु, सावरकर की दृष्टि में गीता प्रवचन युद्ध-भूमि का शंखनाद है और यह ऐतिहासिक सत्य भी है।

यहाँ सावरकर का पक्ष लेते हुए कहा जा सकता है और स्वयं सावरकर ने कहा भी है कि जब असभ्य और बर्बर जातियों के हमले से हिन्दुस्तान के और हिन्दू कही जाने वाली जातियों के संरक्षण की ज़रूरत थी, तब अहिंसा की बात आत्मघाती साबित होती है। ऐसे में, जैसा कि सावरकर लिखते हैं, सब लोग राजनीतिक दासत्व के ज़हर का प्याला शान्ति से होठों से नहीं लगा सकते थे। जिस असभ्य और क्रूर

---

14. वी.डी. सावरकर (1982), *हिन्दुत्व,* लक्ष्मण नारायण गर्दे, कोलकाता : 94.
15. जेम्स डगलस (2019), 'अकथनीय सत्य का ताप', *गांधी मार्ग* : 21-22.
16. मनोज राय (2015), *हिन्द स्वराज : अरथ अमित आखर अति थोरे,* लोकायत प्रकाशन, वाराणसी : 46.
17. गांधी, *गीता-बोध और मंगल प्रभात,* सर्वसेवा संघ प्रकाशन, वाराणसी : 9-10

हिंसावृत्ति का उन्हें सामना करना पड़ रहा था, वह आध्यात्मिक बंधुभाव की मधुर बातों से शान्त होने वाली नहीं थी। आक्रान्ताओं के फौलादी खड्ग की धार मृदु तालपत्रों के सुस्वर मन्त्रोचार से मन्द होने वाली नहीं थी।[18] सावरकर का यह तर्क वस्तुतः युद्धकाल में अहिंसा की अव्यावहार्यता और आत्मरक्षार्थ हिंसा के पालन के तर्क पर आधारित है। प्रथम महायुद्ध के युद्ध-प्रयत्नों में तो गांधी भी सहभागी रहे हैं।[19] परन्तु, उन्होंने धर्म और दैवी प्रतीकों को युद्ध और हिंसा का विषय नहीं बनाया। जबकि सावरकर ऐसा खुल कर करते हैं और तिलक के चिन्तन में इसके दार्शनिक बीज सन्निहित तो हैं, लेकिन, प्रकट नहीं। सवाल यह है कि हिंसा-दर्शन का समर्थन करने के लिये धर्म और आस्था को आधार बनाया जाना क्या उचित है? कहीं ऐसा तो नहीं कि ऐसा करके हम हिन्दू धर्म की रक्षा के नाम पर हिन्दू धर्म का गला ही घोंट दे रहे हैं।

वस्तुतः, जब जाति की रक्षा के नाम पर हिंसा-दर्शन का समर्थन करना हो और हम उस दर्शन को वैध मानते हों, तब मानवता की रक्षा के लिये जब हिंसा-दर्शन की बात की जाती है, तब हम उसका तिरस्कार कैसे कर सकते हैं? भारत में भगत सिंह मानवता की रक्षा के लिये हिंसा-दर्शन का समर्थन करते हैं, और ब्रिटिश हिंसा का प्रतिवाद हिंसा से करने के लिये धर्म का सहारा लेने के बजाय मानववाद का सहारा लेते हैं। वे अपने को नास्तिक कहते हैं। भगत सिंह की यह धारा उन्हें कार्ल मार्क्स की ओर ले जाती है। वे हिंसा को धर्म, आस्था के प्रतीकों और ईश्वर की आड़ में नहीं छुपाते। जबकि तिलक-सावरकर का खेमा ऐसा नहीं कर पाता है। तिलक-सावरकर का खेमा जब हिंसा-दर्शन के समर्थन में हिन्दू ईश्वरों को जमीन पर उतारता है, तब वह फुले और अम्बेडकर के हिन्दू ईश्वर प्रतीकों के प्रति दुरास्था को भी वैध बना देता है। क्योंकि, आखिरकार फुले और अम्बेडकर भी तो यही कह रहे हैं कि हिन्दू देवी-देवता हिंसा के प्रतीक हैं और उन्होंने भारत के वंचित समूहों पर अत्याचार किया है। हिंसा के समर्थन के लिये भगत सिंह का आधार सनातन परम्परा की महानता को न्यून नहीं करता है, यहाँ तक कि उसके साथ छेड़-छोड़ भी नहीं करता। परन्तु, तिलक और विशेषकर सावरकर जब हिंसा-दर्शन के समर्थन

---

18. वी.डी. सावरकर, वही : 19-20.

19. यहाँ भी वे न्याय के पक्ष में अहिंसा के साथ सेवा के लिये खड़े थे. यहाँ भी उन्होंने हिंसा को उचित नहीं माना है.

में हिन्दू धर्मग्रन्थों और आस्था-प्रतीकों का इस्तेमाल करते हैं, तब वे फुले एवं अम्बेडकर सदृश हिन्दू आस्था के समालोचकों को एक ताकतवर हथियार भी प्रदान कर देते हैं। उस हथियार का प्रयोग जब सनातन आस्था प्रणाली के विरुद्ध होता है, तब यह विमर्श उत्पन्न होता है कि सनातन परम्परा की आध्यात्मिक व्याख्याओं के पीछे चेहरा छुपाने का षड्यन्त्र शामिल है। और इनमें जातिगत हिंसा तथा शोषण को चित्तवृत्तियों के मध्य संघर्ष के रूप में स्थापित कर दिया गया है।

II

गांधी उक्त सत्य से परिचित थे। वे उस सत्य से भी परिचित थे कि सनातन परम्परा में हिंसा के भाव को प्रदर्शित करना प्राच्यविदों की सोची-समझी चाल है। कीथ, सेनार्ट, हट्टन, हिगेल और मार्क्स सरीखे विचारक भी तो सनातन साहित्य में संघर्ष, द्वेष, घृणा और हिंसा की भरमार देखते ही हैं। इसे वे असभ्य होने और विवेकहीन होने की निशानी के रूप में भी प्रदर्शित करते हैं। इसी आधार पर प्राच्यविद् भारत में ब्रितानी शासन का समर्थन भी करते हैं। ऐसे में हम भी यदि यही साबित करने की कोशिश में लग जायें कि हिन्दू युद्धप्रिय जाति है और उनके देवी- देवता भी हिंसा करने में दक्ष हैं, तब हम गुलाम मानसिकता का ही परिचय दे रहे होते हैं। वास्तव में, तब हम वही स्थापित करने का प्रयत्न कर रहे होते हैं, जिसका आरोपण प्राच्यविदों ने हमारे ऊपर किया है। गांधी इस बात को बखूबी समझते थे कि भारत में हिंसा-दर्शन के समर्थन की जो धाराएँ हैं, उनमें कोई भी सनातन मतावलम्बी नहीं है। भगत सिंह के खेमे वाला हिंसा-दर्शन मार्क्स-अनुरागी है, और सावरकर के खेमे वाला हिंसा-दर्शन प्राच्यवादियों का हिन्दुस्तानी संस्करण है। वे यह भी समझते थे कि भारत में हिंसा-दर्शन के दोनों खेमों को आधुनिक सभ्यता की ज्ञानमीमांसा ने इस कदर जकड़ रखा है कि अंततः वे पश्चिम के भौतिकवाद के आगे घुटने टेक कर सनातन मूल्यों की इतिश्री कर लेने वाले हैं। साथ ही गांधी यह भी समझते थे कि इन हिंसावादियों के पास उपनिवेशवाद-विरोधी और साम्राज्यवाद-विरोधी आन्दोलन को एक साथ संचालित करने की कोई रणनीति नहीं है।

गांधी ने यह पाया कि भारत में हिंसा-दर्शन की तीन प्रवृत्तियाँ एक साथ कार्य कर रही हैं। इनमें फुले का हिंसा-दर्शन प्रतिक्रियावादी है और जातिगत वर्चस्व तथा जातिगत हिंसा का प्रतिरोधी है। यह आर्य आक्रमण के मिथक के ताने-बाने के भीतर मूल निवासियों की अस्मिता के प्रश्न पर हिन्दू समाज को विभाजित करने वाला है।

सावरकर का हिंसा-दर्शन जातिगत एकता की भूमि पर खड़ा होकर औपनिवेशिक शासन का प्रतिरोधी है, परन्तु विशुद्धतावादी है। रक्त की शुद्धता और आर्य जाति की श्रेष्ठता के मिथक, जिसे सावरकर प्रस्तावित करते रहे हैं, की तुलना यदि फुले के चिन्तन से की जाये तो वे महाराष्ट्र में ही धूल-धूसरित हो जाते हैं। आगे चलकर स्वयं अम्बेडकर भी सावरकर की जातिगत एकता और हिन्दुत्व की धारणा के प्रतिरोध में खड़े दिखाई पड़ते हैं। इस तथ्य की पुष्टि दो उदाहरणों के माध्यम से की जा सकती है। पहला ईस्ट इंडिया कम्पनी का महार रेजिमेंट के हाथों पेशवा राजाओं के पराजय के प्रतीक मालेगाँव युद्ध-स्मृति का विजयोल्लास के साथ प्रतिवर्ष स्मरण और उसमें अम्बेडकर का शामिल होना। दूसरा हिन्दू अवतारवाद (जो सनातन परम्परा में इतिहास के अध्यात्मीकरण और मिथकीकरण का मज़बूत आधार है) के ज़रिये बुद्ध को हिन्दू मत में शामिल करने का प्रतिरोध करना। इन घटनाओं से गांधी के इस मत की ही पुष्टि होती है कि हिंसा-दर्शन द्वारा जातिगत एकता के लक्ष्य को भी प्राप्त नहीं किया जा सकता है। इसके विपरीत, सम्भावना यह होती है कि अन्तरजातिगत कलह में ही हिंसा का प्रयोग बढ़ जाता है और यह स्वातन्त्र्योत्तर भारत में एक यथार्थ भी बन चुका है।

हिंसा-दर्शन की तीसरी धारा भारत में भगत सिंह सरीखे क्रान्तिधर्मियों के रास्ते आती है। उसे भारत के सामन्तवाद और जातिवाद से टकराने का अवसर मिल पाता, उससे पहले ही वह नि:शेष हो जाती है। परन्तु, ध्यातव्य हो कि इस धारा का लक्ष्य 'सर्वहारा की सम्प्रभुता'[20] स्थापित करना रहा है। इस लक्ष्य की प्राप्ति के लिये भारतीय स्वतन्त्रता आन्दोलन इन क्रान्तिधर्मियों के लिये एक पड़ाव है। जातिगत स्वतन्त्रता की अपेक्षा मानवीय स्वतन्त्रता का लक्ष्य इनके लिये बड़ा लक्ष्य है। जातिगत स्वतन्त्रता के लिये जिस तरह यह धारा ब्रिटिश शासन के ख़िलाफ़ हिंसा का समर्थन करती है उसी तरह मानवीय स्वतन्त्रता के लिये यह धारा जातिगत शोषण और अन्याय के उपक्रमों से नहीं टकराती, ऐसा मान लेना या तो कोरी कल्पना है या गांधी की शरण में चले जाना है। परन्तु, यदि यह मान लिया जाये कि क्रान्तिधर्मियों का यह खेमा जिस तरह से ब्रिटिश हिंसा के विरुद्ध हिंसा का सहारा ले रहा था, उसी तरह सामन्तवादी हिंसा के विरुद्ध इसे हिंसा का अवसर मिलता

---

20. इस शब्द का प्रयोग भगत सिंह ने किया है। देखें, भगत सिंह (2016), द *जेल नोटबुक ऐंड अदर राइटिंग्ज़*, सं. चमन लाल, लेफ़्ट वर्ल्ड, नयी दिल्ली : 131-136.

तो यह किससे टकराता। कदाचित् तब एक ओर सावरकरी खेमा होता और दूसरी ओर भगतसिंह का खेमा होता। निश्चय ही यह स्थापना एक तर्क-वाक्य मात्र है और माना कि काल्पनिक है। परन्तु, इसके समर्थन में दो तथ्यों का संधान करने से यह यथार्थ हुआ-सा प्रतीत होता है। प्रथम तथ्य यह है कि हिन्दू एकता के लक्ष्य की सिद्धि के लिये स्वातन्त्र्योत्तर भारत में सावरकर और अम्बेडकर एकजुट होकर कोई उल्लेखनीय कार्य करते हुए नहीं दिखते। द्वितीय, सावरकर के शस्त्रधारी अवतारियों को अम्बेडकर ख़ारिज कर देते हैं और विनय, शील, अस्तेय, अपरिग्रह के प्रतीक बुद्ध की शरण में चले जाते हैं। उल्लेखनीय है कि यह भी अम्बेडकर द्वारा गांधी या गांधी के राम नहीं तो गांधी के राम जिन मूल्यों के प्रतीक हैं उनसे सहमति है। अम्बेडकर जातिगत शोषण एवं अन्याय के लिये, चाहे वह प्रत्यक्ष हो या प्रच्छन्न, हिंसा का समर्थन नहीं करते। परन्तु, अम्बेडकर जिन वंचित समूहों का समर्थन करते हैं, वे स्वातन्त्र्योत्तर भारत में अम्बेडकर की धारा के विपरीत जाकर भगत सिंह की धारा पर चलने का तर्क प्रस्तुत करते हैं। विगत सत्तर वर्षों में इस धारा ने जातिगत हिंसा और शोषण के विरुद्ध जो मार्ग चुना है, उसमें मारे गये लोगों की सम्मिलित संख्या साम्प्रदायिक हिंसा में मारे गये या आतंकवादी हिंसा में मारे गये कुल सदस्यों की संख्या से कम नहीं है।

ठीक इसी तरह सावरकर जिन समुदायों के लिये भारत को पुण्यभूमि का अधिकार नहीं देते, वे भी हिंसा और प्रतिहिंसा में शामिल रहे हैं। सावरकर जिस तरह पुण्यभूमि की अवधारणा के आधार पर अनेक समुदायों के लिये सुदूर ईरान को पुण्यभूमि बताते हैं, ठीक उसी तरह फुले की पुण्यभूमि 'बलिराज्य' है।[21] इस बलिराज्य में स्वयं सावरकर आक्रान्ता हैं।[22] इस तरह भारत में विकसित होने वाला हिंसा-दर्शन एक ऐसा हिंसा-दर्शन बन जाता है, जो दूसरों को जितना काटता है, उससे अधिक अपनों का ही खात्मा करने के लिये सन्नद्ध दिखता है। वंचित समूहों के ऊपर हिंसा और उसके प्रतिकार में प्रतिहिंसा के भीतरी खोल में फुले, अम्बेडकर और भगत सिंह की तिकड़ी सावरकर के साथ सामंजस्य स्थापित नहीं कर पाती है।

---

21. गोपाल गुरु (2011), *'द आइडिया ऑफ़ इंडिया : डेरिवेटिव, देशी ऐंड बियान्ड', इकॉनॉमिक ऐंड पॉलिटिकल वीकली,* भाग-46, अंक- 37 : 36.

22. सावरकर चितपावन ब्राह्मण हैं और परशुराम से पूर्वज-सम्बन्ध रखते हैं, जिन्हें फुले ईरानी आक्रान्ता कहते हैं. देखें, इरावती कर्वे के अधीन कैलाश चन्द्र मेहता का शोध (1928), बॉम्बे विश्वविद्यालय, शोध का शीर्षक है– 'चितपावन ऐंड एथनिक स्टडी'.

यह सामंजस्य जातिगत अस्मिता के लिये हिंसा और शोषण-अन्याय एवं मानवता के प्रति हिंसा के विरुद्ध मानवतावाद के नाम पर हिंसा के मध्य हो भी नहीं सकती है। क्योंकि, सावरकर, जिन ऐतिहासिक प्रतीकों में राष्ट्रीय ग़ौरव का बोध देखते हैं, उन्हीं प्रतीकों की सतह पर फुले एवं अम्बेडकर अमानवीय शोषण एवं अत्याचार के बीज बिखरे हुए पाते हैं। इस द्वन्द्व को मात्र सनातन परम्परा की आध्यात्मिक व्याख्याओं द्वारा ही अहिंसक तरीक़े से सुलझाया जा सकता है।[23] वास्तविकता यह है कि भारत में ही नहीं, अपितु, सम्पूर्ण विश्व में हिंसा-धर्मियों ने हिंसा को ठीक से पहचाना ही नहीं है। भारत में ही हिंसा धर्मियों को, चाहे वे किसी भी खेमे के हों, एक चुनौती का सामना करने की ज़रूरत थी और आज भी है। वह है *हिन्द स्वराज* के अहिंसा विमर्श को हिंसा-विमर्श द्वारा ख़ारिज करना। परन्तु ऐसा न तो सावरकर ने किया, और न ही अम्बेडकर या भगत सिंह ने।

III

हिंसा मन की एक वृत्ति, चेतना की एक अवस्था तथा शरीर की एक भाषा है। पश्चिमी दर्शन और मनोविज्ञान चेतना के तीन स्तरों की व्याख्या करता है–अवचेतन, अचेतन और चेतन। इसके विपरीत भारत की शास्त्रीय परम्परा में चेतना के पाँच स्तरों का उल्लेख मिलता है– अन्नमय कोश, प्राणमय कोश, मनोमय कोश, विज्ञानमय कोश और आनन्दमय कोश। इनमें चेतना के तीन स्तरों तक शरीर और मन का सायुज्य बना रहता है। अत:, हिंसा की वृत्ति और हिंसा की चेतना अन्नमय कोश से मनोमय कोश तक अस्तित्ववान रहती है और निरन्तर अस्तित्व के निषेध के उपक्रमों में लगी रहती है। अन्नमय और प्राणमय कोश में हिंसा और हिंसा की अवधारणा के मध्य विभेद नहीं किया जा सकता है, क्योंकि यह चेतना की वह अवस्था है जहाँ अनुभूति तो है, पर भाषा नहीं है। साथ ही अनुभूतियों की स्मृति दीर्घकालिक नहीं है। पशु-जगत् की हिंसा इसी अवस्था की हिंसा है। मनोमय अवस्था में आकर हिंसा के विकल्प की तलाश शुरू होती है और यहीं से मनुष्य पशु जगत् से ऊपर उठने लगता है। वह हिंसा की अवधारणा बनाता है, उसके कारणों की व्याख्या करता है और उसके हानि-लाभ को समझने लगता है। परन्तु, इस अवस्था में मनुष्य

23. इस सन्दर्भ में महिषासुर विमर्श के प्रतिवाद में लेखक द्वय का आलेख द्रष्टव्य है, अम्बिकादत्त शर्मा और विश्वनाथ मिश्र (2017), 'मिथकीय आख्यान और इतिहास-बोध', *प्रतिमान समय समाज संस्कृति*, वर्ष-5, अंक 10 : 152-164.

चाहता यह है कि वह स्वयं हिंसाजनित लाभों को प्राप्त कर ले और उसके दुष्प्रभाव से बच निकले। यह चंचलता की अवस्था है। यहाँ, मन हिंसा के विलोम अहिंसा की आवश्यकता को भी समझ चुका होता है, किन्तु वह अहिंसा की सकारात्मक परिभाषा और उसकी उपलब्धि के सन्तोष से दूर रह जाता है। वह अहिंसा के स्वाद और सुख को प्राप्त करना चाहता है, परन्तु उसे ऐसा लगता है कि उसके तात्कालिक लाभ दूर हो जायेंगे। वह डरता है कि कहीं ऐसा न हो कि अहिंसाजनित सुख की भी प्राप्ति न हो और अहिंसा की साधना के प्रयास के चक्कर में कहीं हिंसा की क्षमता भी चूक न जाये। यही *श्रीमद्भगवद्गीता* का अर्जुनविषादयोग है। अर्जुन की जिस चिन्ता को 'प्रदुष्यन्ति कुलस्त्रियाः'[24] कहकर व्यक्त किया गया है, वह हिंसक प्रवृत्ति को त्याग कर अहिंसक प्रवृत्ति को अपनाने का ही द्वन्द्व है, जिसका समाधान करते हुए श्रीकृष्ण ने सबसे पहले अर्जुन को चंचल मन के उपर अभ्यासपूर्वक नियन्त्रण का उपाय सुझाया।[25] आगे चलकर इसके लिये आचरण-शुद्धि, बुद्धि एवं आहार-शुद्धि तथा विचार-शुद्धि के आयामों को अर्जुन के समक्ष प्रस्तुत किया गया है। फिर भी, जब अर्जुन की शंकाएँ बनी रहती हैं, तब श्रीकृष्ण ने विश्वरूप दर्शन के माध्यम से यह प्रदर्शित किया कि समस्त चराचर में वही आत्मतत्त्व अभिव्यक्त हो रहा है, जो अर्जुन में भी है और अन्य में भी है। गीता का विश्वरूप दर्शन वास्तव में वेदान्त के 'तत्त्वमसि' और 'सोऽहम्' का दृश्यमान रूप है। वेदान्त के इस तत्त्वज्ञान को जान लेना और मान लेना विज्ञानमय कोश की चेतना के धरातल पर सम्भव होता है और निरन्तर उसकी अनुभूति चेतना के आनन्दमय कोश की अवस्था है। इस अवस्था में ही व्यक्ति (अर्जुन) और मानवता (कृष्ण) का संयोग होता है। इस संयोग से ही हिंसा पर विजय पायी जा सकती है।

परन्तु, जब हम शरीर-वृत्ति पर ही मनुष्य की चेतना को भोथरा कर देने वाली सभ्यता के दास बन जाते हैं, तब अहिंसा में कायरता और पलायन देखने लगते हैं और हिंसा में वीरता का दर्शन करते हैं। गांधी इस रहस्य से बड़े बारीक तरीक़े से पर्दा उठाते हैं। वे कहते हैं कि कायरों की अहिंसा की अपेक्षा वीरों की हिंसा श्रेष्ठ है। परन्तु, इसका मतलब यह नहीं है कि गांधी वीरों की हिंसा को वरेण्य मानते हैं।

---

24. *श्रीमद्भगवद्गीता*, 1:40.

25. असंशयं महाबाहो मनो दुर्निग्रहं चलम्।
अभ्यासेन तु कौन्तेय वैराग्येण च गृह्यते ॥ *श्रीमद्भगवद्गीता* 6:35.

वीरता मनुष्य को देवत्व की ओर अग्रसर करने में है, न कि पशुता की ओर गतिमान होने में। पाशविक शक्ति को अर्जित करना यदि वीरता होती तो भारत में तमोगुण को श्रेष्ठ बताया गया होता और सत्त्वगुण से बचने की सलाह दी जाती। परन्तु सत्त्वगुण का श्रेष्ठ गुण के रूप में वर्णन और विज्ञानमय कोश तथा आनन्दमय कोश को चेतना के शिखर पर स्थापित करना भारतीय परम्परा में वीरता को अहिंसा में ही प्रतिष्ठित करता है। यहाँ यह उल्लेखनीय है कि सत्त्वगुण का ही विज्ञानमय कोश और आनन्दमय कोश से सम्बन्ध है। यह सम्बन्ध ही प्लेटो के दार्शनिक राजा की अवधारणा का आधार है और यही सम्बन्ध कौटिल्य के राजा को 'विनयाधिकारी'[26] बनाता है। परन्तु, राजा में सत्त्वगुण और विज्ञानमय कोश तथा आनन्दमय कोश की ही सर्वोत्तम अभिव्यक्ति मर्यादा पुरुषोत्तम श्रीराम में होती है। ये राम पाणिनिकृत *अष्टाध्यायी* के भाषा-विन्यास की दृष्टि से शस्त्रधारी हिंसक राम नहीं हैं। इसी कारण पाणिनि ने लौकिक (सामान्य व्यक्ति) राम तथा पारलौकिक राम (भगवान् राम) की शब्द-व्युत्पत्ति में भेद किया है। लौकिक राम संज्ञावाचक हैं, जो 'अर्थवद्धातुर प्रत्ययः प्रातिपदिकम्'[27] सूत्र से बनते हैं, जबकि, भगवान् राम में राम की व्युत्पत्ति 'रमन्ते योगिनो यस्मिन्न यः सः रामः' से होता है। यहाँ रम धातु और घञ प्रत्यय का संयोग है, जहाँ अर्थवद्धातुरप्रातिपदिकम् प्रत्ययः के साथ 'कृतद्धित समासाश्च' का संयोग होता है। यही राम गांधी के और कबीर तथा तुलसी के राम हैं। ये राम लंका की उपभोक्तावादी सभ्यता पर मोहित नहीं होते। यही राम व्यक्ति के भीतर पनपने वाली रावण की लंका का भी नाश करते हैं।

आधुनिक सभ्यता उसी लंका के रावण की सभ्यता है। आज लोग रावण बन कर रावण का वध करना चाहते हैं और मात्र राम का वेश धारण करना चाहते हैं, राम का चरित्र नहीं, जबकि, गांधी रावण की लंका रूपी आधुनिक सभ्यता से मुक्ति का मार्ग राम के चरित्र को धारण करने में देखते हैं। हमारे आज के समय के अतिरेकों और अन्तर्विरोधों का आलम यह है कि लोगों को राम के मूल्यात्मक आदर्श और रावण के लंका की भौतिकतावादी सभ्यता के मध्य समायोजन का ऐसा भूत सवार

---

26. कौटिल्यकृत *अर्थशास्त्र* के जिस प्रथम अधिकरण में राजा का उल्लेख हुआ है, उसे विनयाधिकारिक प्रकरण नाम दिया गया है. देखें, वाचस्पति गैरोला द्वारा सम्पादित *कौटिल्य अर्थशास्त्र* (2000) की *गणपतिशास्त्री टीका*, चौखम्भा विद्या भवन, वाराणसी : 1-69.

27. गांधी (2001), *हिन्द स्वराज*, नवजीवन प्रकाशन मंदिर, अहमदाबाद : 12.

है, जो पूरी मानव-सभ्यता को दानवी संघर्ष के मुहाने तक ले आया है। इसी सत्य को *हिन्द स्वराज* में प्रकट करते हुए गांधी लिखते हैं कि लोगों को 'बाघ चाहिए, पर बाघ का स्वभाव नहीं चाहिए।' परन्तु यह मिथ्या है, भ्रम है और सत्य से दूर भागना है। गांधी कहते हैं कि 'जब मनुष्य सत्य को छोड़ता है, तब किसी तरह के भय के कारण ही छोड़ता है।[28] अहिंसा भी सत्य है, क्योंकि, यह अस्तित्व की स्वीकार्यता है। अहिंसा अहं का त्याग है। हिंसा अहं का वरण एवं संवर्धन है। एक ओर सनातनी होने का ग़ौरव, जिसके सबसे वरेण्य ग्रन्थों में अहं के त्याग के कथानक भरे पड़े हैं और दूसरी ओर हिंसा का ऐसा महिमामंडन, जो गांधी की प्रतिमा को भी गोली मारकर सन्तुष्ट होना चाहती है, अतिरेक नहीं तो और क्या है? वास्तव में यह द्वेष-बुद्धि है, जो रावण की लंका की परिचायक है। यह सत्य के साक्षात्कार का भय है और यह भय आसुरी प्रवृत्ति का स्वभाव है।

राम को *वाल्मीकि रामायण* में शील, प्रज्ञा, संयम, अस्तेय एवं अपरिग्रह गुण के कारण सत्यसंधि, सत्यप्रतिश्रव एवं सत्य पराक्रमी कहा गया है।[29] इस राम को ही तुलसी घट-घट वासी राम कहते हैं। यह राम नागरिक चरित्र के पर्यायवाची हैं। परन्तु, उस नागरिक चरित्र के पर्यायवाची नहीं हैं, जो उदीयमान पूँजीवाद के रास्ते चलकर वैश्वीकरण के युग तक पहुँचता है, जिसमें सफल उपभोक्ता बन जाने के लक्षण भी हैं, और अपने हितों के संरक्षण के लिये सैन्यप्रवृत्ति की आक्रामकता भी है। बल्कि, राम जिस नागरिक चरित्र के संवाहक हैं, वह पूँजीवादी अर्थव्यवस्था के विनाशकारी पार्श्व प्रभावों से मानव की मुक्ति के लिये श्रेय और प्रेय दोनों हैं। इस नागरिक चरित्र को आज सबसे बड़ी आवश्यकता के रूप में स्वीकार किया जा रहा है, जो 'पर्यावरणीय नागरिकता' या 'सम्पोष्य नागरिकता' जैसी अवधारणाओं में व्यक्त हुआ है।[30] नागरिकता की यह अवधारणा व्यक्ति को राजकीय क़ानूनों के

---

28. वही : 68.

29. वाल्मीकि जब पहली बार राम का चरित्र चित्रण करते हैं तब लिखते हैं, 'सर्वे ज्ञानोपसम्पना: सर्वे समुदिता गुणै:। तेसामपिमहातेजा राम: सत्य पराक्रम:।।' *वाल्मीकि रामायण,* 1:18:26. विश्वामित्र जब राम के सन्दर्भ में पहली बार चर्चा करते हैं तब वे कहते हैं कि 'अहं वेद्मि महात्मानं रामं सत्य पराक्रम:। वसिष्ठोऽपि महातेजा ये चेमे तपसि स्थिता:।।' *वाल्मीकि रामायण,* 1:19:14

30. पर्यावरणीय नागरिकता की अवधारणा का प्रतिपादन संयुक्त राष्ट्र संघ के पर्यावरण एवं विकास आयोग ने अपने प्रतिवेदन में सुझाया है। देखें, संयुक्त राष्ट्र संघ के पर्यावरण एवं विकास आयोग का प्रतिवेदन, 1987 : 41.

पालनकर्ता और राजकीय निष्ठा के प्रति समर्पित परम्परागत धारणाओं से बहुत आगे ले जाती है, जहाँ व्यक्ति को जैवविविधता के संरक्षण, वैश्विक सामाजिक न्याय की प्राप्ति के उत्तरदायित्वों के निर्वहन और भावी संततियों के लिये हरित धरती तथा अहिंसक समाज की विरासत को छोड़ जाने के लिये कटिबद्ध होना है।[31] गांधी का समाज-दर्शन, गांधी का आर्थिक-दर्शन और गांधी का राजनीति-दर्शन उक्त अभीष्ट की प्राप्ति का ही एक पार्श्व-प्रभावरहित मार्ग प्रशस्त करता है। इसके लिये गांधी व्यक्ति को सत्याग्रही बनाने का आग्रह करते, और यही नागरिक चरित्र में राम का प्रतिष्ठित हो जाना भी है। ऐसा नागरिक चरित्र अपने शरीर की सीमाओं का अतिक्रमण नहीं करता है। शरीर की सीमा का अतिक्रमण करने से ही हिंसा की अभिव्यक्ति होती है। उपभोक्तावाद शरीर की संक्रान्तिक सीमाओं (व्यक्ति का स्वार्थ) को बहुत अधिक बढ़ा देता है, जहाँ वह प्रकृति और मनुष्यों से टकराता फिरता है। शरीर की संक्रान्तिक सीमा जितना अधिक बढ़ती है, मनुष्य उतना ही अधिक हिंसा करता और हिंसा सहता है।[32] प्रात:कालीन 'टूथपेस्ट' से रात्रिकालीन 'गुडनाइट' तक हिंसा ही हिंसा है। तकनीकी हिंसा और हिंसा के आयामों को बहुत बढ़ा देती है।[33] परन्तु, विशेषज्ञ और विशेषज्ञों द्वारा निर्मित छद्म ज्ञान को यथार्थ बनाने के लिये अकूत शक्ति का प्रयोग इस ज्ञान को सार्वभौम एवं अंतिम सत्य बनाने में लगा हुआ है।[34] जिन लोगों ने इस ज्ञान के समक्ष अपना समर्पण कर दिया है, वे असत्य को सत्य मानने के दासता-पत्र पर हस्ताक्षर कर चुके हैं। उन्हें गांधी ही असत्य प्रतीत होते हैं। ठीक वैसे ही जैसे 'पौण्ड्रक' को वासुदेव कृष्ण नकली प्रतीत होते थे और वह अपने को असली कहता था। ऐसे पौण्ड्रक ही गांधी का बार-बार वध करना चाहते हैं, परन्तु हर बार गांधी और विराट् होकर उनके समक्ष प्रस्तुत हो जाते हैं।

---

31. देखें, ऐंड्रयू डाब्सन एवं ड्रिक बेल (2005), *इन्वायरनमेंटल सिटिज़नशिप गेटिंग फ्राम हियर ऐंड देयर*, एम.आई. टी. प्रेस, कैम्ब्रिज : 23-24.

32. देखें और तुलना करें, गांधीकृत *हिन्द स्वराज* का उन्नीसवाँ अध्याय.

33. इस विषय के विवेचन के लिये देखें, विश्वनाथ मिश्र (2019), *पश्चिमी ज्ञानोदय के वैचारिक संकट*, ऑक्सफ़र्ड युनिवर्सिटी प्रेस, नयी दिल्ली का छठा अध्याय।

34. देखें और तुलना करें, गांधीकृत *हिन्द स्वराज* का ग्यारहवाँ एवं बारहवाँ अध्याय।

अनागत गांधी

आधुनिकता की साभ्यतिक परियोजना से मोहभंग

जब गांधी 1909 में *हिन्द स्वराज* लिख कर आधुनिक औद्योगिक सभ्यता की हिंस्र और अमानवीय तस्वीर उजागर करते हुए विकल्प के तौर पर आत्मपूरित ग्रामीण सभ्यता का समर्थन कर रहे थे तब दुनिया की ग्रामीण आबादी शहरी आबादी की अपेक्षा अधिक थी। लेकिन, 2007 से दुनिया में शहरी आबादी ग्रामीण आबादी की तुलना में अधिक होती जा रही है। शहरीकरण के उत्तरोत्तर विस्तार के चलते अब यह अनुपात निरन्तर बढ़ता ही जा रहा है।[1] इस तरह अब हम उन ग्रामीण सभ्यताओं के अवसान के युग में रह रहे हैं जिन्होंने मानव-जाति को शहरी सभ्यताओं की तुलना में फलने-फूलने का अधिक लम्बा अवसर प्रदान किया था। उद्योगीकरण और तज्जन्य केन्द्रीकृत मशीनी उत्पादन के कारण बढ़ रहे शहरीकरण के कारण अब ग्रामीण सभ्यताएँ कालातीत होने के कगार पर इस अर्थ में पहुँचती जा रही हैं कि गावों में भी अब शहर बसते जा रहे हैं, या यूँ कहें कि शहरों की विकृतियाँ अब गावों का भी प्रारब्ध बनती जा रही है।

दुनिया की जनांकिकी का यह परिवर्तन हमारी जीवन शैली, उपभोग की आदतों, प्रकृति एवं संस्कृति के बीच संधारनीय सम्बन्धों और एक दूसरे के प्रति साहचर्य मूलक सम्बन्धों में बदलाव संसूचित करने के साथ-साथ स्वयं मनुष्य की अपने प्रति

---

1. https://www.worldbank.org/en/news/feature/2007/07/11/more-than-half-the-world-is-now-urban-un-report-12 फ़रवरी, 2025 को देखा गया।

संज्ञानात्मक समझ में ऐसे ज्ञानात्मक परिवर्तन का द्योतक है जिसे कई बार शरीर तो स्वीकार करता है लेकिन मन नकारना चाहता है और आत्मा को उसमें बन्धन की प्रतीति होती है। मसलन शहरी सभ्यता शरीर, मन और आत्मा से विभाजित ऐसे मनुष्य की सभ्यता है जो अतीत और वर्तमान में सन्तुलन तो चाहता है लेकिन वर्तमान के दवाब में अतीत से निरन्तर बिछुड़ता जा रहा है। परन्तु, यह कैसी विडम्बना है कि इस विछोह को संभ्रम साबित करने वाली विपुल ज्ञान राशि का सृजन भी इसी काल खंड में हुआ है। यह ज्ञान मनुष्य को निरन्तर उद्योगीकरण और केन्द्रीकृत मशीनी उत्पादन प्रणाली के कारण बढ़ रहे शहरीकरण से युक्त उपभोक्तावादी जीवन के प्रति आकर्षित ही नहीं करता, अपितु इसके लिए उसे संस्कारित भी करता है। इसके लिए उसकी अर्हता को भी इस तरह से बढ़ाता है जहाँ वह अवांतर रूप से अन्य जीवन पद्धतियों के अयोग्य होता चला जाता है।

I
आधुनिकता का चक्रीय दुष्चक्र

यदि यह आधुनिक सभ्यता मानवता के लिए इतनी ही एकमात्र सर्वतोभावेन वरेण्य सभ्यता होती तो इसने उपनिवेशवाद, महायुद्धकालीन और महायुद्धोत्तर हिंसा; विचारधारात्मक, साम्प्रदायिक तथा नृजातीय हिंसा, पर्यावरण असन्तुलन, असमान विकास और उन्नत विध्वंसकारी हथियारों की ईज़ाद एवं प्रतिरक्षा पर सबसे अधिक व्यय को बढ़ावा क्यों दिया होता? यदि इन सबको आधुनिक सभ्यता के पार्श्व प्रभाव कह कर पिण्ड छुड़ाने का प्रयास किया जाये तथा यह तर्क दिया जाये कि विकास की आने वाली सीढ़ियों पर इन पार्श्व प्रभावों से मुक्त दुनिया की स्थापना हो जायेगी, तब क्या हमें उस पर विश्वास कर लेना चाहिए? क्या हमें यह नज़रअंदाज़ कर देना चाहिए कि अधिक स्वतन्त्रता की प्रत्याशा[2] में हम जिस जीवन पद्धति को अब दुनिया भर में वरेण्य मान रहे हैं, उसमें मनुष्य अब सतत निगरानी की अवस्था में पहुँच गया है और उसकी निजता निरन्तर विलुप्त होती जा रही है?[3]

---

2. यहाँ अधिक स्वतन्त्रता की प्रत्याशा के अंतर्गत उस सोच का परिगणन करना समीचीन होगा जो बेहतर शिक्षा, बेहतर स्वास्थ्य, रोजगार के बेहतर अवसर की माँग में सन्निहित होकर स्वतन्त्रता की समझ को ऐसा जामा पहनाता है और जहाँ स्वतन्त्रता औद्योगिक सभ्यता का पृष्ठपोषण करने लगती है।

3. युवाल नोवा हरारी का लेख https://www.ft.com/content/19d90308-6858-11ea-a3c9-1fe6fedcca75 13 फ़रवरी, 2025 को देखा गया.

क्या हमें यह याद नहीं रखना चाहिए कि दुनिया की आधी आबादी आने वाले वर्षों में किसी-न-किसी रूप से मानसिक अवसाद का शिकार होने जा रही है, जिसके कारण उनमें मादक द्रव्यों और नशीले पदार्थों के सेवन की लत भी तेज़ी से बढ़ रही है?[4] प्रति व्यक्ति दवाओं की खपत एक ऐसे स्तर को पार करने जा रही है जहाँ दवाओं का प्रभाव कम होने लगा है। हम अब एक ऐसी अवस्था में पहुँचते जा रहे हैं जहाँ स्वयं दवाओं के पार्श्व प्रभावों को रोकने के लिए भी दवाओं की ज़रूरत पड़ने वाली है और यह अत्यधिक दवाओं के सेवन से होने वाला एक ऐसा दुष्परिणाम है जिसका निदान भी दवाएँ ही हैं।[5] क्या अब हम यह नहीं देख पा रहे हैं कि आरामदायक जीवन की आधुनिकताजनित प्रत्याशाओं को पूरा करने की इच्छा और उसको साकार करने के लिए तकनीक पर बढ़ती निर्भरता ने मनुष्य की शारीरिक और मानसिक क्षमताओं को कम कर दिया है? अब लोग घरेलू और सामाजिक कार्यों में श्रम करके पसीना बहाने की अपेक्षा आधुनिक और परिष्कृत व्यायामशालाओं में जा कर श्रम करना और पसीना बहाना श्रेष्ठ कर्म समझने लगे हैं। आज आधुनिक और परिष्कृत व्यायामशालाओं का वैश्विक बाज़ार दो खरब रूपये सालाना के आस-पास है और यह तेज़ी से बढ़ता जा रहा है।[6] जिस तेज़ी से यह बाज़ार बढ़ रहा है उसी तेज़ी से यह अपने साथ एक नए बाज़ार को भी जन्म दे रहा है और वह है आधुनिक व्यायामशालाओं में व्यायाम करने और उनके द्वारा सुझाये गए फूड सप्लीमेंट से उत्पन्न पार्श्व प्रभाओं को दूर करने का बाज़ार। यह एक चक्रीय दुष्चक्र (विशियस सर्किल) है और ऐसे चक्रीय दुष्चक्र आधुनिक सभ्यता में भरे पड़े हैं। उदाहरण के लिए *न्यूयॉर्क टाइम्स मैगज़ीन* की एक रिपोर्ट के अनुसार अश्लीलता का व्यापर अब हॉलीवुड के वैश्विक बाज़ार से अधिक बड़ा हो चुका है और इसने मुख्यधारा के व्यापार की शक्ल अख्तियार कर ली है। यह अपने आकार को दुनिया-भर में तेज़ी से बढाता भी जा रहा है।[7]

---

4. https://news.un.org/en/story/2024/06/115144614 फ़रवरी, 2025 को देखा गया.

5. https://www.ox.ac.uk/news/2021-11-16-global-antibiotic-consumption-rates-increased-46-percent-2000 14 फ़रवरी, 2025 को देखा गया.

6. https://www.fortunebusinessinsights.com/health-and-fitness-club-market-108652 15 फ़रवरी, 2025 को देखा गया.

7. https://www.forbes.com/2001/05/25/0524porn.html 15 फ़रवरी, 2025 को देखा गया.

अश्लीलता के व्यापार से दुनिया भर में परम्परागत नैतिक मूल्यों के क्षरण और इससे उत्पन्न सामाजिक विघटन के प्रति चिन्ता भी है और इस चिन्ता का भी एक बाज़ार है जिसे हम दुनिया-भर में आस्था, योग, संस्कृति प्रतिरक्षण और मूल्य शिक्षा के बढ़ते बाज़ार के रूप में देख सकते हैं। ठीक इसी तरह से संघर्ष को बढ़ावा देने और और संघर्ष समाधान का भी समानान्तर वैश्विक बाज़ार आधुनिक सभ्यता में काम कर रहा है। वैसे तो उद्योगवाद स्वयं में किसी-न-किसी तरह से पर्यावरण विध्वंस का उद्योग है, लेकिन विगत कुछ दशकों से पर्यायवरण संरक्षण का उद्योग भी तेज़ी से फल-फूल रहा है और यह एक नए उद्योग, जिसे हम प्रकृति-मरम्मत उद्योग कह सकते हैं, के रूप में सामने आया है।[8] हथियारों के व्यापार को यदि हम हिंसा का व्यापार कहें तो दुनिया के शीर्ष सौ देशों ने ही इसमें हाल ही में 632 खरब डॉलर का कारोबार किया है।[9] यद्यपि हिंसा के वैश्विक बाज़ार की अपेक्षा अभी शान्ति का वैश्विक बाज़ार अत्यन्त सूक्ष्म है, लेकिन यह भी तेज़ी से बढ़ता हुआ एक बाज़ार है।[10]

उपर्युक्त साक्ष्यों पर और आधुनिक सभ्यता के ऐसे ही अनेक विरोधाभासों तथा उनके औचित्य-अनौचित्य पर गम्भीरता पूर्वक विचार करते हुए क्या यह विश्वास पूर्वक कहा जा सकता है कि आधुनिकता ने मानव-जाति की प्रगति के लिए जिस पथ को प्रशस्त कर उसे उपादेय बताया है वह स्वयं में ही संशय ग्रस्त नहीं है? निश्चित ही इस प्रश्न का पूर्वग्रही हुए बिना सकारात्मक उत्तर सम्भव नहीं है। इसके बावजूद आधुनिकता का मार्ग मानव-जाति के एक बड़े भाग को प्रशस्त मार्ग क्यों दिखता है? इस प्रश्न का उत्तर अनेक दृष्टियों से दिया जा सकता है। लेकिन, यदि कोई उत्तर मानव-जाति के सम्पूर्ण अतीत को दृष्टिगत रखते हुए दिया जाये तो यह कहना समीचीन होगा कि आधुनिकता और इसकी ज्ञानमीमांसा ने अब एक बड़ी सफलता अर्जित कर ली है। इसके परिणामस्वरूप अब मानव-जाति ने

---

8. https://www.dcceew.gov.au/environment/environmental-markets / nature-repair-market 15 फ़रवरी, 2025 को देखा गया.

9. https://www.sipri.org/media/press-release/2024/worlds-top-arms-producers-see-revenues-rise-back-wars-and-regional-tensions 15 फ़रवरी, 2025 को देखा गया.

10. https://www.ipinst.org/2023/06/a-measure-of-peace-key-findings-from-the-2023-global-peace-index 215 फ़रवरी, 2025 को देखा गया.

अपने **बिकमिंग** को ही अपने अस्तित्व का सार स्वीकार कर लिया है और इसके परिणामस्वरूप वह आज के दुष्चक्रीय विरोधाभासों को अपनी स्वाभाविक परिणति मानने लगी है।

I
सात महापापों का गांधी-विचार

गांधी की आत्मपूरित जीवन-दृष्टि ने आधुनिकता और तज्जनित विरोधाभासों को मानव-जाति के प्रारब्ध की स्वीकृति के विरुद्ध एक बिगुल बजाया था। इसके लिए उन्होंने किसी नये मापदण्ड को प्रस्तावित नहीं किया, बल्कि सनातन भारतीय परम्परा के धर्मनीति-मार्ग को ही अपनाया था। इस तथ्य की ठोस अभिव्यक्ति हमें गांधी द्वारा प्रस्तावित सात महापापों की अवधारणा में भी देखने को मिलती है। इस अवधारणा का सार 1. श्रम रहित धन 2. विवेक रहित आनन्द 3. चरित्र रहित ज्ञान 4. नैतिकता रहित व्यापार 5. मानवता रहित विज्ञान 6. त्याग रहित धर्म और 7. सिद्धान्त रहित राजनीति के रूप में प्रस्तुत किया जाता है।[11] हमारे समय की आधुनिक सभ्यता का यह भी एक बड़ा विरोधाभास है कि दुनिया के किसी धार्मिक समूह को गांधी के इन सात महा पापों से विरोध नहीं है। सभी धार्मिक समूह इन प्रत्ययों को स्वीकार करते हैं और साथ ही अपने धर्म को संरक्षित करने के प्रति अपनी प्रतिबद्धता अभिव्यक्त ही नहीं करते, बल्कि, इसके लिए आमादा से प्रतीत होते हैं। लेकिन, ये सभी आमादा से प्रतीत होने वाले समूह कभी ऐसी मुहिम को संचालित नहीं करते जिससे इन महापापों से मुक्ति मिल सके। जबकि, धर्म-नीति की दृष्टि से ये महापाप हर समुदाय हर क्षण करता रहता है। धर्म के प्रति नैमित्तिक आस्था और धार्मिक मूल्यों का सामाजिक तथा व्यक्तिगत जीवन में नगण्य अनुपालन आधुनिक मनुष्य की विशेषता बनती जा रही है। यह विशेषता अन्ततः आत्म-विभाजित मनुष्य की संकल्पना को ही साकार करती है।

वस्तुतः आत्म-विभाजित हुए बिना मनुष्य के लिए अनगिनत विरोधाभासों के साथ चलना सम्भव ही नहीं है। इसे आधुनिकता की ज्ञानमीमांसा और उसकी शरीरकेन्द्रित विश्वदृष्टि ने सम्भव बनाया है। गांधी ने आधुनिकता के इस आत्म-विभाजनकारी प्रभाव को परत-दर-परत समझते हुए ही इसकी मुख़ालफ़त की थी। लेकिन, आधुनिकता की कीमियागिरी यह है कि वह एक ही साथ हर व्यक्ति में गांधी

---

11. मोहनदास करमचन्द गांधी (1925), *यंग इण्डिया,* 22 अक्तूबर.

और गांधी-विरोध दोनों को एक ही साथ जीवन्त करने में सफल होती जा रही है। इसका एक ताज़ा उदहारण हमें कोविड महामारी के समय देखने को मिला है, जब लोग आहार-विहार के संयम का पालन करते हुए कमोबेश उस मार्ग पर ही चल रहे थे जिसे गांधी ने परम्परागत ज्ञान का अनुपालन करते हुए स्वीकार करने की सलाह दी थी।[12] लेकिन, महामारी का प्रकोप जैसे-जैसे कम होता गया हमारे शरीर और सभ्यता के भीतर से गांधी को ख़ारिज करने की आवाज़ पुन: तीव्र से तीव्रतर होती चली गई। हम पारिवारिक सर्किल के भीतर और मैत्री सबंधों के निर्वहन के समय भी उन मूल्यों को स्वीकार करते हैं जिन्हें गांधी ने अपने अनुभव में मानवता के लिए सबसे अधिक प्रयोज्य पाया था। यह कोई स्वयं गांधी द्वारा विकसित किये गए मूल्य नहीं थे, बल्कि दुनिया-भर की सभ्यताओं और भारतीय सनातन परम्परा में वर्णित और स्वीकृत मूल्य ही थे। दया, क्षमा, परोपकार, धैर्य, अहिंसा, शुचिता, अपरिग्रह, अस्तेय, सत्यानुशीलन, मोह और वैरत्याग आदि जिन मूल्यों के अनुपालन को गांधी सामाजिक, राजनीतिक एवं आर्थिक जीवन का आधार बनाना चाहते थे, वास्तव में, वे समग्र एवं एकीकृत व्यक्तित्व के स्वाभाविक गुण हैं। हम अपनी इस स्वाभाविकता का परिचय अब भी किसी-न-किसी दायरे में अवश्य देते हैं। लेकिन, उस छोटे दायरे के बाहर जो हमारा जीवन होता है उसमें हम अपने लाभ की दृष्टि से संयोजन और समीकरण बनाने लगते हैं और उसमें प्रतिस्पर्धा, वैर, हिंसा, परिग्रह, अशुचिता, स्तेय, क्रोध आदि सम्मिलित हो जाते हैं। यह मनुष्य के व्यवहार का ऐसा विभाजन है जहाँ वह स्वयं प्राइवेट और पब्लिक में विभक्त हो गया है।[13]

हमारी जो प्राइवेट के रूप में अच्छाई है वह हमारे पब्लिक स्वरूप में भी अभिव्यक्त हो, यह कोई अकेले गांधी की चिन्ता का विषय रहा ही नहीं है। यदि *मनुस्मृति* को देखा जाये तो राजा की माँग के लिए लोगों का ब्रह्मा के पास जाना, प्लेटो के आदर्श राज्य का विचार, राज्य की उत्पत्ति के सामाजिक समझौते का विचार, मार्क्स के साम्यवाद की परिकल्पना आदि में जिन अनेक प्रश्नों के समाधान खोजने का प्रयास किया गया है उसमें इस प्रश्न का भी उत्तर सन्निहित है। उल्लेखनीय है कि भारतीय परम्परा में चार्वाक, ग्रीक परम्परा में सोफ़िस्ट

12. मोहनदास करमचन्द गांधी (1959), *द मॉरल बेसिस ऑफ़ वेजिटेरियनिज़्म*, नवजीवन प्रकाशन, अहमदाबाद.

13. इस विभाजन को किसी अखण्डनीय नियम की तरह नहीं समझा जाना चाहिए.

विचारकों तथा आधुनिक अवसरवादियों के अतिरिक्त किसी विचार-प्रणाली ने व्यक्तिगत और सार्वजनिक मूल्यों में द्विभाजक सम्बन्धों की वकालत नहीं की है। लेकिन, आधुनिकता की सेकुलर दृष्टि में इस विभाजन की वैधता के तत्त्व सन्निहित हैं।[14] आत्मा की आवाज़ को नकारने और शरीर की आवाज़ को स्वधर्म बना देने से उत्पन्न पीड़ा भोगने के लिए मनुष्य तब तक अभिशप्त है जब तक वह अपनी आत्मचेतनता को भौतिक दशाओं का उत्पाद और अपने जैविक उद्‌भव को पशु-योनि की शृंखला से पृथक् करके समझने की दृष्टि विकसित नहीं कर लेता है। इस दृष्टि से यदि हम मानव-जाति के इतिहास में आग, पहिये और कृषि की खोज को क्रान्ति की संज्ञा देते हैं, तो हमें चेतना के विकास में मानव-स्तर पर चेतना के आत्म-चेतन होने को सबसे बड़ी क्रान्ति के रूप में मान्यता देना चाहिए, क्योंकि, यह एक ऐसा पड़ाव है जो चेतनता को भौतिक दशाओं का उत्पाद मानने और मनुष्य के उद्‌भव को पशु वंश-परम्परा से जोड़ कर देखने की स्वीकृति से पूर्णतया पृथक् एक नव्य-परिच्छेद के रूप में उपस्थापित होता है। यहाँ एक आधारभूत प्रश्न उठता है कि आत्मचेतना के स्तर को प्राप्त मनुष्य तार्किक रूप से किसके साथ अनुकूलन स्थापित करना चाहेगा? डार्विनवाद की शब्दावली में इस प्रश्न को यदि रखा जाये तो यह पूछा जाना अधिक बेहतर होगा कि आत्मचेतना के स्तर पर आ जाने पर वह योग्यतम की उत्तरजीविता के साथ अनुकूलन करना चाहेगा अथवा आत्मचेतना के प्रकाश में सत्य, अहिंसा, क्षमा, दया, परोपकार, प्रेम और त्याग आदि मूल्यों के साथ अनुकूलन स्थापित करना चाहेगा? इस प्रश्न के उत्तर के रूप में पहले विकल्प के साथ जाना तार्किक रूप से आत्मचेतन मनुष्य के लिए मनुष्योचित नहीं है। लेकिन, आधुनिकता का उपक्रम कुछ ऐसा है कि आज यह इन दोनों उत्तरों को एक साथ बनाये रखने की कोशिश में लगा हुआ दिखाई पड़ता है।

II
हैबरमास एवं गांधी

बहुधा यह तर्क देखने–सुनने को मिलता है कि आधुनिकता की परियोजना अभी पूरी नहीं हुई है। जर्मन दार्शनिक युरगन हैबरमास ने आधुनिकता को एक अधूरा प्रकल्प

---

14. इस तथ्य को रेखांकित करने के लिए सेकुलरवाद ने पारलौकिक और इहलौकिक का जो विभाजन प्रस्तुत किया है उसमें प्राइवेट और पब्लिक नैतिकता के द्विविभाजन को जोड़ कर समझने की ज़रूरत है.

माना। इसके लिए उनका तर्क यह है कि विज्ञान, प्रौद्योगिकी और व्यक्तिगत स्वतन्त्रता में अपनी प्रगति के बावजूद सच्ची सामाजिक समानता, न्याय और तर्कसंगत संचार को पूरी तरह से प्राप्त करने की अपनी क्षमता को आधुनिकता ने अभी तक साकार नहीं कर पाया है। ऐसा इसलिए कि आधुनिक समाजों में व्यवस्थित असमानताओं, सामाजिक संघर्षों और हेरफेर की सम्भावना जैसी लगातार समस्याएँ मौजूद हैं, जिनके समाधान के लिए निरन्तर आलोचनात्मक चिन्तन और सामाजिक सुधार की आवश्यकता है। आधुनिकता ने विभिन्न सामाजिक समूहों की वर्ग विषमताओं के साथ-साथ महत्त्वपूर्ण असमानताओं और संघर्षों को भी जन्म दिया है, जो स्वयं आधुनिकता के द्वारा प्रक्षेपित किये गये सार्वभौमीकरण और न्याय के आदर्शों को कम करते हैं। इसके चलते व्यवस्थित रूप से शक्ति असन्तुलन का ऐसा प्रारूप तैयार हो गया है जो मीडिया और राजनीतिक प्रणालियों जैसे आधुनिक संस्थानों को चालाकी से जनमत को दुष्प्रभावित करने की छूट दे देता है। इन आधुनिक प्रणालियों का अभी भी दुरुपयोग कर लिए जाने की सम्भावना बनी ही हुई है। इससे खुली और तर्कसंगत चर्चा में बाधा आती है। इस कमी को दूर करने के लिए निरन्तर आलोचनात्मक चिन्तन की आवश्यकता है।

आधुनिकता की प्रगति-क्षमता की जाँच के लिए हैबरमास विचारों की निरन्तर आलोचनात्मक समीक्षा और सामाजिक सुधार के प्रति अपनी प्रतिबद्धता की आवश्यकता प्रदर्शित करते हैं।[15] हैबरमास आगे चल कर संवादात्मक तर्कबुद्धि के प्रत्यय का उपयोग करते हुए इसे उस अवस्था के रूप में प्रस्तुत करते हैं जहाँ आधुनिकता की परियोजना पूर्ण हो सकती है। संवादात्मक तर्कबुद्धि मुख्य रूप से इस विचार को सन्दर्भित करती है कि खुली और तर्कपूर्ण चर्चा के माध्यम से तर्कसंगत निर्णय-निर्माण के लक्ष्य को प्राप्त किया जा सकता है, जहाँ प्रतिभागी सत्य, औचित्य और ईमानदारी जैसे साझी वैधता के दावों के आधार पर एक-दूसरे के तर्कों का समालोचनात्मक मूल्यांकन करके आम सहमति तक पहुँचने का लक्ष्य रखते हैं। यह अनिवार्य रूप से केवल शक्ति की गतिशीलता या स्वार्थ के बजाय संचार के माध्यम से समझ और पारस्परिक समझौते के माध्यम तथा सम्मान के

---

15. मौरिजियो पासेरिन एवं सेयला बेनहबीब (1997), *हैबरमास ऐंड द अनफ़िनिश्ड प्रोजेक्ट ऑफ़ मॉडर्निटी : क्रिटिकल एसेज़ ऑन द फ़िलोसोफ़िकल डिस्कोर्स ऑफ़ मॉडर्निटी*, एमआईटी प्रेस, कैम्ब्रिज, पृष्ठ 38-55.

साथ सहमति के लक्ष्य को प्राप्त करने की क्षमता का विकास भी है। साथ ही साथ, यह संचार माध्यमों की सर्व सुलभता एवं सार्वजानिक संस्थानों की पारदर्शिता की अवस्था भी है।[16]

अपनी पुस्तक *द थियरी ऑफ़ कम्युनिकेटिव एक्शन: रीज़न ऐंड द रैशनलाइज़ेशन ऑफ़ द सोसाइटी* में हैबरमास ने चार तरह की क्रियाओं का उल्लेख किया है– 1. साधनिक क्रिया अथवा इंस्ट्रुमेंटल एक्शन 2. मानकीय रूप से विनियमित क्रिया अथवा नॉर्मेटिवली रेग्युलेटेड एक्शन 3. नाटकीय क्रिया अथवा ड्रामेटिक एक्शन और 4. संवादात्मक क्रिया अथवा कम्युनिकेटिव एक्शन। हैबरमास का मानना है इन चारों क्रियाओं द्वारा आधुनिक समाजों में स्वतन्त्रता के लक्ष्य को प्राप्त करने का प्रयास किया जाता है। हैबरमास की संवादात्मक क्रिया अथवा कम्युनिकेटिव एक्शन को दो प्रकारों में विभाजित किया जा सकता है– रणनीतिक क्रिया अथवा स्ट्रेटजिक एक्शन एवं संवादात्मक क्रिया अथवा कम्युनिकेटिव एक्शन। रणनीतिक क्रिया का उद्‌देश्य किसी विशिष्ट लक्ष्य को प्राप्त करना होता है, जबकि संवादात्मक क्रिया का उद्‌देश्य आपसी समझ से स्वतन्त्र विवेक का प्रयोग करते हुए सहमति तक पहुँचना होता है। हैबरमास का संवादात्मक क्रिया का सिद्धान्त तर्कसंगति का एक मॉडल है, जिसका उद्‌देश्य स्वतन्त्र विवेक द्वारा आम सहमति तक पहुँचना है। यह आपसी समझ तक पहुँचने के लिए भाषण के महत्त्व पर ज़ोर देता है। हैबरमास का संवादात्मक क्रिया का सिद्धान्त प्रतिपादित करता है कि प्रत्येक प्रकार की समस्याओं को हल किया जाना सम्भव है और द्वंद्वात्मक बातचीत के माध्यम से सामाजिक एकीकरण के लक्ष्य को प्राप्त किया जा सकता है।[17]

ज़ाहिर है कि हैबरमास के विचार आधुनिकता के प्रति हमें भविष्यगत आश्वाशन देते हैं। परन्तु, मास सोसाइटी में मास मीडिया के साथ रहते हुए क्या हम अब 'डीप फ़ेक' की दहलीज़ पर नहीं पहुँच गए हैं? क्या अब मानवीय क्रियाओं की सत्यापनीयता का मापदंड स्वयं मशीन नहीं बनता जा रहा है? क्या अब मास का भी एक बाज़ार नहीं बन गया है, जिसके लिए टीआरपी और इसे अर्जित करने के लिए हर तरह के हथकंडे नैतिकता के मापदंडों की जगह लाभ प्राप्ति के लक्ष्य से

16. युरगन हैबरमास (1984), *द थियरी ऑफ़ कम्युनिकेटिव एक्शन : रीज़न ऐंड द रैशनलाइज़ेशन ऑफ़ द सोसाइटी*, बीकन प्रेस, बोस्टन.

17. पूर्वोक्त : 131-160.

संचालित हो रहे हैं? क्या अब पहले की तुलना में मनुष्य आपस में जितना जुड़े हुए हैं उससे अधिक आपस में उलझे हुए नहीं हैं?[18] यदि इन प्रश्नों के लिए तथ्य-आधारित उत्तरों में सकारात्मकता नहीं है, तब निश्चय ही हैबरमास की परिकल्पनाओं पर पुनर्विचार की ज़रूरत है।

वस्तुत:, हैबरमास की परिकल्पनाओं का आधार हिगेल द्वारा परिभाषित 'व्यक्तिनिष्ठता का सिद्धान्त' से प्रभावित है, जिसमें हिगेल का केन्द्रीय विचार 'सब्सटेंस इज़ सब्जेक्ट' के रूप में व्यक्त हुआ है। हैबरमास आधुनिकता को समय से जुड़ी समस्याओं के एक समूह के रूप में परिभाषित करते हैं, जो हिगेल द्वारा 'व्यक्तिनिष्ठता का सिद्धान्त' कहे जाने वाले सिद्धान्त के अनुसार यूरोपीय समाज में होने वाले परिवर्तन से उत्पन्न समस्याएँ हैं, और यह मनुष्य के सार के रूप में व्यक्तिगत स्वायत्तता की धारणा को संदर्भित करता है। अब यदि हम इस सन्दर्भ में हिगेल के विचारों की पड़ताल करते हैं तब पाते हैं कि उनके विषयनिष्ठता के सिद्धान्त को 'पदार्थ ही विषय है' के रूप में समझा जाता है। यह उनके दर्शन का एक केन्द्रीय विचार है। इसकी चर्चा उनकी कृति 'साइंस ऑफ़ लॉजिक' के अन्तिम तीसरे भाग में मिलती है। हिगेल के विषयनिष्ठता के सिद्धान्त के कुछ प्रमुख पहलू इस प्रकार हैं :

वास्तविकीकरण : वस्तुओं के अस्तित्व में आने की प्रक्रिया और इस प्रक्रिया से उत्पन्न होने वाली तर्कसंगति।

मध्यस्थता : वास्तविकीकरण की प्रक्रिया मध्यस्थता का एक मामला है।

स्वत:संदर्भिकता : विषय उन आधारों से सम्बन्धित होता है जो इसे आधार प्रदान करते हैं।

व्यक्तित्व का विकास : व्यक्तित्व का विचार समय के साथ वैसे-वैसे विकसित हुआ जैसे-जैसे मानव सभ्यता विकसित हुई।

निरन्तरता : जीवन से पशु जीवन और मानव जीवन तक एक निरन्तरता है और अधिक बुद्धिमान जानवरों को विषयनिष्ठता का श्रेय दिया जाता है।

---

18. इस वाक्यांश का प्रयोग माइकल सैंडल ने अपने एक निबंध में किया है. इसमें वे इस उलझाव के अनेक कारणों के रूप में अमेरिका में विकेंद्रीकृत अर्थवयवस्था के स्थान पर केंद्रीकृत अर्थव्यवस्था के जरिये नैशनल कांशसनेश का लक्ष्य प्राप्त करने को मानते हैं. प्रकारांतर से यह समस्या आज भारत सहित पूरी दुनिया की एक प्रमुख समस्या बन गयी है और यह समस्या स्वयं गांधी के नज़रिये की मुखापेक्षी हो गयी है. विस्तार से समझने के लिए देखें माइकल सैंडल (1984), 'द प्रोसीजरल रिपब्लिक ऐंड द अनएनकम्बर्ड सेल्फ़', *पॉलिटिकल थियरी,* भाग-12, अंक : 193.

हिगेल के विषयनिष्ठता के सिद्धान्त पर अक्सर उनकी 'निश्चित निषेध' की विधि के सन्दर्भ में चर्चा की जाती है। यह विधि स्पिनोज़ा के सिद्धान्त के समान है कि 'सभी निर्धारण निषेध हैं'। इस विवेचन से यह स्पष्ट है कि मनुष्य को आत्मचेतन मानने वाले हिगेल के दर्शन में भी कुछ ऐसे दोष हैं जो आगे चल कर डार्विन के चिन्तन में मुखरित हुए। वस्तुत: यह कहना गलत नहीं होगा कि हिगेल की यह मान्यता कि सब्सटेंस सब्जेक्ट है, यही वह दार्शनिक आधार प्रदान करता है जो मनुष्य के पशु उद्‍भव के रूप में अभिव्यक्त होता है। इस तथ्य को 'साइंस ऑफ़ लॉजिक' के तीसरे भाग में चर्चित निरन्तरता के माध्यम से भी समझा जा सकता है। हिगेल का विचार था कि निरपेक्ष पदार्थ और विषय दोनों है। यह भी कि निरपेक्ष की धारणा के लिए पदार्थ और विषय दोनों की अवधारणाओं के संयोजन की आवश्यकता होती है। हिगेल का यह प्रस्ताव एक विरोधाभासी अभिव्यक्ति है। निरपेक्ष की जगत् में अभिव्यक्ति को हिगेल द्वंद्वात्मक प्रक्रिया में स्वीकार करते हैं, जिसमें निरन्तर अधिक विवेकीकृत सत्ता का उदय होता है। अत: पशु कमतर विवेकीकृत सब्सटेंस है और मनुष्य अधिक विवेकीकृत सब्जेक्ट है।

उपर्युक्त प्रसंग में यहाँ यह कहना समीचीन होगा कि हिगेल के दर्शन में जिस एकत्ववाद की अभिव्यक्ति हुई है, वह पूर्ण नहीं है। वह अपूर्णता हिगेल में अक्सर टाइम को ट्रांसेंडेंटल फ्रेमवर्क और टाइम को टेम्पोरल फ्रेमवर्क में रखकर मनुष्य, समाज एवं संस्कृति को समझने का द्‍वन्द्ध है, जिसका स्वयं उनके द्वंद्‍ववाद के पास कोई उत्तर नहीं है। ऐसे में निरन्तरता और परिवर्तन के बीच मौलिकता की पहचान हिगेल के लिए दुष्कर है। ऐसे में सतत विवेकीकरण को मूल सत्य मान लेने के अतिरिक्त कोई विकल्प हिगेल के पास नहीं रह जाता। यह विवेकीकरण भी हिगेल के लिए एक स्वत:स्फूर्त क्रिया हो जाती है, क्योंकि, यह 'गाइस्थ की इच्छा का परिणाम' है। ठीक इसी तरह हैबरमास को यह प्रतीत होता है कि संचारात्मक तर्क और उससे उत्पन्न स्वतन्त्र संभाषण समाज के विवेकीकरण से जुडी समस्याओं का ऐसा हल प्रस्तुत कर देगी जिसमें व्यक्ति की स्वायत्तता की स्थापना के लक्ष्य पूरे हो जायेंगे। कहीं-न-कहीं हर आधुनिकतावादियों को ऐसी ही आशा बनी हुई है।

लेकिन, गांधी की दृष्टि में यह एक भ्रम है। इस मर्म को समझने के लिए हमें भारत में अंग्रेज़ी शिक्षा के विरुद्ध गांधी के एक कथन का स्मरण करना चाहिए और उसके निहितार्थ को प्रस्तुत चर्चा के सन्दर्भ में देखना चाहिए। वे कहते हैं कि अंग्रेज़ी शिक्षा का पालन-पोषण पाप के गर्भ में हुआ है, क्योंकि, इसकी प्रवृत्ति

भारतीय शरीर, मन और आत्मा को बौना बनाने की रही है।[19] जब भाषा में बदलाव संस्कृति और आत्मा तक को विद्रूप कर सकती है, यह गांधी स्वीकार कर रहे हैं; तब क्या हमें इस पर भी विचार नहीं कर लेना चाहिए कि भाषा में प्रयुक्त चरों में बदलाव से भी कुछ परिवर्तन सम्भव हैं। स्वतन्त्र संभाषण की जिस आवश्यकता पर हैबरमास का विशेष ज़ोर है वहाँ भी तो भाषा व्यवहार में प्रयुक्त चरों में तकनीकी जीवन शैली की उपादेयता और उसकी स्वीकृति जनित भाषा व्यवहार का प्रभाव है ही। ऐसे ही अनेक प्रभाव हमारे भाषा-व्यहार पर होते हैं, ऐसा इसलिए कि भाषा व्यवहार कोई स्वतन्त्र पैकेज नहीं है। भाषा की दुनिया अब दूसरे माध्यमों से पकड़ ली गई चेतना के बीच जितनी संचालित हो रही है उतनी पहले कभी नहीं रही है।

आज जिस तरह से मानवीय चेतना का विद्रूपण हुआ है उसमें स्वायत्तता की धारणा और उसकी उपादेयता ही कटघरे में खड़ी करने लायक हो गयी है। वस्तुतः, स्वतन्त्र मानस के उस स्तर को बनाए रखने के लिए उस मनुष्य का प्रतिस्मरण ज़रूरी है जो प्रारब्धमूलक विकृतियों का पर्याय नहीं हुआ है। इसके बिना व्यक्ति की स्वायत्तता की धारणा ही वैध नहीं हो सकती है। इस तथ्य को हम एक अन्य उदहारण के माध्यम से भी समझ सकते हैं। वह यह कि नब्बे के दशक में जब हैबरमास लिख रहे थे तब होमोसेपियंस जितनी मात्रा में अपने को टेक्नोसेपियंस के रूप में बदल पाया था, आज वह उससे अधिक टेक्नोसेपियंस हो चुका है। यह बदलाव और ऐसे ही अन्य बदलाव हमारे मानस और हमारी स्वायत्तता की धारणा को भी प्रभावित करते हैं। ऐसी अवस्था में हैबरमास द्वारा प्रस्तावित संचारात्मक विवेकशीलता अंततः किस मानवीय स्वात्तता को बढ़ावा देगी? यह प्रश्न शेष रह जाता है।

गांधी ने सिर्फ़ तर्क की नहीं, बल्कि, हम में जो कुछ तर्क को भी पवित्र करता है, उसकी उचित मान्यता की सिफ़ारिश की है। वे अपने विश्वास को अपने तर्क से परखते थे, लेकिन, अपने तर्क को अपने विश्वास को नष्ट करने की अनुमति नहीं देते थे। गांधी ने सदैव वास्तविकता के उच्चतर क्रम के लिए प्रयास करने का सुझाव दिया है, जो सम्पूर्ण मानवता को समाहित कर सके। उन्होंने तर्क दिया कि उनकी अहिंसा का नियम पूरी मानव-जाति का एक सामान्य नियम है। *यंग इंडिया* में इसी बात की तफ़सील करते हुए उन्होंने लिखा है– हमें सत्य और अहिंसा को

19. *यंग इण्डिया,* 27 अप्रैल, 1921.

केवल व्यक्तिगत अभ्यास की वस्तुएँ नहीं, बल्कि समूहों, समुदायों और राष्ट्रों द्वारा अभ्यास के लिए बनाना होगा। अहिंसा मानव-जाति का नियम है और पाशविक शक्ति से कहीं अधिक महान और श्रेष्ठ है। जिन ऋषियों (द्रष्टाओं) ने अहिंसा के नियम की खोज की, वे न्यूटन से भी बड़े प्रतिभाशाली थे। वे वेलिंगटन से भी बड़े योद्धा थे। स्वयं हथियारों के उपयोग को जानने के बाद, उन्होंने उनकी निरर्थकता का अहसास किया और एक थकी हुई दुनिया को सिखाया कि उसका उद्धार हिंसा से नहीं, बल्कि अहिंसा से है।[20] यहाँ गांधी मानवीय तर्क बुद्धि को आधुनिकताजनित प्रभावों से उसके एक इंस्ट्रुमेंटल तत्त्व हो जाने के प्रति अपनी सजगता को प्रकट करते हैं और इस नाते तर्कबुद्धि को भी अहिंसा को प्राप्त करने का एक माध्यम बना देते हैं। हैबरमास की तार्किकता का गांधी से संवाद इस अर्थ में ही सम्भव है कि हैबरमास तार्किकता के द्वारा जिस मानवीय स्वायत्तता के लक्ष्य को प्राप्त करना चाहते हैं उसमें अहिंसा प्रतिष्ठित हो।

अंततः, हमें यह विचार कर लेना चाहिए कि गांधी और हैबरमास में संवाद की कड़ियाँ कौन-कौन सी हो सकती हैं और किस दिशा में जा सकती हैं। इसके लिए हमें हैबरमास की एक दूसरी रचना के तर्कों के साथ गांधी के विचारों की तुलनात्मक मीमांसा करने की आवश्यकता है। हैबरमास अपनी कृति *द स्ट्रक्चरल ट्रांसफ़ॉर्मेशन ऑफ़ द पब्लिक स्फ़ियर* में तर्क देते हैं कि एक 'लोकक्षेत्र', जहाँ निजी नागरिक सार्वजनिक चिंता के मामलों पर चर्चा करने और आलोचनात्मक बहस करने के लिए एक साथ आ सकते हैं, एक स्वस्थ लोकतन्त्र के लिए महत्त्वपूर्ण है। लेकिन, जनसंचार माध्यमों के उदय और व्यावसायीकरण ने इस स्थान को काफी हद तक नष्ट कर दिया है, जिससे तर्कसंगत-आलोचनात्मक सार्वजनिक विमर्श में गिरावट आई है और इसके कारण शक्तिशाली एवं प्रभावशाली अभिनेताओं (एजेंट) द्वारा जनमत में हेरफेर किया जाना सम्भव हो रहा है। इसका तात्पर्य यह हुआ कि हैबरमास संचारात्मक विवेक के प्रयोग के मार्ग में आने वाली बाधाओं के प्रति सचेत हैं। वे मानते हैं कि प्रबोधन युग के दौरान एक 'बोज़्र्वा सार्वजनिक क्षेत्र' का उद्‌भव हुआ, जहाँ नागरिक, मुख्य रूप से मध्यम वर्ग के लोग, कॉफ़ी हाउस, सैलून और साहित्यिक समाजों के माध्यम से सार्वजनिक विमर्श में संलग्न होने लगे थे।

20. *यंग इण्डिया*, 14 फ़रवरी, 1940.

इस सार्वजनिक क्षेत्र की विशेषता विचारों का मुक्त आदान-प्रदान रहा है, जहाँ व्यक्ति समानता के साथ भाग लेते हैं, और सार्वजनिक राय बनाने के लिए तर्क और आलोचनात्मक सोच का उपयोग करते हैं। आगे वे कहते हैं कि जनसंचार माध्यमों के विकास और इन पर व्यावसायिक हितों के प्रभाव ने सार्वजनिक क्षेत्र को कमज़ोर कर दिया है। इसके कारण तर्कसंगत बहस को हेरफेर और लाभ की खोज में बदल दिया गया है।[21] एक जीवन्त सार्वजनिक क्षेत्र शक्ति को जवाबदेह ठहराने और लोकतान्त्रिक वैधता सुनिश्चित करने के लिए एक महत्त्वपूर्ण तन्त्र के रूप में कार्य कर सकता है और संचारात्मक विवेक इसका एक माध्यम बन सकता है। अपनी इस मान्यता के प्रति हैबरमास इतने आग्रही हैं कि वे लोकक्षेत्र के सिकुड़ते आयामों और इस पर तकनीकी के हस्तक्षेप के बाद भी आशान्वित हैं।

गांधी भी पब्लिक स्फ़ियर का ट्रांसफ़ॉर्मेशन करना चाहते हैं, लेकिन, वे स्पीच के बजाय सत्याग्रह को इसका माध्यम बनाना चाहते हैं और ऐसे पब्लिक स्फ़ियर की रचना करना चाहते हैं जिसमें बोर्ज़्वा कहे जाने वाले, सर्वहारा कहे जाने वाले, स्वामी कहे जाने वाले और सेवक कहे जाने वाले और यहाँ तक कि शिक्षित कहे जाने वाले एवं अशिक्षित कहे जाने वाले तथा प्रतिस्पर्धी राजनीतिक विचारधारा वाले एक साथ सहभागिता कर सकें। गांधी के लिए पब्लिक स्फ़ियर को स्वतन्त्र और समानता आधारित विमर्श का ही केन्द्र नहीं होना चाहिए, बल्कि, यह श्रम एवं सेवा का भी केन्द्र बनना चाहिए। लेकिन, एक बात गांधीसम्मत लोकक्षेत्र (पब्लिक स्फ़ियर) और हैबरमाससम्मत पब्लिक स्फ़ियर में मूल रूप से भिन्न है। जहाँ गांधी लोकक्षेत्र को पश्चिमी ज्ञानोदय के उन दुष्प्रभावों से बचने के लिए उपयोग में लाना चाहते हैं जो कालांतर में सेकुलरवाद और केन्द्रीकृत मशीनी उत्पादन प्रणाली के रूप में प्रकट हुआ, वहीं हैबरमास पब्लिक स्फ़ियर को ज्ञानोदय का एक अग्रवर्ती पोषक बनाना चाहते हैं।[22]

---

21. युरगन हैबरमास (1989), *द स्ट्रक्चरल ट्रांसफ़ार्मेशन ऑफ़ द पब्लिक स्फ़ियर : एन इन्क्वैरी इनटू अ केटेगरी ऑफ़ बोर्ज़्वा सोसाइटी, पॉलिटी प्रेस,* कैम्ब्रिज.

22. सूज़न रुडोल्फ़ एवं लॉयड रुडोल्फ़ (2003), *द कॉफ़ी हाउस ऐंड द आश्रम : गांधी, सिविल सोसाइटी ऐंड पब्लिक स्फ़ियर,* साउथ एशिया इंस्टिट्यूट, डिपार्टमेंट ऑफ़ पॉलिटिकल साइंस, युनिवर्सिटी ऑफ़ हाइडलबर्ग.

III
हन्ना आरेंट एवं गांधी

पश्चिमी ज्ञानोदय और उसके बाद के विकास एवं परिवर्तन ने पश्चिमी और ग़ैरपश्चिमी समाजों में अनेक परिवर्तनों को जन्म दिया है। राजनीतिक परिवर्तन भी उनमें से एक है। इस परिवर्तन के सकारात्मक एवं नकारात्मक परिणामों पर दुनिया भर में अनेक विमर्श खड़े किये गये हैं। इनमें से संरचनात्मक राजनीतिक परिवर्तनों की अपेक्षा राजनीति की ज्ञानमीमांसा पर ध्यान केन्द्रित करने से हमारे समक्ष दो आपस में जुड़े हुए दृष्टिकोण प्रमुखता से प्रकट होते हैं।

पहला, लोकतन्त्र की दलीय प्रणाली और विचारधारा ने राजनीतिक दायित्व को व्यक्ति की निष्ठा से कुछ इस तरह से जोड़ दिया है कि अब राजनीतिक दायित्व और विधिक दायित्व के बीच का अन्तर झीना सा होता जा रहा है। पहले यह बात सर्वाधिकारवादी शासन व्यवस्थाओं के लिए अधिक सटीकता से कही जा सकती थी, लेकिन, इस प्रवृत्ति से अब उदारतावादी व्यवस्थाएँ भी अछूती नहीं रह गयी हैं। वस्तुतः, राजनीतिक दायित्व के निर्वहन में स्वतन्त्र विवेक के प्रयोग की अनुमति होती है, लेकिन इस अनुमति को दलीय और विचारधारात्मक आस्था कम कर देती है। राजनीतिक आस्था के नियमन और सीमांकन का कार्य राष्ट्र–राज्य भी करते हैं और राष्ट्रवाद, जातिवाद, भाषावाद, क्षेत्रवाद, सम्प्रदायवाद से पोषित राजनीति भी कुछ ऐसा ही करती है।

दूसरा, राजनीति, जिसे दुनिया-भर के शास्त्रीय आख्यानों में बड़े सम्मानजनक कार्य के रूप में देखा जाता था और जिसमें धैर्य, शुचिता, त्याग, सेवा, कर्तव्य परायणता, दृढ़ता, समर्पण, इन्द्रियसंयम आदि विराट मूल्यों को अनुस्यूत देखा जाता था, ने अपने उस अर्थ, मर्म और गरिमा को खो दिया है। ग्रीक राजनीति की आदर्श परम्परा में राजनीति सभ्यता-निर्माण की कला के रूप में प्रतिष्ठित है, और प्लेटो तथा अरस्तू में यह सर्वोत्तम सद्गुण की प्रकट अभिव्यक्ति भी है। कौटिल्य के *अर्थशास्त्र* में भी राजनीति की ऐसी ही प्रतिष्ठा को 'सर्वे धर्माः राजधर्मे प्रविष्टाः' कहते हुए दुहराया गया है।

हन्ना आरेंट ने राजनीति के अर्थ-सन्दर्भ में हुए इस परिवर्तन को अत्यन्त गम्भीरता पूर्वक समझने और उद्घाटित करने का प्रयास किया है। वे कहती हैं कि आधुनिक काल में राजनीति के स्वरूप और राजनीति की हमारी समझ में परिवर्तन आ गया है। इस परिवर्तन के मूल में वे राजनीति में निहित शक्ति का हिंसा द्वारा

प्रतिस्थापन देखती हैं। हिंसा की एक व्यापक परिभाषा करते हुए हन्ना आरेंट लिखती हैं कि साधन द्वारा शासित होना हिंसा है, शक्ति की तकनीकी अभिव्यक्ति हिंसा है और यह हिंसा, जो कि एक साधन है, अंततः अपने साध्य को ही नष्ट कर देती है।[23] अब यहाँ यह समझ लेना आवश्यक है कि राजनीति कब और कैसे उस साधन से संचालित होने लगी जिसने राजनीति के मूल तात्त्विक स्वरूप को ही नष्ट कर दिया? इस तथ्य को समझाने के लिए हन्ना आरेंट ने अनेक कारणों का उल्लेख किया है और अनेक नवीन अवधारणाओं का प्रयोग किया है। इनमें वे उस साभ्यतिक बदलाव को भी रेखांकित करती हैं जिसने साध्य की हमारी समझ को ही बदल दिया। इसके लिए वे मनुष्य के क्रिया-कलापों को तीन संवर्गों में विभाजित करती हैं– लेबर, वर्क और एक्शन। लेबर को वे मनुष्य की चयापचयी ज़रूरतों को पूरा करने वाला ऐसा कार्य कहती हैं जिसे मनुष्य अकेले या अत्यन्त सीमित सहयोग से सम्पादित कर सकता है। इसके अन्तर्गत हम क्षुधापूर्ति की दैनिक ज़रूरतों को रख सकते हैं। वर्क को वे मनुष्य की आवास एवं सुरक्षा की ज़रूरतों को पूरा करने से जोड़ कर देखती हैं, जिसमें थोड़ी अधिक पारस्परिकता की ज़रूरत होती है। इन दोनों ही कार्यों को करते हुए मनुष्य अपने मनुष्य होने का परिचय नहीं दे पाता है और न ही इन कार्यों को करने मात्र से मनुष्य को पशु से श्रेष्ठ माना जा सकता है। मनुष्य अपने को मनुष्य के रूप में एक्शन के द्वारा स्थापित करता है, जो सामूहिक हितों की पूर्ति के लिए सामूहिक सत्प्रयास है और इन कर्मों में सहभागिता को ही आरेंट राजनीति कहती हैं।[24] वस्तुतः हन्ना आरेंट के चिन्तन में एक्शन, जिसे वे वीटा एक्टिवा भी कहती हैं, राजनीति के उस शास्त्रीय स्वरूप का पर्याय है जिसमें शक्ति प्रतिष्ठित है और यह शक्ति है सामूहिक उच्च मानवीय, सांस्कृतिक लक्ष्यों को प्राप्त करने की सामूहिकता, प्रतिबद्धता। राजनीति के इस स्वरूप की महत्ता को रेखांकित करते हुए वे लिखती हैं कि दुनिया की सभी सभ्यताएँ इसी राजनीति को आधार बनाकर पल्लवित–पुष्पित हुई हैं और प्रत्येक सभ्यता के पतन में बाहरी कारकों और हस्तक्षेप के बजाय उनके खुद की राजनीति के स्वरूप में आई गिरावट रही है, जहाँ भी उसने शक्ति की शरण छोड़ कर हिंसा का आश्रय लिया है।[25]

---

23. हन्ना आरेंट (1969), *ऑन वायलेंस,* हरकोर्ट ब्रेस जोवानोविच पब्लिकेशन्स, न्यूयॉर्क : 4.

24. हन्ना आरेंट (1998), द *ह्यूमन कंडीशन,* द युनिवर्सिटी ऑफ़ शिकागो प्रेस, शिकागो : 7-8.

25. पूर्वोक्त : 199- 200.

अपनी स्थापना को स्पष्ट करते हुए हन्ना आरेंट लिखती हैं कि आधुनिक सभ्यता ने मानव-जाति के लिए जो मार्ग प्रशस्त किया है उसमें मनुष्य के लिए लेबर और वर्क की दुनिया का तो विस्तार हुआ है, लेकिन एक्शन की दुनिया संकुचित हो गयी है। यही वह अवस्था है, जिसे हन्ना आरेंट साधन से शासित होना कहती हैं। लेबर और वर्क मानव-अस्तित्व के लिए साधन हैं, लेकिन अब वे हमारे ऊपर शासन कर रहे हैं; जबकि मनुष्य को अपने साध्य से शासित होना चाहिए था। हन्ना आरेंट की चिंता को यदि हम सनातन भारतीय परम्परा की भाषा में कहें तो आधुनिक सभ्यता क्षुधा-तृप्ति की हमारी लिप्सा पर आधारित एक ऐसी सभ्यता है जो हम सबके भीतर चार्वाक-प्रवृत्ति को बढ़ावा दे रही है। चूँकि यह मूल मानवीय प्रवृत्ति नहीं है, इसी कारण जब हम इस प्रवृत्ति को नियामक प्रवृत्ति बना देते हैं तब हम अपने प्रति ही हिंसा को बढ़ावा दे रहे होते हैं। राजनीति जैसे-जैसे उद्योग, अर्थव्यवस्था और यन्त्र की आनुगामिनी होती चली गई वैसे-वैसे राजनीति में शक्ति के स्थान पर हिंसा की प्रतिष्ठा होती चली गई।

हन्ना आरेंट यह भी स्पष्ट करती हैं कि राजनीति के इस विद्रूपन में पूँजीवादी, उदारतावादी और समाजवादी, हर किसी ने अपने-अपने तरीके से योगदान दिया। इसे हम हर ख़ेमे के विद्वानों की ओर से राजनीति की दी जाने वाली परिभाषाओं में देख सकते हैं। हन्ना आरेंट ने अपने पक्ष को स्थापित करने के लिए दर्जनों विद्वानों के राजनीति की परिभाषा सम्बन्धी मतों का गहन विशलेषण किया है। इस क्रम में वे सी. राइट मिल्स, मैक्स बेबर, बर्तेंड द जुवेनल, जेम्स विल्सन, मार्क्स, लेनिन, माओ, स्टालिन आदि अनेक के विचारों की समीक्षा प्रस्तुत करती है।[26] हन्ना आरेंट ने विचारधारा, नस्लीय श्रेष्टता के दावे, इतिहास की जाति आधारित व्याख्या, नौकरशाही पर बढ़ती निर्भरता, शासन में पारदर्शिता का अभाव, वीरभाव और वैरभाव को बढ़ावा देने के तर्क आदि के साथ-साथ प्रगति की विचारधारा को भी हिंसा को बढ़ावा देने वाला घटक बताया है।[27] उन्होंने स्वीकार किया है कि इन सब ने मिल कर राजनीति में निहित शक्ति को विस्थापित करके उसके स्थान पर हिंसा को प्रतिस्थापित कर दिया है।

---

26. देखें,अम्बिकादत्त शर्मा एवं विश्वनाथ मिश्र (2021), *हन्ना आरेंट : हिंसा का उत्खनन,* प्राकृत भारती अकादमी, जयपुर : 85-89.

27. हन्ना आरेंट (1969), पूर्वोक्त : 26-27.

राजनीति में हिंसा की जिस समस्या को हन्ना आरेंट रेखांकित करती हैं उसकी एक गहरी समझ गांधी के चिन्तन में देखने को मिल जाती है। गांधी जब यह कहते हैं कि अंग्रेज़ों ने भारत को हमसे छीना नहीं बल्कि हमने उन्हें दे दिया,[28] तब गांधी का आशय उससे भिन्न नहीं होता जो हन्ना आरेंट ने सभ्यताओं के पतन के क्रम में राजनीति में निहित शक्ति के स्थान पर हिंसा की स्थापना के प्रसंग में कहा था। उनका आशय राजनीति में घर करती जा रही लोभ वृत्ति से था, जिसे हन्ना आरेंट एक्शन के ऊपर लेबर और वर्क के वर्चस्व में देखती हैं। यहाँ यह समझना भी आवश्यक है कि प्रोटेस्टेंट इथिक्स से शुरू होकर द्वितीय महायुद्ध तक आधुनिक दुनिया में जो हिंसा प्रतिष्ठित हुई है, उसे किस कोण से देखना समाधान की दृष्टि से जरूरी है। हन्ना आरेंट ने आधुनिक दुनिया की हिंसा समझने के लिए एंटीसेमिटिज़्म और उद्योगवाद से उपजी हिंसा को समझने के लिए फ़ेनोमेनोलॉजी के फ्रेमवर्क का सहारा लिया है। कार्ल मार्क्स ने अस्तित्ववाद और योग्यतम की उत्तरजीविता के फ्रेमवर्क का सहारा लिया है, और गांधी सत्य एवं अहिंसा के फ्रेमवर्क से आधुनिक सभ्यता में अन्तर्व्याप्त हिंसा को समझते हैं। मनुष्य के लिए अतिशय स्थायित्व और इसके उलट अतिशय परिवर्तन दोनों ही हिंसा के कारक बन जाते हैं। इन दोनों ही तत्त्वों में समन्वय से एक आदर्श मानवीय जीवन की स्थापना होती है। इसीलिए किसी भी समाज-व्यवस्था के लिए स्थायित्व एवं परिवर्तन में समायोजन आवश्यक है।

हन्ना आरेंट एंटीसेमिटिज़्म को तोड़ कर सेमिटिज़म की मूल परम्परा (यहूदी) से स्थायित्व एवं फ़ेनोमेनोलॉजी से परिवर्तन के लक्ष्य को प्राप्त कर सकती थीं। परन्तु, हन्ना आरेंट ने इस ओर ध्यान नहीं दिया कि सेमिटिज़्म की प्राचीन परम्परा भी उद्योगवाद के समर्थन की ओर नहीं जाना चाहती है और न ही हन्ना आरेंट गांधी की तरह आधुनिकता के विरोध के लिए इतने दूर तक जाना चाहती हैं, जिसे गांधी ग्राम-स्वराज्य के माध्यम से प्राप्त करना चाहते हैं। इसका परिणाम यह हुआ कि आधुनिक सभ्यता में निहित हिंसा की मूलगामी मीमांसा प्रस्तुत करने के बाद भी हन्ना आरेंट इसका विकल्प प्रस्तावित करने से दूर रह गयीं, या यूँ कहें कि उन्होंने इसे भविष्य पर टाल दिया।

कार्ल मार्क्स के फ्रेमवर्क में मनुष्य के मूल अस्तित्व एवं योग्यतम की उत्तरजीविता का मूल संघर्ष कभी न समाप्त होने वाला संघर्ष है। मूल अस्तित्व की

28. मोहनदास करमचंद गांधी (1949), *हिन्द स्वराज*, नवजीवन प्रकाशन मन्दिर, अहमदाबाद : 21-23.

प्राप्ति स्थायित्व के लिए आधार तो बन सकती है, परन्तु योग्यतम की उत्तरजीविता का तर्क स्थायित्व को अपनी गति में बहा ले जाने की प्रबल शक्ति भी रखता है। इसका परिणाम यह हुआ कि योग्यतम की उत्तरजीविता का तर्क और इसमें निहित हिंसा ने मार्क्स को जिस रूप में धरती पर साकार किया उसमें मार्क्स का अस्तित्ववादी विचार कहीं विलुप्त हो गया। इतना ही नहीं, इससे भी आगे बढ़ कर दुनिया ने यह भी देखा कि मार्क्स की हिंसावादी व्याख्या से स्थापित व्यवस्थाएँ जब अस्तित्व की समस्या को दूर करने में नाकाम होती गईं तब उन्हें विलुप्त भी हो जाना पड़ा। इस तरह दुनिया से समाजवादी व्यवस्थाओं का अवसान एक बार फिर से गांधी को विमर्श के केन्द्र में ले आता है। ऐसा इसलिए कि मानव जीवन में स्थायित्व एवं परिवर्तन के समायोजन के लिए गांधी का ही फ्रेमवर्क ऐसा है जो आधुनिकता को तोड़ कर अहिंसा से स्थायित्व एवं सत्य से गति प्राप्त करने के लक्ष्य का संधान कर सकता है।

वस्तुत:, सत्य और अहिंसा को फ्रेमवर्क बनाने पर आधुनिकता तथा उसकी हिंसा को लेकर मार्क्स एवं हन्ना आरेंट की चिन्ताओं का भी समाहार हो जाता है। यहाँ तक कि हन्ना आरेंट और मार्क्स की दृष्टि की सीमाओं के कारण छूट गई हिंसा के पक्षों का भी समावेश गांधी कर लेते हैं। हन्ना आरेंट की यह चिन्ता बड़ी मौलिक चिन्ता है कि वर्तमान सभ्यता लेबर और वर्क के आयामों में कैद होकर रह गई है और एक्शन का क्षेत्र विलुप्त होता जा रहा है। गांधी समझते हैं कि लेबर (मेटाबोलिस्टिक आवश्यकताओं की पूर्ति के लिए व्यक्ति का एकाकी प्रयत्न) तथा वर्क (भौतिक आवश्यकताओं की पूर्ति के एकाकी एवं सीमित सहयोग पर आधारित प्रयत्न) एवं एक्शन (पूर्णता प्राप्ति में व्यापक सामूहिक सहभागिता) के मध्य किसी भी प्रकार की विभाजक रेखा को खींचना वर्ग-विभाजन और वर्ग-विशेषाधिकारों के सृजन का मार्ग भी प्रशस्त करता है। वर्ग-विभाजन और विशेष अधिकारों का संरक्षण सदैव हिंसा को ही बढ़ावा देते हैं। हन्ना आरेंट ने लेबर, वर्क और एक्शन का जो वर्गीकरण किया है, वह अरस्तू द्वारा राज्य के विकास क्रम में परिवार, ग्राम और नगर राज्य के स्तर का क्रमिक रूप से गुणात्मक और परिणामी कार्य-वर्गीकरण है। परिवार के स्तर पर जैविक प्रकृति के कार्यों का सम्पादन होता है, यह लेबर है। ग्राम के स्तर पर भौतिक प्रकृति के सहयोगी कार्यों का निष्पादन होता है, यह वर्क है। नगर राज्य के स्तर पर नैतिक एवं सांस्कृतिक कार्यों का सम्पादन होता है, यह वीटा एक्टिवा या राजनीति अथवा एक्शन है।

हन्ना आरेंट अरस्तू की तरह राजनीतिक सहभागिता से किसी को वंचित नहीं करतीं। परन्तु, यह भी सत्य है कि जन-पुंज समाजों में सभी को राजनीति में सक्रिय सहभागिता का अवसर नहीं मिलता है, और न ही सब में ऐसी अर्हता होती है। न ही राजनीतिक संस्थाओं में सहभागिता करने वाले सभी लोग नैतिक एवं सांस्कृतिक समझ रखते हैं। हन्ना आरेंट के क्रमिक रूप से गुणात्मक एवं परिणामी कार्य-विभाजन के सिद्धान्त को ग्राम-स्वराज की गांधीवादी अवधारणा के माध्यम से प्राप्त किया जा सकता है। फिर भी एक बाधा शेष रह जाती है। वह यह कि यदि राजनीति भी किसी के लिए आजीविका प्राप्ति का साधन बन जाये तो यह वर्क होगा या नहीं, या इसे एक्शन ही कहा जायेगा?

इस प्रश्न को यदि हन्ना आरेंट के सैद्धान्तिक समीकरण से बाहर लाकर ग्रीक चिन्तन, भारतीय चिन्तन एवं आधुनिक समाजहितोपजीवी संगठनों के सन्दर्भ में देखें तो हिंसा के एक और स्वरूप का उद्घाटन होता है। प्लेटो की योजना में अभिभावक वर्ग शासक एवं सैनिक वर्ग के दायित्व से मुक्त है, उन्हें अपनी आजीविका के लिए भौतिक संसाधनों को जुटाने हेतु वर्क नहीं करना है। उनके आजीविका संचालन की जिम्मेदारी समाज पर है। अरस्तू की योजना में भी नागरिकों (राजनीतिक दायित्व का निर्वहन करने वाले) की भौतिक आवश्यकताओं की पूर्ति दासों के वर्क से होती है। सनातन भारतीय परम्परा में भी राजा की आजीविका का आधार जनता का दिया हुआ कर है। आज के राजनेताओं के वैभवपूर्ण जीवन का आधार जनता का दिया हुआ कर ही है। उपर्युक्त सभी उदाहरणों में राजनीति आजीविका का माध्यम भी है, क्योंकि कोई भी कर्म यदि आजीविका का माध्यम हो तो वह व्यवसाय बन जाता है।

व्यवसाय के रूप में राजनीति का प्रचलन व्यक्तिगत और सार्वजनिक के भेद को समाप्त कर देता है। व्यवसाय से मनुष्य व्यक्तिगत एवं पारिवारिक जीवन के लेबर और वर्क के धरातल की आवश्यकताओं की पूर्ति करता है। जब राजनीति भी व्यवसाय बन जाती है तब उसमें व्यक्तिगत एवं पारिवारिक हित सम्मिलित हो जाते हैं। इससे सार्वजनिक हितों के संधान की सामूहिक क्रिया अर्थात् एक्शन को प्रभावित होने से नहीं बचाया जा सकता है। मानव संस्कृति एवं सभ्यता में व्यक्तिगत एवं सार्वजनिक के इस घालमेल से विकार उत्पन्न होने लगते हैं। इस विकार को समझने एवं इसे दूर करने के लिए दुनिया की सभी सभ्यताओं में चिन्तन हुए हैं। प्लेटो का सुझाव यह है कि राजनीति में भाग लेने वालों को पारिवारिक जीवन में शामिल होने का अधिकार नहीं दिया जाना चाहिए। उन्हें व्यक्तिगत परिवार बसाने की छूट न हो,

या वे सम्पूर्ण राज्य के नागरिकों को ही अपना परिवार मान लें। प्लेटो का यह सुझाव अरस्तू को दो कारणों से मान्य नहीं है।

अरस्तू का पहला तर्क यह है कि परिवार नागरिक गुणों की प्रथम पाठशाला है। इसी पाठशाला में मनुष्य सहयोग, उत्तरदायित्व, प्रेम और धैर्य तथा सहनशीलता का प्रथम पाठ पढ़ते हैं। अंत: परिवार का उन्मूलन अंततः मनुष्य से मानवीय और सामाजिक गुणों के उन्मूलन का परिणाम ही उत्पन्न करेगा। अरस्तू का दूसरा तर्क यह है कि संपत्ति परिवार का ही अंग है और संपत्ति से ही व्यक्ति अपनी दयालुता, स्नेह एवं परोपकार जैसी मूल्यों को समय विशेष में अभिव्यक्त कर सकता है। अत: अरस्तू का सुझाव यह है कि सम्पत्ति के अधिकार का उन्मूलन भी उचित नहीं है। राजनीति में भाग लेने वालों को अपनी भौतिक आवश्यकताओं की पूर्ति की चिन्ता से मुक्त रखने का प्रयास अरस्तू को भी उचित लगता है। इसके लिए वे राजनेताओं के जीवन-संभरण के संसाधनों को उपलब्ध कराने का दायित्व दासों को सौंपते हैं। परन्तु, यह तर्क आज के लोकतान्त्रिक एवं समानता के मूल्यों के विपरीत है, फिर भी सभी सभ्यताओं में और आज की आधुनिक दुनिया में सबसे अधिक इसी तर्क को व्यवहार में लाया जाता है।

फ़र्क मात्र यह है कि अब दास नामकरण बदल गया है और राजनेताओं की सेवा में लगे लोगों को भी कभी-कभार राजनीति कहे जाने वाले कार्यों में सक्रिय भागीदारी का अवसर मिल जाता है। सनातन भारतीय परम्परा में भी राजनीति में भाग लेने वाले राजा एवं मंत्रियों के वेतनभोगी होने का उल्लेख अनेक स्थानों पर मिलता है। कुछ ही उदाहरण ऐसे मिलते हैं जहाँ मंत्री एवं राजाओं ने व्यक्तिगत कार्यों हेतु राज्य के संसाधनों का उपयोग न करने का संकल्प लिया हो।

गांधी ने इस समस्या के समाधान के लिए लियो टॉलस्टॉय एवं जॉन रस्किन के *ब्रेड लेबर* तथा *श्रीमद्भगवद्गीता* के निष्काम कर्मयोग के संयोजन से एक समाधान प्रस्तुत किया है। इस विकल्प को गांधी ने कायिक श्रम का नाम दिया है। गांधी लिखते हैं कि मनुष्य की प्राकृतिक बनावट ही ऐसी है कि वह अपने कायिक श्रम से अपनी आजीविका का उपार्जन करे। अपनी बुद्धि का प्रयोग करके अपनी आवश्यकताओं को बढ़ाने और ऐसे भौतिक संसाधनों को एकत्रित करने के लिए ईश्वर ने उसे बनाया ही नहीं है जिनसे उसकी आत्मा का हनन होता हो।[29] ठीक यही

---

29. मोहनदास करमचन्द गांधी, *इंडियन ओपीनियन,* 15 जनवरी, 1910.

बात *श्रीमद्भगवद्गीता* में भी कही गई है। गांधी ने कायिक श्रम की आवश्यकता को रेखांकित करते हुए कहा है कि यदि बारिश के लिए वृक्ष आवश्यक है तो वृक्षारोपण भी शारीरिक श्रम के बिना सम्भव नहीं है, और बारिश के बिना अन्न उत्पादन सम्भव नहीं है। मानसिक श्रम को शारीरिक श्रम से श्रेष्ठ नहीं समझा जाना चाहिए, क्योंकि, मानसिक विकास के लिए भी शारीरिक श्रम से उपजाया गया अन्न अपेक्षित है।[30] गांधी का यह कथन भी *श्रीमद्भगवद्गीता* का स्मरण दिलाता है, जहाँ कहा गया है कि यज्ञ (यज्ञ का तात्पर्य मात्र पूजा,पाठ और हवन नहीं है बल्कि यज्ञ का अर्थ कर्म है) के लिए अन्न की आवश्यकता होती है।[31]

टॉलस्टॉय की यह उक्ति कि शारीरिक श्रम किए बिना भोजन करना चोरी है, वस्तुतः *श्रीमद्भगवद्गीता* के श्लोक की ही पुनरुक्ति है, जहाँ कहा गया है कि *यज्ञ: क्षपित कल्मष:*। इसीलिए गांधी सार्वजनिक जीवन जीने वालों के लिए भी शारीरिक श्रम की अनिवार्यता का प्रतिपादन करते हैं। उन्होंने स्वयं अपने जीवन में फ़ीनिक्स, साबरमती एवं सेवाग्राम में इस आदर्श का प्रयोग करके भी दिखाया। वे स्वयं प्रतिदिन चरखा, खेती, बागवानी एवं स्वच्छता हेतु शारीरिक श्रम भी करते थे। अपने इस अनुभव के आधार पर गांधी लिखते हैं कि बिना शारीरिक श्रम के मानसिक प्रयत्न व्यर्थ होते हैं। गांधी ने बुद्धिपूर्वक किए हुए शारीरिक श्रम को समाजसेवा का सर्वोत्कृष्ट रूप माना है। इस वाक्य को स्पष्ट करते हुए जून, 1935 में *हरिजन* में गांधी ने लिखा कि यहाँ शरीर श्रम के साथ बुद्धिपूर्वक किया हुआ विशेषण यह दिखाने के लिए जोड़ा गया है कि किए हुए शरीर श्रम के पीछे समाज सेवा का निश्चित उद्देश्य हो। ऐसा न हो तब तो कहा जायेगा कि हर एक मज़दूर समाज सेवा करता ही है, वैसे एक अर्थ में यह कथन सही भी है, लेकिन यहाँ उससे कुछ अधिक अभीष्ट है। जो आदमी सब लोगों के सामान्य कल्याण के लिए परिश्रम करता है वह ज़रूर समाज की सेवा करता है।[32]

जब हम भारत को कर्मभूमि मानते हैं भोग भूमि नहीं, तब इस वाक्य का लक्ष्य शरीर श्रम के आदर्श के बिना प्राप्त नहीं किया जा सकता। स्वयं कृष्ण का गोपाल

---

30. मोहनदास करमचन्द गांधी, *यंग इंडिया,* 15 जनवरी, 1925.

31. अन्नाद्भवन्ति भूतानि पर्जन्यादन्नसम्भव:।
ययद्भवति पर्जन्यो यज्ञ: कर्मसमुद्भव:।। *श्रीमद्भगवद्गीता,* 3/14.

32. मोहनदास करमचंद गांधी (2005), *मेरे सपनों का भारत,* नवजीवन प्रकाशन मन्दिर, अहमदाबाद : 63.

होना और बलराम का हलधर होना भी इसी आशय को अभिव्यक्त करता है। हन्ना आरेंट ने एक्शन के साथ वर्क के समायोजन के बजाय उसका दो फाड़ कर दिया और मार्क्स को जहाँ (साम्यवाद) इस प्रश्न के समाधान पर विचार करना था, उसे वे पूरा नहीं कर पाए। गांधी ने सार्वजानिक जीवन के सद्गुण (हन्ना आरेंट जिसे एक्टिवा कहती हैं) के साथ शारीरिक श्रम की अनिवार्यता को जोड़ कर एक ऐसा प्रतिमान प्रस्तुत किया जिसमें श्रम के आधार पर बनने वाले वर्ग-विभाजन को अहिंसक तरीके से निर्मूल किया जा सकता है। गांधी का यह सुझाव एक ऐसा मार्ग प्रशस्त करता है जिसमें परसेवोपजीवी वर्ग का निर्माण नहीं होता है। यह मार्ग मानसिक श्रम एवं शारीरिक श्रम के आधार पर सैकड़ों वर्ग-विभाजन को जन्म देने वाली पूँजीवादी केन्द्रीकृत औद्योगिक अर्थव्यवस्था के विरुद्ध एक वैकल्पिक आत्मपूरित ग्रामीण सभ्यता में ही सम्भव है।

ऐसा नहीं है कि आधुनिक सभ्यता के ध्वजावाहक निजी एवं सार्वजनिक के घालमेल से उत्पन्न होने वाली समस्याओं से परिचित नहीं हैं। परन्तु, सबसे पहले उन्होंने नौकरशाही और राष्ट्रवाद के संयोजन से इस समस्या का हल निकालने का प्रयास किया और अब सिविल सोसायटी तथा निजीकरण के बढ़े हुए समीकरण से इस समस्या का समाधान करना चाहते हैं। यद्यपि नौकरशाही की भूमिका भी न्यून नहीं हुई है, बल्कि, राज्य और प्रशासन की बढ़ती हुई तकनीकी जटिलताओं के कारण उसमें इज़ाफ़ा हुआ है। ये सभी समीकरण इस धरती को भोग भूमि बनाने की ओर ही आगे बढ़ते हैं। आश्चर्य है कि पूरी दुनिया तो छोड़ दीजिए, भारत में ही जो लोग भारत को भोग भूमि बनाने के लिए आधुनिकता के मोहपाश से भारत को जकड़ देना चाहते हैं; वे अपने को कर्मयोगी के रूप में भी प्रस्तुत करते हैं। इस प्रवृत्ति की ज्ञानमीमांसा का आधार वाक्य उनकी इस प्रस्तावना में होता है कि आज के समस्त तकनीकी एवं वैज्ञानिक-विकास के लक्ष्य को भारत ने अपने अतीत में प्राप्त कर लिया था और आज हम पुन: उसी अतीत के गौरव को प्राप्त करने का यत्न कर रहे हैं। कल्पना करें कि यदि ऐसा प्रमाणित हो भी जाता है तो क्या उसी से यह भी सिद्ध नहीं होगा कि तकनीकी विकास की आसुरी प्रवृत्तियों ने भारत भूमि का ऐसा सर्वनाश किया कि उसे एक लम्बी ग़ुलामी और जातीय विद्वेष के अंधकार युग से गुजरना पड़ा।

लेबर, वर्क और एक्शन निश्चय ही मानव अस्तित्व से जुडी हुई क्रियाएँ हैं। एक्शन के लिए भी लेबर और वर्क की ज़रूरत होती है,क्योंकि, जिस शरीर से लेबर

और वर्क का सम्पादन होता है उसी से एक्शन का भी निष्पादन होता है। गांधी एक्शन को लेबर और वर्क से आच्छादित नहीं करना चाहते हैं, बल्कि, वे लेबर और वर्क को भी एक्शन जैसा श्रेष्ठ बनाना चाहते हैं। यह तब तक सम्भव नहीं है जब तक मानव जीवन को मात्र लेबर और वर्क के लिए ही जीने की विश्व-दृष्टि ख़ारीज न कर दी जाय। हन्ना आरेंट एवं मार्क्स दोनों ही लेबर और वर्क की दुनिया की त्रासदी को समझते हैं। दोनों ही इसके लिए आधुनिकता को दोषी ठहराते हैं और दोनों की ही मुख्य चिन्ता औद्योगिक विकास की हिंसा से है। परन्तु, गांधी औद्योगिक विकास को विनाश कहने से परहेज़ नहीं करते, जबकि, हन्ना आरेंट और मार्क्स यह मानते हैं कि औद्योगिक विकास में सुधार (हन्ना आरेंट) और बदलाव (मार्क्स) द्वारा इसके सुफल को प्राप्त किया जा सकता है।

औद्योगिक विकास और आधुनिकता दोनों एक ही सिक्के के दो पहलू हैं। गांधी इस तथ्य को भलीभांति समझते हैं और लालच को आधुनिकता तथा उद्योगवाद के मूल में रखते हैं। गांधी यह स्पष्ट मानते हैं कि यह पृथ्वी समस्त मानव-जाति की आवश्यकताओं को पूरा कर सकती है, परन्तु, किसी एक भी व्यक्ति के लालच को पूरा करने में यह सक्षम नहीं है। धरती के समस्त मनुष्य यदि लालच को ही जीवन-दृष्टि बना लें तो फिर शोषण और हिंसा से मुक्ति की कामना करना ही व्यर्थ है। फिर तो सभी को मत्स्य न्याय या हॉब्स के द्वारा चित्रित प्राकृतिक अवस्था को स्वीकार कर लेना चाहिए। *श्रीमद्भगवद्गीता* में यह प्रश्न अर्जुन ने भी श्रीकृष्ण के समक्ष प्रस्तुत करते हुए पूछा है कि पाप क्या है और मनुष्य उसमें बलात नियोजित कैसे हो जाता है।[33] अर्जुन के इस प्रश्न का उत्तर देते हुए श्रीकृष्ण ने उन्हीं तत्त्वों को रेखांकित किया है जिसे गांधी आधुनिकता की प्रेरक शक्ति के रूप में पहचान करते हैं।[34]

काम को आधुनिक सभ्यता के मूल लक्षण के रूप में देखना प्रथमदृष्टया अजीब सा लगता है, परन्तु इसे भी विषयोन्मुखता के सन्दर्भ में देखा जाये तो समस्या का समाधान हो जाता है। वस्तुतः विषयों का स्तवन ही काम है।[35] उद्योगवाद,

---

33. अथ केन प्रयुक्तोयम पापं चरति पुरुषः।
अनिच्छन्नपि वार्ष्णेय बलादिव नियोजितः।।*श्रीमद्भगवद्गीता,* 3/36.

34. काम एष क्रोध एष रजोगुणसमुद्भवः।
महाशनो महापाप्मा विद्धयेन्मिह वैरिणम्।। *श्रीमद्भगवद्गीता,* 3/37.

35. ध्यायतो विषयानपुन्सः संङ्गस्तेषूपजायते।
संङ्गात्स्न्जायते कामः कमात्क्रोधोभिजायते।। *श्रीमद्भगवद्गीता,* 2/62.

आधुनिकता और पूँजीवाद की रीढ़ भी विषयोन्मुखता रूपी *काम* ही है। इसी से माँग और माँग की पूर्ति के लिए उद्योग के तर्क का आरंभ होता है। इस तर्क को आगे बढ़ाने और समर्थन देने के लिए लोगों की क्रय शक्ति में विस्तार एक स्वाभाविक तक़ाज़ा है। सच पूछिए तो आज की स्वतन्त्रता एवं समानता का सार भी यही है कि सभी लोग अपनी क्रय शक्ति बढ़ाने में स्वतन्त्र और उपभोग करने में समान होना चाहते हैं। परन्तु, जब धरती पर इतने संसाधन ही उपलब्ध नहीं हैं कि वह किसी एक आदमी के लालच को पूरा कर सके तब वह समस्त मानव-जाति के लालच को एक साथ कैसे पूरा कर सकती है ? इसी बात को दूसरे तरीके से कहें तो दुनिया के हर कोने में न्यूयॉर्क और पेरिस खड़ा करने हेतु हमारे पास संसाधन नहीं हैं। अतः माँग और पूर्ति के नियम का टूटना और माँग रूपी काम का पूरा न हो पाना स्वाभाविक है। इसी से क्रोध की उत्पत्ति होती है और यह नाश का कारण है।[36] आधुनिक समय में भी जो आन्दोलन होते हैं या हिंसा होती है, उनमें कई न कोई माँग अवश्य शामिल रहती है। ऐसे में बहुसंख्यक समुदाय के क्रोध से अभिजन समूह की रक्षा कैसे की जाये, यह एक चुनौती बनकर सामने आता है। इस चुनौती का सामना करने के लिए अनेक विकल्पों का प्रयोग राज्य करते हैं। इनमें एक विकल्प राष्ट्रवाद का भी है। राष्ट्रवाद एक दुधारी तलवार की तरह पूरे यूरोप में उपयोग में लाया गया है। कालांतर में हम देखते हैं कि यूरोप में जिस तरीके से राष्ट्रवाद का दुधारी तलवार की तरह प्रयोग किया गया था वैसा ही इसे ग़ैर यूरोपीय राष्ट्रों में भी करने के प्रयत्न हुए हैं।

दुधारी तलवार के रूप में राष्ट्रवाद की एक धार अधिक संसाधनों को एकत्रित करने के लिए राष्ट्रवाद का प्रयोग उपनिवेशवाद के रूप में करके तैयार होती है। इस तलवार की दूसरी धार नस्लीय राष्ट्रवाद के रूप में अपने समाज के विजातीय तत्त्वों का समूल नाश करती है, ताकि माँग और पूर्ति के व्यवधान को पृष्ठभूमि में धकेला जा सके। हन्ना आरेंट आधुनिकता को *स्मृति ह्रास* के रूप में तो पहचान लेती हैं। वे इसे *बुद्धि नाश* के रूप में भी देखती हैं और जर्मनी के विनाश के रूप में *प्रणश्यन्ति* का तो साक्षात् उन्होंने अवलोकन ही किया था। परन्तु, वे *श्रीमद्भगवद्गीता* के इस प्रसंग से वाक़िफ़ नहीं थीं। गांधी तो *श्रीमद्भगवद्गीता* को गीतामाता कहते थे और इसको अपने जीवन में निरन्तर उतार भी रहे थे। यह तथ्य इतना स्पष्ट है कि

---

36. क्रोधात्भवति सम्मोहः सम्मोहात्स्मृतिविभ्रमः।
स्मृतिभ्रंशाद् बुद्धिनाशो बुद्धिनाशात्प्रणश्यति।। *श्रीमद्भगवद्गीता,* 2/63.

गांधी की आत्मकथा, *हिन्द स्वराज* और *श्रीमद्भगवद्गीता* के तुलनात्मक अध्ययन से यह प्रतीत होता है कि गांधी भारतीय राष्ट्रीय आन्दोलन में और अपने जीवन में निष्काम कर्मयोग को चरितार्थ करने का प्रयत्न कर रहे थे। इसी कारण गांधी पूरी पृथ्वी को उद्योगवाद द्वारा भोग भूमि बनाए जाने के संत्रास को देख सकने में सक्षम थे। इसीलिए गांधी दृढ़ता पूर्वक कहते हैं कि मेरा स्पष्ट मानना है और मैं उसे साफ़ साफ़ कहता हूँ कि इतने बड़े पैमाने पर होने वाला सामूहिक उत्पादन ही दुनिया की मौजूदा संकटमय स्थिति के लिए ज़िम्मेदार है।[37]

गांधी की स्वदेशी की अवधारणा लेबर और वर्क को कर्ममय बनाने का एक विकल्प प्रस्तुत करती है। सामान्यत: स्वदेशी का अर्थ आजकल अपने देश में बनी हुई वस्तुओं के उपयोग से सम्बन्धित हो गया है। जबकि, गांधी इस अवधारण का प्रयोग एक दूसरे से परस्पर संबद्ध तीन अलग-अलग अर्थों में करते हैं। स्वदेशी के इन तीन अर्थों को स्पष्ट करते हुए स्वयं गांधी ने लिखा है कि स्वदेशी की भावना का अर्थ है हमारी वह भावना जो हमें दूर को छोड़ कर अपने समीपवर्ती प्रदेश का ही उपयोग और सेवा करना सिखाती है। इस परिभाषा के अनुसार धर्म-नीति के संबंध में कहा जायेगा कि मुझे अपने पूर्वजों से प्राप्त धर्म-नीति का ही पालन करना चाहिए और यदि उसमें कुछ विकार आ गए हैं तो उन्हें दूर करना चाहिए। इसी प्रकार राजनीतिक क्षेत्र में मुझे स्थानीय संस्थाओं का उपयोग करना चाहिए और उनके दोषों को दूर करने के लिए उनकी सेवा करनी चाहिए। अर्थ के क्षेत्र में मुझे अपने पड़ोसियों द्वारा बनायी गई वस्तुओं का ही प्रयोग करना चाहिए और उन्हें अधिक सक्षम बनाना चाहिए।[38] गांधी की स्वदेशी की अवधारणा एक त्रिभुज की तरह है, जिसके तीनों कोण बराबर हैं। स्वदेशी के पालन के लिए स्थानीय निकायों के सशक्तीकरण की आवश्यकता होती है और जब स्थानीय निकाय आत्मनिर्भर इकाई हों तो खेतों में वर्क के साथ स्थानीय निकायों में एक्शन भी सम्भव है। इनमें से किसी भी एक तत्त्व की उपेक्षा मात्र स्वदेशी की अवधारणा को ही निर्मूल नहीं करता है, बल्कि, वह एक मनुष्य की दूसरे मनुष्य पर ऐसी निर्भरता को भी बढ़ावा देता है जिससे वर्ग-सम्बन्ध उत्पन्न होते हैं। यह सब मिल कर हिंसा को बढ़ावा देने का ऐसा संसार तैयार करते हैं, जिसमें अब तो हिंसा को भी वैध ठहराने का मानस शामिल हो गया है।

---

37. मोहनदास करमचंद गांधी (2005), पूर्वोक्त : 33.

38. पूर्वोक्त : 128.

IV
मिशेल फ़ूको एवं गांधी

प्रत्येक सभ्यता में ज्ञान का सर्वोपरि महत्त्व होता है। अधिनायकवादी सभ्यताएँ ही अज्ञानता को महिमामण्डित करती हैं। कोई सभ्यता कैसी है, इसके मूल्यांकन के अनेक आधार हो सकते हैं। मसलन कोई उसमें महिलाओं की स्थिति के आधार पर उसकी समीक्षा कर सकता है, और कोई लोगों के उपभोग के स्तर के आधार पर मूल्यांकन कर सकता है। लेकिन, इन सबमें सबसे अधिक जटिल और गूढ़ है सभ्यताओं द्वारा उत्पादित ज्ञान के आधार पर उनका मूल्यांकन करना। इसकी गूढ़ता तब और भी बढ़ जाती है जब हम ज्ञान अथवा इसकी मूल सामग्री को सकल इकाई मानने के बजाय उसे विश्रृंखलताओं के एक घटक के रूप में देखते हैं। फ़ूको एवं अन्य उत्तर-आधुनिक विचारकों ने ज्ञान की मूल सामग्री को विश्रृंखलताओं के एक घटक के रूप में देखा है।[39] दरअसल, फ़ूको एवं अन्य उत्तर-आधुनिकतावादी मानते हैं कि जिन सूचनाओं, घटनाओं, अनुभवों एवं प्रत्ययों से हम ज्ञान का निर्माण करते हैं उनमें न तो कोई पूर्व निर्धारित संबध होता है और न ही उनके अर्थों की एक ही व्याख्या की जा सकती है। इस समीकरण को स्थापित करने के बाद वे उस अभियान्त्रिकी को रेखांकित करते हैं जिसमें विश्रृंखलताओं के रूप में उपलब्ध सामग्री आपस में इस तरह से जुड़ती है या जोड़ दी जाती है कि एक विशिष्ट अर्थ-बोधक ज्ञान का सृजन होती है। इस सम्पूर्ण प्रक्रिया को फ़ूको डिस्कर्सिव फ़ार्मेशन कहते हैं।[40] ज्ञान निर्माण की इस प्रक्रिया के तहत ज्ञान में अर्थोत्पादन ही शामिल नहीं है, अपितु ज्ञान की वैधता भी शामिल है। इसी कारण फ़ूको एवं अन्य उत्तर-आधुनिक विचारक ज्ञान को शक्ति-समीकरणों और उसकी गतिशीलता, जिसमें वर्चस्व एवं उसका प्रतिरोध दोनों शामिल है, से जोड़ कर देखते हैं।[41]

अपनी अन्य रचनाओं जैसे *डिसिप्लिन ऐंड पनिश,* द *बर्थ ऑफ़ द क्लीनिक* और द *हिस्ट्री ऑफ़ सेक्शुअलिटी* आदि में फ़ूको ने यह स्थापित करने का प्रयास किया है कि हर शक्ति-संरचना अपने लिए वैधता चाहती है और इसके लिए वह हमारी समझ, हमारे व्यवहार, हमारी आस्था और हमारे संवाद के तरीक़ों को अपने

39. मिशेल फ़ूको (1972), द *आर्कियोलॉजी ऑफ़ नॉलेज,* पैन्थन बुक्स, न्यूयॉर्क : 8.

40. पूर्वोक्त : 27-28.

41. पूर्वोक्त : 40-120.

हिसाब से ढालना चाहती है। सभ्यता के शुरुआती दौर में यह सब इतना आसान नहीं था और तब हर शक्ति-संरचना अपनी वैधता की रक्षा के लिए ज़्यादातर ताक़त के प्रकट रूप का इस्तेमाल अधिक करती थी, जिसमें शारीरिक बल का प्रयोग प्रमुख था। लेकिन, जन-पुंज समाजों के उदय के साथ-साथ शक्ति-संरचानाओं ने अपने तौर-तरीक़ों को बदला। ऐसा इसलिए कि वे अब तक समझ चुके थे कि शक्ति-प्रयोग और उससे वांछित फल की प्राप्ति की सफलता इस बात में है कि शक्ति का प्रयोग दिखाई भी न पड़े और उसके वांछित अभीष्ट को प्राप्त भी कर लिया जाये। इसका निहितार्थ यह था कि शरीर पर शासन के बजाय दिमाग को वश में रखने का प्रयास अधिक कारगर सिद्ध हो सकता है। आधुनिक सभ्यताओं में यह कार्य अनेक स्तरों पर अनेक संस्थाओं के द्वारा पूरा किया जाता है, जिसमें सरकारी एवं ग़ैरसरकारी दोनों शामिल हैं। इनमें संवैधानिक संस्थाएँ, सांस्कृतिक संस्थाएँ एवं संस्कृतिकर्मी, शैक्षणिक संस्थाएँ, मीडिया, सिनेमा, राजनितिक दल, मोटीवेशनल स्पीकर, खेल एवं उससे जुड़ी संस्थाएँ, पंडित, मौलाना, पादरी और जीवन के हर क्षेत्रों से जुड़े विशेषज्ञ आदि शामिल हैं। यदि इसका एक विस्तारित स्वरूप सामने रखने का प्रयास किया जाए, तो यह कहना समीचीन होगा कि फ़ूको और अन्य उत्तर-आधुनिक विचारक हमें इस बात के प्रति सचेत करते हैं कि राज सत्ताएँ अब यह तो चाहती हैं कि हमारे कंधे से जुड़ा सिर हमारा हो, लेकिन उस शिर में बुद्धि उनके हिसाब की हो।

ऐसा नहीं है कि सत्ताधरी समूह द्वारा जब ज्ञान को संरचनाबद्ध (स्ट्रक्चर्ड) करने और इसके द्वारा व्यक्ति के मानस और व्यवहार को भी संरचनाबद्ध करने का प्रयास किया जाता है, तब यह सब निर्बाध तरीक़े से चलता रहता है। इसे हर काल में चुनौती भी मिलती है, और आज भी मिल रही है। इस प्रक्रिया में स्थापित ज्ञान को चुनौती दे रहे समूहों को सत्ता द्वारा अपने पक्ष में करने का भी प्रयास किया जाता है, और उनका दमन भी किया जाता है। सत्ता को चुनौती दे रहे ज्ञान और उस ज्ञान से जुड़े समूह भी किसी न किसी प्रकार की शक्ति-संरचना के भागीदार होते हैं और वे भी अपने लिए वैधता चाहते हैं। इस तरह यह सब मिल कर जिस विपुल ज्ञान राशि और सत्ता-शृंखला का निर्माण कर रहे होते हैं, वहाँ सत्ता एवं ज्ञान के अनेक स्तर निर्मित हो जाते हैं। इस तथ्य को ध्यान में रखते हुए ही फ़ूको एवं अन्य उत्तर-आधुनिक विचारकों ने यह माना कि ज्ञान में सार्वभौमिकता नहीं है। उत्तर-आधुनिक विचारक ज्ञान में तात्त्विकता का भी निषेध करते हैं। वस्तुतः, तात्त्विकता

के लिए ऐसी मौलिकता की ज़रूरत होती है जिससे हर परिस्थिति में समान गुण-धर्म का अवबोधन हो। लेकिन, उत्तर-आधुनिक विचारकों का मानना है कि सामाजिक कर्ता के रूप में व्यक्ति न तो 'स्व' से प्रेरित होता है और न ही 'सम्पूर्ण' से, बल्कि, वह अनेक प्रकार की सामाजिक परिस्थतियों से प्रभावित रहता है।[42] ऐसे में वह किसी ऐसे मौलिक ज्ञान का निर्माण कर ही नहीं सकता है जो हर परिस्थति में समान गुण-धर्म से युक्त रह सके।

अब यदि ज्ञान के स्वरूप और उसके प्रभाव को लेकर उत्तर-आधुनिकतावादियों पर एक टिप्पणी की जाये तो यह कहना समीचीन होगा कि यह एक ऐसी ज्ञानमीमांसा का प्रस्ताव है जो एक अत्यन्त व्यापक स्वतन्त्रता की आधारशिला रखती है। ऐसा इसलिए कि यह स्थापित सत्ता की वर्चस्ववादी परतों को भी खोलती है और सत्ता की प्रतिरोधी शक्तियों की भी कलई खोल देती है। लेकिन, इसका एक दुष्प्रभाव यह भी है कि यह सबसे प्रभावी सत्ता के विरुद्ध एकजुटता के प्रयासों को भी तार-तार कर देती है, क्योंकि, यह उनकी भी ज्ञान-शक्ति-समीकरण की मीमांसा कर डालती है। इसके परिणाम को यदि ग्राम्शी और जैसपर्स की शब्दावली में व्यक्त किया जाय तब यह उक्ति सार्थक प्रतीत होती है कि आधुनिकता एक ऐसी अवस्था है जहाँ व्यक्ति मोह-भंग हुए बिना ही मोहभंग हुई-सी स्थिति में जीता रहता है।

गांधी आधुनिकता से व्यक्ति का मोह-भंग आवश्यक मानते हैं और इस नाते उन्हें समयावधि के कारण भले ही आधुनिककालीन विचारक कह लिया जाये, पर वे तात्त्विक रूप से आधुनिक विचारक नहीं हैं। वे तो आधुनिक जीवन शैली को मुक्ति का नहीं, बल्कि बंधन का प्रतीक मानते हैं। आधुनिकता की गांधी द्वारा की गई आलोचना को आधार मान कर कुछ विचारकों ने गांधी को उत्तर-आधुनिक विचारक कहा है।[43] यदि हम *हिन्द स्वराज* में गांधी द्वारा डाक्टरों एवं वकीलों पर की गई टिप्पणी को गहराई से समझने का प्रयास करें तो जो विचार-मीमांसा गांधी को फ़ूको सदृश उत्तर-आधुनिक विचारकों की ओर ले आती है, वह यह है कि गांधी भी

---

42. स्टुअर्ट हाल, डेविड हेल्ड वग़ैरह (सं.), *मॉडर्निटी ऐंड इट्स फ़्यूचर,* पॉलिटी प्रेस, कैम्ब्रिज : 277.

43. ऐसे विचारकों ने सत्य, ईश्वर एवं ज्ञान के संबंध में गांधी के विचारों और उनके तर्कों को अपने विश्लेषण का आधार बनाया है, देखें, निकोलस एफ़. गीयर (1996), 'गांधीज़ फ़िलोसॉफ़ी : प्रि-मॉडर्न, मॉडर्न ऐंड पोस्ट मॉडर्न', *गांधी मार्ग,* भाग-17, अंक-3 : 261-281.

अपनी मीमांसा में विशेषज्ञों की उस भूमिका को और उनकी राजनीति को समझने का आग्रह करते दिखते हैं, इस भूमिका के तहत ये विशेषज्ञ मस्तिष्क पर शासन करने की भूमिका में होते हैं। ऐसा करते हुए आज के विशेषज्ञ और उनके द्वारा सृजित विशेषज्ञता का ज्ञान सभ्यता की शक्ति-संरचना को प्रशस्त कर रहा होता है। भले ही ऐसा किया जाना स्वयं व्यक्ति के हित में न हो। लेकिन, इसका तात्पर्य यह नहीं है कि गांधी मौलिक ज्ञान के किसी स्वरूप को मान्यता नहीं देते हैं। वे स्पष्ट रूप से ज्ञान की सार्वभौमिकता और तात्त्विकता को मान्यता देते हुए दिखाई पड़ते हैं, जब वे कहते हैं कि मैं यह नहीं मानता कि एक व्यक्ति आध्यात्मिक रूप से उन्नति कर सकता है, भले ही उसके आसपास के लोग पीड़ित होते रहें। मैं अद्वैत में विश्वास करता हूँ, मैं मनुष्य की और वास्तव में सभी जीवों की अनिवार्य एकता में विश्वास करता हूँ। इसलिए, मेरा मानना है कि यदि एक व्यक्ति आध्यात्मिक रूप से उन्नति करता है, तो पूरी दुनिया उसके साथ उन्नति करती है, और यदि एक व्यक्ति गिरता है, तो पूरी दुनिया उस हद तक गिरती है।[44]

वस्तुतः, गांधी को समझने और उन्हें उत्तर-आधुनिक कह देने में विद्वानों एवं विचारकों से एक त्रुटि हो जाती है। वे सत्य के सन्दर्भ में गांधी के एक कथन[45] को जब व्याख्यायित कर रहे होते हैं, तब वे उनके इस कथन को याद नहीं रखते कि गांधी स्वयं को वेदांती भी कहते हैं और अन्तरात्मा की भी बात करते हैं। वेदांत सत्य को चेतना के दो धरातलों पर पहचानने की बात करता है, जिसे वह व्यावहारिक सत्ता और पारमार्थिक सत्ता के भेद से स्वीकार करता है। व्यक्ति का जाति, लिंग, क्षेत्र, सम्प्रदाय, राष्ट्रीयता आदि होना व्यावहारिक सत्ता के विषय हैं, जहाँ वह अनेक तरह के शक्ति-समीकरणों का भागीदार है और इसमें वह कहीं पीड़ित है तो कहीं वह शोषक भी है। अब यदि इसे ही मनुष्य का सर्वस्व मान लिया जाये तो इस दुनिया में कोई भी ज्ञान और सत्य निरपेक्ष और शाश्वत नहीं हो सकता है। आधुनिकता ने मनुष्य का सीमांकन तक़रीबन इसी दुनिया में कर दिया है और इसे ही मनुष्य का सार एवं तत्त्व बना देने में भी अभूतपूर्व सफलता हासिल कर ली

---

44. मोहनदास करमचंद गांधी (1924), *यंग इण्डिया*, 4 दिसंबर.

45. वह कथन इस प्रकार है कि जब तक मैं उस निरपेक्ष सत्य का साक्षात्कार नहीं कर लेता हूँ, तब तक मेरी अंतरात्मा जिसे सत्य समझती है, उस सापेक्ष सत्य को अपना आधार मान कर और उसे अपना दीप स्तम्भ समझ कर, उसके सहारे मैं अपना जीवन व्यतीत करता हूँ. मोहनदास करमचंद गांधी (1957), *सत्य के साथ प्रयोग : आत्मकथा*, नवजीवन प्रकाशन, अहमदाबाद : 8.

है। उत्तर-आधुनिकतावादी एवं विशेषकर फ़ूको इस समीकरण की तहों को खोलने में एक हद तक सफल हुए हैं। लेकिन, जब हम अन्याय, शोषण और दिग्भ्रमित दिशा के बारे में जान लेते हैं तब हमारे पास एक ही यह विकल्प नहीं होता कि हम उसके ख़िलाफ एक दुनिया का निर्माण करें और उसमें भी उन्हीं ख़ामियों को कुछ इस तरह से आ जाने दें, ताकि हमारा वर्चस्व स्थापित हो जाये। उसके दोषों का आधुनिकता के दोषों के साथ ही परिहार खोजने का यह एक अंधा मार्ग ज़रूर हो सकता है और उत्तर-आधुनिकतावाद इस दोष के आक्षेप से परे नहीं है। हमारे पास एक ऐसा भी विकल्प हो सकता है कि हम फिर से अपनी पहचान करें और मानवता को सुदृढ़ करने वाली व्यवस्था का निर्माण करें। इस कार्य के लिए ज्ञान में तात्त्विकता और ज्ञान में सार्वभौमिकता दोनों को मान्यता देना आवश्यक हो जाता है। वेदांत में परमार्थिक सत्य की स्थापना इसी अपेक्षा की पूर्ति का सैद्धान्तिक आधार 'श्वेतकेतुतत्त्वमसि' कहते हुए की गयी है।

गांधी आधुनिकता के ज्ञान, उसकी जीवन शैली, उसकी आर्थिक एवं राजनीतिक प्रणाली आदि की आलोचना के क्रम में एक वैकल्पिक सभ्यता का सूत्रपात भी करते हैं और इसका आधार उनके वेदान्ती होने और उनके तत्सम्बधी मंतव्यों में है। फ़ूको सदृश विचारक यह तो समझ पाते हैं कि आधुनिकता एक पूरा पैकेज है और दोषों से ग्रस्त भी है। लेकिन अन्य श्रेणियों के विचारकों की तरह उत्तर-आधुनिकतावादियों ने भी इसके एक विशेष पक्ष की समालोचना में अपना ध्यान केन्द्रित किया है और वह है ज्ञानमीमांसा और उसकी पॉवर डायनेमिक्स को समझना। गांधी की विशिष्टता यह है कि वे आधुनिकता के पूरे पैकेज को ख़ारिज करने के लिए वैकल्पिक सभ्यता का एक पूरा पैकेज प्रस्तुत करते हैं। ध्यातव्य है कि गांधी के बाद से अब तक किसी अन्य विचारक ने इस कार्य को अंजाम नहीं दिया है। लेकिन विडम्बना यह है कि आधुनिक सभ्यता के दोषों के आधे-अधूरे पक्ष की समालोचना करने वाले भी गांधी से संगति बैठने के बजाय गांधी को ख़ारिज करने का प्रयास अधिक करते हैं। इनमें मार्क्सवादी, नारीवादी, उत्तर-आधुनिकतावादी और तथाकथित राष्ट्रवादी आदि हर तबक़े के विचारक सम्मिलित हैं। ऐसा इसलिए है कि इनमें से अधिकांश को यह प्रत्याशा है कि वे आधुनिक तरीक़ों से जन्य पीड़ा को आधुनिकता से ही दूर कर लेंगें। ऐसी प्रवृत्तियाँ आधुनिकता की अन्तत: पोषक ही बन जाती हैं। इन प्रवृत्तियों में आधुनिकता से मोहभंग नहीं है। हमें स्मरण रखना होगा कि मैक्स बेबर ने आधुनिकता को मोहभंग-प्रोजेक्ट कहा था। अत: यदि आधुनिकता

के मुक्तिकामी दावों के खोखलेपन को देख कर यदि किसी वैकल्पिक मुक्तिकामी साभ्यतिक दावे को प्रस्तुत करना है, तब सबसे पहले आधुनिकता से आंशिक नहीं, अपितु सम्पूर्ण मोहभंग आवश्यक है।

यहाँ अनेक तथ्यान्वेषी यह प्रश्न कर सकते हैं और जो प्राय: किया भी जाता है कि क्या यह व्यावहारिक है? उन्हें इस तथ्य पर भी ध्यान देना चाहिए कि जिसे हम व्यावहारिक कहते हैं उनमें से अनेक ऐसे हैं जो नितान्त अव्याहारिक थे, लेकिन विशिष्ट ज्ञान, सैकड़ों वर्षों की हिंसा और ऐसे ही अनेक उपायों द्वारा उन्हें व्यावहारिक बनाया गया है और उन्हें आज भी निर्दोष नहीं कहा जा सकता।[46] हम अनागत गांधी अर्थात् गांधी से हमारी जो भविष्यगत अपेक्षा हो सकती है, उसे एक तथ्य के माध्यम से प्रस्तुत करें तो यह आँखे खोलने वाला हो सकता। कुछ अनुमानों के अनुसार पृथ्वी पर सकल सम्पदा पचास क्वाड्रिलियन से अधिक नहीं है। वर्तमान समय में दुनिया का सकल जीडीपी डेढ़ सौ ख़रब से अधिक नहीं है। यदि प्रति व्यक्ति आय में अमेरिका को प्रतिमान मान लें और भारत को अतीत का गौरव दिलाने के मार्ग पर चलें तो आर्थिक रूप से अमेरिका के बराबर आने में हमें उसकी अर्थव्यवस्था की अपेक्षा छह गुनी अधिक बड़ी अर्थव्यवस्था होना होगा, क्योंकि हमारी आबादी उससे छह गुनी अधिक है। वर्तमान में यदि उसकी अर्थव्यवस्था को हम पच्चीस खरब भी मान लें तो इसका आशय यह हुआ कि हमें तब अकेले ही आज की पूरी दुनिया की अर्थव्यवस्था के बराबर यानि डेढ़ सौ खरब का होना होगा। ज़ाहिर है कि इस खेल में हम अकेले नहीं हैं और सबकी साझेदारी से हम यदि किसी समय दुनिया के सकल घरेलू उत्पाद (जीडीपी) को एक हजार खरब मान लें तो दुनिया के संसाधन पचास साल में ही चुक जायेंगे। इस तथ्यात्मकता के बाद भी हम विकास के आधुनिक प्रारूप को ही सबसे अधिक व्यवहारसौकर्य साबित करने में लगे हुए हैं और उसे ही औचित्यपूर्ण प्रमाणित करने के लिए हर तरह के असत्य का प्रयोग भी कर रहे हैं। परन्तु, मनुष्य यदि तात्त्विक रूप से आत्मचेतन प्राणी है, तो उसकी आत्मचेतना कभी-न-कभी आधुनिकता के चक्रीय दुष्चक्र के प्रति आवश्य ही आत्मचेतन होगी और इस तरह आधुनिकता के प्रति एक नवीन मोहभंग से उत्पन्न हुए युग का शुभारम्भ होगा।

---

46. ऐसे कुछ हालिया अध्ययनों में रुत्ख़ेर बर्गमान की *ह्यूमन काइंड : अ होपफ़ुल हिस्ट्री* और यानिस वरौफ़किस की *अ ब्रीफ़ हिस्ट्री ऑफ़ कैपिटलिज़्म* महत्त्वपूर्ण हैं।

V
अनागत गांधी

श्रीमद्भगवद्गीता के शांकर भाष्य में महाभारत युद्ध को मनुष्य के भीतर निहित दैवी एवं आसुरी प्रवृत्तियों के मध्य संघर्ष के रूप में देखा गया है। यह संघर्ष हर मनुष्य के जीवन में प्रत्येक दिन घटित होने वाला संघर्ष है। इस आन्तर-संघर्ष में मनुष्य कैसे आसुरी प्रवृत्तियों पर विजय प्राप्त कर सकता है, गीता इसी का प्रतिपादन करती है। इसके प्रतिपादन में धर्म एवं अध्यात्म को लोक व्यवहार एवं जीवन जीने के मार्ग के रूप में प्रतिष्ठित किया गया है और इसे ही सामाजिक, राजनीतिक, आर्थिक क्लेशों से आत्यन्तिक मुक्ति का मार्ग बताया गया है। गांधी उसी मार्ग के अनुसरण की बात दुहराते हैं। इस अभ्युक्ति का विस्तार करते हुए यह कहना समीचीन होगा कि गांधी किसी-न-किसी रूप में हम सब में विद्यमान हैं और उनकी इस विद्यमानता को हम अपनी सच्ची धार्मिकता एवं आध्यात्मिक चेतना में देख सकते हैं। किसी में वे खान-पान संयम के रूप में हैं, तो किसी में विचार के रूप में हैं, वे किसी में दया, क्षमा, प्रेम आदि व्यवहार के रूप में हैं, तो किसी-किसी में सत्यानुशीलन के रूप में हैं। किसी-किसी में वे दृढ़ता के रूप में हैं तो किसी-किसी में वे असत्य, हिंसा एवं दमन तथा भ्रष्टाचार के प्रतिरोध हेतु अहिंसक संघर्ष के भाव में हैं। लेकिन, गांधी की इसकी उपस्थिति के विपरीत यह भी सत्य है कि हम सब में गांधी-हत्या की समर्थन वाली वैचारिकी के भी कुछ-न-कुछ अंश होते हैं, जो वस्तुतः हमारे भीतर की आसुरी प्रवृत्ति ही है। किसी-किसी में इन्द्रिय संयम को न मानने के रूप में, तो किसी में क्रोध के रूप में। वह किसी में कट्टरता के रूप में है, तो किसी-किसी में द्वेष के रूप में है। किसी-किसी में वह गुप्त षड्यन्त्र के रूप में प्रकट होती है, तो किसी-किसी में वह सोचे-समझे बिना अनौचित्यपूर्ण व्यवहार करने के रूप में सामने आती है। हमारे भीतर का गांधी हर दिन हमारे द्वारा ही कई बार मारा जाता है, परन्तु, हर दिन हमारे भीतर ही गांधी विजयी भी होता है और हमारे सामूहिक अस्तित्व की स्वीकृति के रूप में स्वयं मानवीय अस्तित्व को प्रमाणित भी करता है। यदि हर दिन हमारे भीतर गांधी का जागरण न हो तो वास्तव में मानवता को नृशंस पाशविकता की ओर वापस लौटने में अधिक देर नहीं लगेगी।

वास्तव में यह एक अनवरत चलने वाली पटकथा है। परन्तु, इसमें अन्तर्निहित तीन मूलगामी महत्त्व के तथ्यों को अवश्य ही संज्ञान में लेना चाहिए। प्रथम, यह

कि अब सामूहिक अस्तित्वहीनता के लिए हम सामूहिकता को समजातीयता के युग में वापस नहीं ले जा सकते हैं। द्वितीय, यह कि विकासजनित विनाश जिस सामूहिक अस्तित्वहीनता का संकेत दे रहा है, उसमें मनुष्य को अपनी रक्षा के लिए अपनी सीमाओं का पालन करना ही होगा। तृतीय, यह कि मनुष्य को यदि अपने ही उत्पादों का उत्पाद हो जाने से बचना है तब उसे पुनः अपने अस्तित्व की आत्मचेतन विशिष्टता को पहचानना होगा और नये सिरे से परिभाषित करते हुए एक साभ्यतिक बदलाव का सूत्रपात करना पड़ेगा। इन तीनों ही तथ्यों के मूल में जो चिन्ता है और उससे मुक्त होने का जो मार्ग आज भी प्रत्येक मनुष्य, जाति, देश एवं सभ्यता के पास उपलब्ध हैं, उनमें हर एक का अपना-अपना किसी-न-किसी तरह का गांधी है। भले ही वह सम्पूर्णता में नहीं है, पर वह गांधी कभी आज एक-आयामी होते जा रहे मनुष्य की चिन्ता को समझने के क्रम में हर्बर्ट मारक्यूज़ के प्रयासों में है, तो कभी मनुष्य में सहयोगात्मक क्षमता की जगह बढ़ रही शोषणकारी क्षमता की चिन्ता से जूझते मैक्फ़र्सन में दिखाई पड़ता है। अश्वेतों के नागरिक अधिकारों की माँग और उसके लिए मार्टिन लूथर किंग के प्रयत्नों और रंगभेद के विरुद्ध मंडेला के संघर्षों में गांधी प्रकट होता है। वह कभी गाल्तुंग के शान्ति उपक्रमों में, कभी अर्ने नैश की पर्यावरणीय चिन्ताओं के रूप में; कभी शिक्षा, चिकित्सा आदि सहकारी सामुदायिक प्रयत्नों में, कभी शस्त्रीकरण-विरोध के विचारों में, कभी सामाजिक-स्वच्छता के उपक्रमों में, कभी शाकाहार को बढ़ावा देने के रूप में, कभी आत्मनिर्भरता के सोच में और कभी आत्मचिन्तन एवं अन्तरात्मा की आवाज के रूप में गांधी मानवता के परिशोधन के लिए प्रकट होता रहता है।

गांधी की उत्तरजीविता के सम्बन्ध में उपर्युक्त दृष्टि को आस्था की एक कड़ी के रूप में आलोचना का विषय भी बनाया जा सकता है। ऐसा किया जाना आधुनिकता को समर्थन देने वाली अनुभववादी, व्यवहारवादी, प्रत्यक्षवादी और यथार्थवादी दृष्टि से सर्वथा उचित भी है। वस्तुतः, इन्हीं विचार पद्धतियों का प्रयोग करके ही विवेकीकरण के नाम पर दुनिया की हर शास्त्रीय परम्परा के उस आदर्श, विश्वास और जीवन दृष्टि को निर्मूल किया जाता है जिसने मानव-जाति को कालक्रम की दृष्टि से आधुनिकता की अपेक्षा लम्बा संरक्षण और संपोषण प्रदान किया है। लेकिन, इसका यह भी तात्पर्य नहीं है कि विवेकीकरण की सभी धारायें और पहलें निर्दोष ही हैं और हमें उनका आँख बंद करके अनुसरण करना चाहिए। उदाहरण के तौर पर मैक्स वेबर ने इस्लाम और हिन्दू परम्परा को आधुनिकता के लिए प्रतिकूल

माना है।[47] ग़ैरइसाई धर्मों को आधुनिकता के प्रतिकूल बता कर पश्चिम ने दो तरफ़ा हमला किया। एक तो उसने ग़ैरयूरोपीय मुल्कों के अंग्रेज़ी पढ़े-लिखे लेकिन उपनिवेशीकरण के विरुद्ध सोचने वाले लोगों में अपने धर्म और दर्शन को वैज्ञानिक साबित करने के ऐसे एजेंडे से जोड़ दिया जिसमें जीत अन्तत: पश्चिम की ही होनी थी। दूसरा, इसने अपने प्रशासकों एवं मज़हबी प्रचारकों को सामाजिक, सांस्कृतिक और धार्मिक परिवर्तन हेतु तर्क भी दिया। यह एक ऐसा उपक्रम था, जिसके दुष्प्रभाव से बचना तो दूर, इसके कुचक्र में फँसे लोग भी अपने को समाज सुधारक और राष्ट्र-उद्धारक मानने लगे। लेकिन, इस खतरे के विरुद्ध तब भी गांधी ने हमें आगाह किया था और आज भी कर रहे हैं।

वस्तुतः, गांधी विज्ञान एवं धर्म-अध्यात्म के विवेकीकरण की प्रक्रिया में सदैव अनुभववादी और प्रत्यक्षवादी ज्ञानमीमांसा को उपयुक्त नहीं मानते हैं। इसके लिए वे मनुष्य की आत्मचेतनता और उसमें निहित मानवतावादी सरोकारों को सर्वोपरि महत्त्व देते हैं। ऐसा करते हुए वे धन, इतिहास, विज्ञान एवं तकनीक से प्रभावित विवेक के विकल्पों को दोषपूर्ण मानते हैं। लेकिन, अधिकांश ईसाई या मुस्लिम विचारक, जो आधुनिकता एवं तकनीकी विवेक के अनुकूल अपनी मज़हब एवं प्राचीन संस्कृति की व्याख्या करते रहे हैं, वे ओरिएंटलिस्ट विचारकों द्वारा गढ़ी गयी छवि के उलट यह साबित करने में लगे रहे कि वे भी अपने मज़हब और संस्कृति को आधार बनाकर युरोप की प्रगति को हासिल कर सकते हैं। लेकिन, जब हम आज के हालात पर दृष्टिपात करते हैं तब पाते हैं कि इन सबने जितनी युरोप की प्रगति को तरजीह दी उतने ही यह अपनी जड़ों से कटते भी चले गये। गांधी आधुनिकता, विज्ञान एवं तकनीक के विस्थापक प्रभावों से कदाचित् अपने समकालीनों में और आज भी सबसे गहरे दृष्टि से विचार कर रहे थे और आधुनिकता के मोह-भंग प्रोजेक्ट को समझ रहे थे।

आधुनिकता के डिसइन्चेनटमेंट प्रोजेक्ट ने न सिर्फ़ युरोप को पेगन-निष्ठा और जीवन-दृष्टि से महरूम कर दिया, बल्कि, इसने सभी सभ्यताओं के साथ यही

---

47. अरमांडो सल्वातोर (1996), 'बियांड ओरिएंटलिज़म : मैक्स वेबर ऐंड द डिस्प्लेस्मेंट्स ऑफ़ इसेंशियलिज़म इन द स्टडी ऑफ़ इस्लाम', *अराबिका,* अंक-43, सितम्बर : 457-485; एवं अरविन्द शर्मा (2000), 'ऑन द हिन्दू, हिन्दुस्तान ऐंड हिन्दुत्व', *न्यूमेन,* भाग : 1-36; तथा मैक्स वेबर (1958), *द रिलीजन ऑफ़ इंडिया,* अनु. डेल एवं ग्रीथद हांस एच. ग्रेथ और डोन मार्टिनडेल, फ्री प्रेस : 4.

किया। भारतीयों का अपने धर्म, कर्म और मर्म से डिसइन्चेनटमेंट न हो, इसके लिए गांधी हमारे कर्मों के बोझ को हमारे कंधों पर रख देना चाहते हैं। वे बताते हैं कि मुक्ति दूत की हमें प्रतीक्षा नहीं करनी है, बल्कि, हमें स्वयं ही मुक्ति दूत बनना है। वे कहते हैं कि मुक्ति के लिए सबसे पहली शर्त अपने ही जैविक बन्धनों को तोड़ना है। इसमें कोई भी राज्य, सरकार या संविधान हमारा सहयोग नहीं कर सकती है और यदि वह ऐसा करना भी चाहे या करने का दम भरे, तब वह हमारे लिए एक नये तथा अधिक विनाशकारी बन्धन का आवरण तैयार किए बिना ऐसा कर ही नहीं सकती है। गांधी का विचार उन प्रत्येक मुक्तिकामी विचारधाराओं के विरुद्ध एक शंखनाद है जो मुक्तिकाम्यता के नाम पर हमें सदैव उन उपक्रमों के बढ़ते संगठनात्मक ढाँचे में संचित होती जा रही हिंसक क्षमता के समक्ष असहाय छोड़ देता है। इसकी शुरुआत जाति-रक्षा, राष्ट्र-रक्षा, धर्म-रक्षा आदि के नाम पर होती है। परन्तु, यह धीरे-धीरे इन कर्मों को व्यवसाय और राजसत्ता प्राप्त कर लेने का माध्यम बना लिया जाता और इससे अंततः जनता के लिए बंधनकारी उपक्रमों की शृंखला में एक और कड़ी जुड़ जाती है। आधुनिक समय में राजनीति राज्य समेत इन सभी बन्धनकारी शृंखलाओं को समायोजित और नियन्त्रित करने वाली एक ऐसी संस्था बन गयी है जो अपनी वैधता के लिए ही इन पर आश्रित भी है। यह सब अकेले गांधी की ही चिन्ता का विषय नहीं है। इस चिन्ता से रवींद्रनाथ ठाकुर, महर्षि अरविन्द आदि भी व्यथित हैं; परन्तु आत्म प्रज्ञा समर्थित उन्मोचनकारी विवेक से नवोन्मेषी पथ पर अकेले चल कर दिखाने के जिस आत्मबल का परिचय गांधी में मिलता है, वह अन्यत्र दुर्लभ है।

गांधी की प्रज्ञा में जिस कर्मशीलता का संयोग है उसकी एक ज्ञानमीमांसा भी है। आज मानव-जाति को उसके गहरे निहितार्थ को समझने की ज़रूरत है। वह *हिन्द स्वराज* के इस कथन में है कि हमें बाघ तो चाहिए पर बाघ-प्रवृत्ति नहीं चाहिए, यह मानव-जाति के अनेक संकटों का मूल कारण है। वस्तुतः, बिना बाघ-प्रवृत्ति के बाघ दे कौन रहा है? यह दे रही है आधुनिकता और एक विशिष्ट प्रकार का ज्ञान जो पाया तो हर युग में जाता है, लेकिन, आधुनिकता में वह बढ़-चढ़ कर आया है। भ्रांत ज्ञान को निर्भ्रांत ज्ञान से निर्मूल किया तो जा सकता है, परन्तु, जब भ्रान्त ज्ञान से पूरी सभ्यता की प्रस्तावना लिखी जा चुकी हो तब भ्रान्त ज्ञान से मुक्ति के लिए भाषा और उसमें प्रयुक्त चर एवं पदावली, आचरण और आस्था के मापदण्ड, धर्मों में पैठ जमाती जा रही अधार्मिकता, शरीर और मन की भूख

का साम्य आदि सब को पुनः परखने की ज़रूरत होती है। यह ज्ञान से ज्ञान के विस्थापन का मामला नहीं होता है, बल्कि, यह औचित्य के निर्णय और एक नवीन सभ्यता-प्रस्थान के प्रस्ताव का विषय होता है। आज हर ऐसे प्रयास में गांधी अभिव्यक्त होता है, लेकिन, पूँजी-तकनीक-वर्चस्ववादी संरचना के गठजोड़ की नीव पर खड़ी सभ्यता का ज्ञान इस प्रत्याशा में गांधी की आवाज को अनसुना कर देता है कि और अधिक जोखिम लेने पर शायद आगे यही मार्ग कंटकविहीन मिल जाये। फलत: हम अब ऐसे साभ्यतिक खतरों के युग में रह रहे हैं जिसका समापन नृशंस बर्बरता में नहीं होगा, ऐसा हम विश्वास भी नहीं कर पाते हैं।

आज का मनुष्य जिस तरह के संत्रासों से जूझते हुए जी रहा है, वहाँ आधुनिकता के प्रोजेक्ट से भी उसका डिसइन्चेनटमेंट (मोह-भंग) होना स्वाभाविक है। इसके लिए जिस आत्मप्रज्ञा समर्थित उन्मोचनकारी विवेक से नवोन्मेषी पथ पर चलने का मार्ग गांधी ने सुझाया है, वह आज के हर मनुष्य को आधुनिकताजनित पीड़ा के क्षण में आन्दोलित करता है। लेकिन, उसका स्वयं का साहस और धैर्य जो उसकी मुक्ति के माध्यम बन सकते हैं, उस पर दृढ़ रहते हुए चलने में उसी तरह झिझकता है जैसे अर्जुन *महाभारत* युद्ध के पूर्व योगदृष्टि को ग्रहण करने से झिझक रहे थे। आवश्यकता तो बस इस तरह के आत्मप्रज्ञा सम्पन्न विवेक के जागरण की है, जिसे बहुधा योगदृष्टि भी कहा गया है। भले ही ऐसे विवेक का जागरण मानव-जाति में आधुनिकता, विकास तथा तकनीक से और अधिक ठगे जाने के बाद, अथवा इस त्रयी में गुणात्मक भविष्यगत परिवर्तन की वजह से घटित हो, लेकिन यह परिघटना मनुष्य के सामूहिक अस्तित्व के पृथ्वी पर अभिव्यक्ति की साक्षी अवश्य बनेगी, और आधुनिकता के डिसइन्चेनटमेंट प्रोजेक्ट से मोह-भंग होगा। इस मोह-भंग का प्रतिगामी न हो कर पुरोगामी– आधुनिक सभ्यता का अतिक्रामी– होना ही 'अनागत गांधी' है।

ग्रन्थमाला

अमर्त्य सेन (2009), *द आइडिया ऑफ़ जस्टिस*, एलेन लेन, लन्दन.

अम्बिकादत्त शर्मा (2015), *भारतीयता के सामासिक अर्थ-सन्दर्भ*, भारतीय ज्ञानपीठ, नयी दिल्ली.

अम्बिकादत्त शर्मा एवं विश्वनाथ मिश्र (2015), 'अद्वैत पद्धति शास्त्र : मानवतावादी ज्ञान-विनिर्माण का पद्धतिमूलक विमर्श', *उन्मीलन*, वर्ष-32, अंक-1, दर्शन प्रतिष्ठान, जयपुर.

अम्बिकादत्त शर्मा और विश्वनाथ मिश्र (2017), 'मिथकीय आख्यान और इतिहास-बोध', *प्रतिमान*, वर्ष-5, अंक-10, सी.एस.डी.एस., नयी दिल्ली.

आर्थर बैंटले (1949), *द प्रॉसेस ऑफ़ गवर्नमेन्ट*, सैन ओन्टेनियो, प्रिंसिपिया प्रेस.

आशिस नन्दी (1983), *दी इन्टीमेट एनिमी : लॉस ऐंड डिस्कवरी ऑफ़ सेल्फ़ अण्डर कोलोनियलिज़म*, ऑक्सफ़र्ड युनिवर्सिटी प्रेस, नयी दिल्ली.

आर.के. प्रभु एवं यू.आर. राव (1945), *द माइण्ड ऑफ़ महात्मा गांधी*, ऑक्सफ़र्ड युनिवर्सिटी प्रेस, लन्दन.

आर्ने नैश (1958), 'अ सिस्टेमेटाइजेशन ऑफ़ गांधीयन एथिक्स ऑफ़ कॉनफ्लिक्ट रिज़ोल्यूशन', *द जर्नल ऑफ़ कॉनफ्लिक्ट रिज़ोल्यूशन*, भाग 2, अंक-2.

ई.जे. हाब्सबॉम (1994), *द एज ऑफ़ एक्स्ट्रीम्स*, एबेकस, लन्दन.

इयान रीडर (2011), *पिलग्रिमेज इन मार्केट प्लेस*, रूटलेज.

इरफ़ान हबीब (1995), 'गांधी ऐंड द नैशनलिस्ट मूवमेंट', *सोशल साइन्टिस्ट*, भाग-23, अंक-4.

इरफ़ान हबीब एवं अन्य (2004), *गांधी एक पुनर्विचार*, नयी दिल्ली, सफदर हाशमी मेमोरियल ट्रस्ट, नयी दिल्ली.

ई.एफ़. शुमाकर (1973), *स्माल इज़ ब्यूटीफुल : अ स्टडी ऑफ़ इकॉनॉमिक्स ऐज़ इफ़ पीपुल मैटर्ड*, ऑक्सफ़र्ड युनिवर्सिटी प्रेस, हार्पर ऐंड रो, न्यूयॉर्क.

ईरावती कर्वे के अधीन कैलाश चन्द्र मेहता का शोध (1928), 'चितपावन ऐंड एथनिक स्टडी', बाम्बे विश्वविद्यालय.

एडवर्ड सईद (1985), *ओरिएन्टलिज़म,* पेंग्विन बुक्स, लन्दन.

ऐंड्रयु डाब्सन एवं ड्रिक बेल (2005), *इन्वायरनमेंटल सिटिज़नशिप गेटिंग फ्राम हियर ऐंड देयर,* एम.आई.टी. प्रेस, कैम्ब्रिज.

ऐंड्रयु फिनबर्ग (2002), *ट्रांसफ़ॉर्मिंग टेक्नोलॉजी,* ऑक्सफ़र्ड युनिवर्सिटी प्रेस, नयी दिल्ली.

एन्थनी जे. परेल (1997), *हिन्द स्वराज ऐंड अदर राइटिंग्ज़,* कैम्ब्रिज युनिवर्सिटी प्रेस, कैम्ब्रिज.

कार्ल मार्क्स (1987), *कैपिटल,* भाग-1, प्रोग्रेस पब्लिशर्स, मास्को.

कार्ल मार्क्स एवं फ्रेड्रिक एंगेल्स (1948), *मैनिफ़ेस्टो ऑफ़ द कम्युनिस्ट पार्टी,* फॉरेन लैंग्वेजेज़ पब्लिशिंग हाउस, मास्को.

कार्ल मार्क्स एवं फ्रेड्रिक एंगेल्स (1954), *ऑन कालोनियलिज़म,* फॉरेन लैंग्वेजेज़ पब्लिशिंग हाउस, मास्को.

कार्ल मार्क्स एवं फ्रेड्रिक एंगेल्स (1970), *जर्मन आइडियोलॉजी,* लॉरेन्स ऐंड विशार्ट, लन्दन.

कुमार प्रशान्त (2019), 'छठी सफलता से पहले', *गांधी मार्ग,* अंक- अकथनीय सत्य का ताप.

कृष्ण कृपलानी (1997), *गांधी : एक जीवनी,* हिन्दी अनुवाद, नरेश 'नदीम,' नैशनल बुक ट्रस्ट, नयी दिल्ली.

गोपाल गुरु (2011), 'द आइडिया ऑफ़ इंडिया : डेरिवेटिव, देशी ऐंड बियान्ड', *इकॉनॉमिक ऐंड पॉलिटिकल वीकली,* भाग-46, अंक-37.

बंकिमचन्द्र चट्टोपाध्याय (2010), *आनन्द मठ,* अनुवादक-अरविंद घोष, अशीर प्रकाशन, नयी दिल्ली.

जवाहरलाल नेहरू (2013), *राष्ट्रपिता,* सस्ता साहित्य मण्डल, नयी दिल्ली.

ज्योतिराव फुले (2008), *स्लैवरी,* क्रिटिकल क्वेस्ट, नयी दिल्ली.

जान राल्स (1971), *अ थियरी ऑफ़ जस्टिस,* ऑक्सफ़र्ड युनिवर्सिटी प्रेस, लन्दन.

युरगन हैबरमास (1984), *द थियरी ऑफ़ कम्युनिकेटिव एक्शन,* बोस्टन : बीकन प्रेस, 1984

युरगन हैबरमास (1991), द *स्ट्रक्चरल ट्रांसफॉरमेशन ऑफ़ द पब्लिक स्फ़ियर,* एमआईटी प्रेस, कैम्ब्रिज.

जूलिया क्रिस्तेवा (1982), *पावर्स ऑफ़ हॉरर,* अनुवादक., लियॉन रूडीज, कोलम्बिया युनिवर्सिटी प्रेस, न्यूयॉर्क.

जे.ई. स्टिग्लिट्ज़ (2002), *ग्लोबलाइज़ेशन ऐंड इट्स डिस्कन्टेन्ट्स,* डब्ल्यू.डब्ल्यू. नार्टन ऐंड कम्पनी, न्यूयॉर्क.

जोसेफ एल. स्टास (2004), 'हैबरमॉस ऐंड डेमोक्रेटिक थियरी : द थ्रेट टू डेमोक्रेसी ऑफ़ अनचेन्ज्ड कॉरपोरेट पॉवर', *पॉलिटिकल रिसर्च क्वार्टरली,* भाग-57, अंक 4, 2004

जोसेफ लेलीवेल्ड (2011), *ग्रेटसोल : महात्मा गांधी ऐंड स्ट्रगल विद इण्डिया,* हार्पर कालिन्स, नयी दिल्ली.

डी.जी. तेन्दुलकर (1963), *महात्मा,* पब्लिकेशन डिविज़न, नयी दिल्ली.

डेविड ईस्टन (1953), *द पॉलिटिकल सिस्टम,* अल्फेड अ नॉफ, न्यूयॉर्क.

निकोलस एफ़. गीयर (1996), 'गांधीज़ फिलॉसफी : प्री माडर्न, माडर्न ऑर पोस्ट-माडर्न?', *गांधी मार्ग,* भाग-17, अंक-3.

पाल क्रुगमैन (2009), *महामंदी की वापसी,* वाणी प्रकाशन, नयी दिल्ली.

पीटर आर. मिशेल और जॉन स्कॉफेल (सं.) (2003), *अण्डरस्टैंडिंग पॉवर,* विन्टेज बुक्स, लन्दन.

पिंकर स्टीवेन (2011), *द बेटर एंग्ल्स ऑफ़ अवर नेचर: व्हाई वॉयलेन्स हैज़ डिक्लाइन्ड,* वाइकिंग, न्यूयॉर्क.

बाल गंगाधर तिलक (1933), *श्री भगवद्गीता रहस्य अथवा कर्मयोग शास्त्र,* वैभव प्रेस, बम्बई.

भगतसिंह (2016), *द जेल नोट बुक ऐंड अदर राइटिंग्ज़,* सं. चमन लाल, लेफ़्ट वर्ल्ड, नयी दिल्ली.

भीमराव अम्बेडकर (2009), *बुद्ध और कार्ल मार्क्स,* सिद्धार्थ बुक, नयी दिल्ली.

भीमराव अम्बेडकर (2014), *राइटिंग्ज़ ऐंड स्पीचेज़, भाग-3,* मिनिस्ट्री ऑफ़ सोशल जस्टिस ऐंड इम्पावरमेंट, नयी दिल्ली.

महर्षि अरविन्द (1968), *भारतीय संस्कृति के आधार* (अनूदित), श्री अरविन्द आश्रम, पाण्डिचेरी.

मनोज कुमार राय (2015), *हिन्द स्वराज : अमित अरथ आखर अति थोरे,* लोकायत प्रकाशन, वाराणसी.

माइकल ऑकशाट (1991), *रैशनलिज्म इन पॉलिटिक्स, ऐंड अदर एसेज़,* लिबर्टी प्रेस, इण्डियानापोलिस.

मार्टिन लूथर किंग जूनियर (2010), *ह्वेयर डू वी गो फ्राम हीयर,* बीकन प्रेस, बोस्टन.

मार्टिन हाइडेगर (1969), *मेमोरियल एड्रेस, डिस्कोर्स ऑन थिंकिंग,* अनुवादक, जे.एम. एंडरसन और ई.एच. फराउंड, हार्पर कॉलिन्स बुक्स, न्यूयॉर्क.

मार्टिन हाइडेगर (1993), *ऑनली गॉड कैन सेव अस,* डेर स्पायगल इण्टरव्यू विद मार्टिन हाइडेगर, अनुवादक, मारिया पी. अल्टर और जॉन डी. कापुतो, (अन्तर्गत) *द हाइडेगर कॉन्ट्रोवर्सी : अ क्रिटिकल रीडर* (सं.) रिचर्ड वॉलिन, एम.आई.टी. प्रेस, बोस्टन.

मिशेल फ़ूको (1990), *द हिस्ट्री ऑफ़ सेक्शुअलिटी,* विन्टेज बुक्स, न्यूयॉर्क.

मैलविन जे. हर्ष कोविट्स (1960), *सांस्कृतिक मानव शास्त्र,* (अनूदित), भारती भवन, देहरादून.

मोहनदास करमचन्द गांधी (2004), *हिन्द स्वराज,* नवजीवन प्रकाशन मंदिर, अहमदाबाद.

मोहनदास करमचन्द गांधी (1976), *कलेक्टेड वर्क्स ऑफ़ महात्मा गांधी,* मिनिस्ट्री ऑफ़ इन्फारमेशन ऐंड ब्राडकास्टिंग, नयी दिल्ली.

मोहनदास करमचंद गांधी (2015), *ग्राम स्वराज्य,* नवजीवन प्रकाशन मंदिर, अहमदाबाद.

मोहनदास करमचंद गांधी (1957), *आत्मकथा : सत्य के साथ मेरे प्रयोग,* नवजीवन ट्रस्ट, अहमदाबाद.

मोहनदास करमचंद गांधी (2005), *मेरे सपनों का भारत,* नवजीवन प्रकाशन मंदिर, अहमदाबाद.

गांधी (2004), *गीता-बोध और मंगल प्रभात,* सर्व सेवा संघ प्रकाशन, वाराणसी.

यशदेव शल्य (2004), *समसामायिक चिन्ताएँ,* राका प्रकाशन, इलाहाबाद.

याक बारज़ून (2000), *फ्रॉम डाउन टु डिकेडेन्स : 500 इयर्स ऑफ़ वेस्टर्न कल्चरल लाइफ़,* हार्पर कालिन्स, न्यूयॉर्क.

युवाल नोआ हरारी (2019), *सेपियंस : मानव-जाति का संक्षिप्त इतिहास,* (अनु. मदन सोनी), मंजुल पब्लिशिंग हाऊस, नयी दिल्ली.

रामधारी सिंह दिनकर (2019), *संस्कृति के चार अध्याय,* लोक भारती प्रकाशन, इलाहाबाद.

रामजी सिंह (1993), *गांधी ऐंड द ट्वेन्टी फर्स्ट सेन्चुरी,* पीस पब्लिशर्स, नयी दिल्ली.

रामजी सिंह (1973), *गांधी दर्शन मीमांसा,* बिहार हिन्दी ग्रन्थ अकादमी, पटना.

रॉबर्ट चार्ल्स जेनर (1962), *हिन्दुइज़म,* ऑक्सफ़र्ड युनिवर्सिटी प्रेस, नयी दिल्ली.

रुडोल्फ़ और रुडोल्फ़ (2006), *पोस्टमॉर्डन गांधी ऐंड अदर एसेज़,* ऑक्सफ़र्ड युनिवर्सिटी प्रेस, नयी दिल्ली.

रूद्राङ्शु मुखर्जी (2011), *द ग्रेट स्पीचेज़ ऑफ़ मॉडर्न इण्डिया,* पेंग्विन रैंडम हाउस, नयी दिल्ली.

रोम्याँ रोला ऐंड गांधी : कोरेस्पोंडेंस (1976), प्रकाशन विभाग, भारत सरकार, नयी दिल्ली.

रोम्याँ रोला (2000), *महात्मा गांधी द मैन हू बिकम वन विद द युनिवर्सल बीइंग,* सृष्टि पब्लिशर्स ऐंड डिस्ट्रीब्यूटर्स, नयी दिल्ली.

रोनॉल्ड जे. टरचेक (2000), *गांधी स्ट्रगलिंग फॉर ऑटोनामी*, विस्तार पब्लिकेशन्स, नयी दिल्ली.

लुई फ़िशर (2006), *गांधी की कहानी*, सस्ता साहित्य मण्डल, नयी दिल्ली.

वाचस्पति गैरोला द्वारा संपादित कौटिल्य अर्थशास्त्र की गणपतिशास्त्री टीका (2000), चौखम्भा विद्या भवन, वाराणसी.

विश्वनाथ मिश्र (2006), *भारतीय राजनीति में क्षेत्रवाद एवं नृजातिगतता*, विश्वविद्यालय प्रकाशन, सागर.

विश्वनाथ मिश्र (2015), 'उत्तर-आधुनिकतावाद : अ-ऐतिहासिक एवं अ-सामाजिक मानवीय विवेक की तार्किक परिणति', *उन्मीलन*, वर्ष 29, अंक 1, 2015 दर्शन प्रतिष्ठान, जयपुर.

विश्वनाथ मिश्र (2013), 'संरचनावाद-उत्तर संरचनावाद', *समाज विज्ञान विश्वकोश*, राजकमल प्रकाशन, नयी दिल्ली.

विश्वनाथ मिश्र (2019), *पश्चिमी ज्ञानोदय के वैचारिक संकट*, ऑक्सफ़र्ड युनिवर्सिटी प्रेस, नयी दिल्ली.

एस. राधाकृष्णन (2018), *हिन्दू व्यू ऑफ़ लाईफ़*, हार्पर ऐंड कालिंस पब्लिशर्स, नयी दिल्ली.

सी.बी.के. जॉर्ज (2008), 'टेक्नोलॉजी ऐंड दी मॉडर्न प्रेडिकामेंट, हाइडेगर ऑन द सेविंग ग्रेस', *जे.आई.सी.पी.आर.*, अंक 1, जनवरी-मार्च, 2008, भारतीय दार्शनिक अनुसंधान परिषद्, नयी दिल्ली

वी.डी. सावरकर (1982), *हिन्दुत्व*, लक्ष्मण नारायण गर्दे, कोलकता.

संजय जोठे (2015), 'महिषासुर-विमर्श', *प्रतिमान*, वर्ष-4, अंक- 7, सी. एस. डी. एस., नयी दिल्ली

सुधीर चन्द्र (2014), *गांधी एक असम्भव सम्भावना*, राजकमल प्रकाशन, नयी दिल्ली.

सुसॉन वनेगा (2001), 'स्ट्रक्चरलिज्म ऐंड नैरेटिव पोयटिक्स', अन्तर्गत, पैट्रिसिया वॉग (सं.), *लिटरेरी थियरी ऐंड क्रिटिसिज़म*, ऑक्सफ़र्ड युनिवर्सिटी प्रेस, नयी दिल्ली.

हरगोविन्द शास्त्री (2018), *मनुस्मृति (कुल्लूक भट्ट प्रणीत मन्वर्थमुक्तावली)*, चौखम्भा संस्कृत भवन, वाराणसी.

हरबर्ट मारक्यूज़ (1941), *रीज़न ऐंड रेवोल्युशन*, रूटलेज ऐंड कीगन पॉल लिमिटेड, लन्दन.

हन्ना आरेंट (1973), *द ओरिजिन्स ऑफ़ टोटलिटेरियनिज़म*, हरकोर्टब्रेस पब्लिशर्स, लन्दन.

हन्ना आरेंट (1998), *द ह्यूमन कंडीशन*, द युनिवर्सिटी ऑफ़ शिकागो प्रेस, शिकागो.

हन्ना आरेंट (1961), *बिटवीन पास्ट ऐंड फ़्यूचर*, द वाइकिंग प्रेस, न्यूयॉर्क.

हन्ना आरेंट (1970), *ऑन वायलेन्स*, न्यूयॉर्क, हरकोर्टब्रेस पब्लिशर्स, न्यूयॉर्क.

हन्ना आरेंट (1972), *क्रायसिस ऑफ़ रिपब्लिक*, हरकोर्ट ब्रेश ऐंड कम्पनी, न्यूयॉर्क.

हेनरी समर मेन (1880), *विलेज-कम्युनिटीज इन द ईस्ट ऐंड वेस्ट*, हेनरीहोल्ट ऐंड कम्पनी, न्यूयॉर्क.

हैरी एक्सटीन (1963), 'द डिटरमिनेन्ट्स ऑफ़ प्रेशर पॉलिटिक्स', अन्तर्गत, हैरी एक्सटीन और डेविड एप्टर (सं.) (1963), *कम्परेटिव पॉलिटिक्स : अ रीडर*, फ्री प्रेस ग्लेनको, न्यूयॉर्क.

हैरॉल्ड लॉसवेल (1936), *हू गेट्स व्हाट, व्हेन ऐंड हॉउ*, मैग्राहिल, न्यूयॉर्क.

श्रीमन्नारायण (सं.) (1997), द *सेलेक्टेड वर्क्स ऑफ़ महात्मा गांधी*, भाग-6, नवजीवन ट्रस्ट, अहमदाबाद.

अनुक्रमणिका

अ

आ

इ

ई

उ

ऋ

ए

ऐ

ओ

औ

क

ख

ग

च

छ

ज

ट

ड

त

थ

द

ध

न

प

फ

म

य

र

श

स

ह

ज्ञ